JN485190

천 황 제 의
침략책임과
전 후 책 임

지은이 치모토 히데키 千本秀樹

1949년 효고(兵庫)현 출생
1974년 교토(京都)대학 문학부 사학과 졸업
1979년 교토대학 대학원 문학연구과 박사과정에서 현대사 전공
1983년 우지(宇治)시 역사자료실 근무
1987년 쓰쿠바(筑波)대학 역사인류학 연구과 근무
2015년 3월 쓰쿠바대학 역사인류학 연구과 정년퇴임
전 공 일본 근현대사
주요논문「日本労働総同盟の発展と若き日の西尾末広」

옮긴이 최종길 崔鐘吉

1967년생
1993년 영남대학교 문과대학 사학과 졸업
1996년 영남대학교 대학원 사학과 석사과정 수료
2005년 쓰쿠바대학 역사인류학 연구과 졸업(학술학 박사)
현 재 동아대학교 연구개발지원실 전임연구원
전 공 일본 근현대사
주요저작『근대 일본의 중정국가 구상』

천황제의 침략책임과 전후책임

찍은 날 2017년 10월 12일
펴낸 날 2017년 10월 19일

지은이 치모토 히데키
옮긴이 최종길
펴낸이 김상동
펴낸 곳 경북대학교출판부
출판등록 1973년 10월 10일 ㉑97호
주소 대구광역시 북구 대학로 80
전화 053-950-6741~3
팩스 053-953-4692
이메일 press@knu.ac.kr
홈페이지 http://knupress.com

ISBN 978-89-7180-466-7 93910
정가는 뒤표지에 있습니다. 파본은 바꾸어 드립니다.

TENNOUSEINO SHINRYAKU SEKININTO SENGO SEKININ by Hideki Chimoto
Copyright ©Hideki Chimoto 2003
All rights reserved.
Original Japanese edition published by Aoki Shoten Co.

Korean translation copyright © 2017 by Kyungpook National University Press
This Korean edition published by arrangement with Aoki Shoten Co. through HonnoKizuna, Inc., Tokyo, and Shinwon Agency Co.

천황제의 침략책임과 전후책임

치모토 히데키 지음

최종길 옮김

경북대학교출판부

서론

1990년 5월 아키히토(明仁) 천황은 노태우 한국 대통령과 회견하고 일본의 조선 식민지 지배에 대해 '사죄'의 뜻을 표명하였다. 이러한 표명은 1965년 '한일협약에 의해 한국과 일본 간의 배상문제가 매듭지어졌다'는 일본정부의 지금까지의 공식 견해를 사실상 뒤집는 것이었다. 하지만 재일조선인의 법적 지위 문제, 재일조선인에 대한 일상생활상에서의 차별 문제, 조선인 원폭 피해자 문제, 사할린 잔류 조선인 문제 등은 여전히 미해결 상태로 남아 있다. 더욱이 강제연행·강제노동과 일본군 '위안부' 문제는 아직 그 사실조차 분명하게 규명되지 않았다. 과거 일본이란 국가와 일본인이란 민족이 자행한 만행, 또 지금도 여전히 재일조선인에게 고통을 가하고 있다는 사실에 대해 일본국가와 일본민족이 사죄하는 것은 당연한 것이다. 하지만 사죄는 한마디 말이 아니라 구체적인 행동으로 보여야만 한다.

필자가 여기서 문제 삼고 싶은 것은 이러한 것이 아니다. 이전의 만행은 천황의 이름으로 이루어졌다. 그렇기 때문에 한국인들이 천황에게 사죄를 요구하는 것은 당연하다. 그러나 천황의 사죄가 국가의사의 표명이라고 한다면, 여기에는 커다란 문제, 즉 천황이 국가원수가 되어

버리는 문제가 발생한다.

상징 천황제하에서 천황이 원수(元首)인지 아닌지에 대해서는 이미 논의된 바 있다. 히로히토(裕仁) 천황이 중태에 빠졌을 때 일본 전역에서 '총자숙'의 분위기가 일었는데, 이를 비판적으로 보도한 영국 신문에 대해 외무성이 "국가원수에 대한 비방이다"는 요지의 발언을 하여 물의를 일으킨 바 있다. 한편 일본 내에는 '천황의 원수화를 용납하지 않는다'는 주장도 있다. 최근 필자는 천황이 일본국가의 원수가 아니라고 생각하는 사람은 일본에만 존재한다는 생각을 하게 되었다. '천황의 원수화를 용납하지 않는다'는 주장이 틀렸다고 말하고 싶은 것이 아니다. 적어도 일본국내에는 천황을 원수로 인정하지 않는 집단이 존재하며, 이들 집단이 논쟁거리가 되더라도 이들의 주장은 정치적 의미를 잃어버리지 않는다는 점을 말하고 싶다. 그러나 다음과 같은 주장도 있다.

> ……이번 방일 문제가 자연스럽게 마무리되면 일본 천황의 방한 문제가 표면화될 것이다. 양국의 관계는 그러한 단계에 가까워지고 있다. 좋든 싫든 간에, 환영하든 하지 않든 간에 명실공히 동등한 동반자 관계를 열어 가려면, 양국 원수의 상호 방문이 실현되어야만 한다. 이것이 국가 간 국제관계의 상식이며, 정상적인 모습이다. 그러나 천황의 방한은 그렇게 간단하게 진행되지 않는다.……천황은 일본의 원수이며, 금세기의 불행한 역사는 천황제와 깊이 관련되어 있다는 공통 인식을 가지고 있는 한국인들은 천황에게 집착할 수밖에 없다.……그 어려운 난관을 극복하지 못하는 한 동등한 동반자 시대를 맞이할 수는 없을 것이다. 한국의 원

> 수가 두 번 방문하게 되면 일본 원수의 방한은 국가적인 의례로서도 화제가 될 수밖에 없다.[1]

이것은 일본의 정치와 사회 현상을 가장 잘 알고 있는 외국인으로서의 재일조선인 연구자의 주장이다. 천황이 원수이든 아니든 일본이 그들에 대한 억압자가 아닌 한, '조선인'은 여기에 관심이 없을 것이다. 그러나 현재 그들의 눈에 천황은 일본국가의 원수로 비치고 있다.

동일한 상징 천황제라 하더라도 아키히토 천황제는 히로히토 천황제에서 커다란 변모를 강요받았다. 1980년대까지와 1990년대 이후 일본사회의 존재 양식은 다르며, 국제사회에서 일본의 지위도 변했다. 히로히토 천황은 결코 전쟁의 이미지를 지울 수 없었다. 그러나 히로히토를 연상하면서 '패전 후 더불어 고생하면서 일본을 재건하였다'고 생각하는 일본인이 많은 것 또한 사실이다. 그러나 아키히토 천황에게는 결정적으로 그런 카리스마가 없다. 따라서 아키히토 천황제가 향후 어떤 천황제로 진행될 것인지는 이미 정해진 것이 아니라 이를 설계하는 사람들과 일본열도에 살고 있는 그 외 사람들 간의 길항 관계 및 국제적인 환경에 의해 변할 수밖에 없다.

노태우 대통령의 방일에 즈음하여 아키히토 천황은 명확하게 원수로서 행동하였다. '사죄'의 문장은 모두 정부에서 작성한 것이기 때문에 이를 그대로 읽은 천황은 이른바 로봇이며 상징의 틀을 벗어나지 않았다는 주장이 있을 수도 있다. 그러나 정부가 작성한 문장에 아키히토 천황 자신이 이의가 없다면 그 문장을 그대로 읽는 것은 당연한 일

---

1 金両基,「『在日』から盧泰愚大統領､海部首相に訴える」, 中央公論, 1990年 6月号.

이다. 사실 아키히토 천황은 공식적인 '사죄'의 문장만으로는 마음이 불편했는지 개인적·비공식적으로는 보다 깊은 내용의 '사죄'를 하였다.

> 노 대통령은 "첫 번째 회담에서 가이부 도시키(海部俊樹) 수상이 과거 그 어느 때보다 더 솔직하게 사죄하였고, 천황 또한 84년(의 쇼와천황 시기)보다도 국내적 제약을 조금 넘어섰다고 할 만큼 명백한 사죄를 하여 (양국이 집착하는) 핵심적인 문제에 마침표를 찍었다"고 말하였다. 또한……"공식적·비공식적으로 표명된 (천황의) 발언을 종합하면, 그 발언은 카이부 수상의 사죄와 동일한 인식에서 비롯된 것임을 알 수 있다. 이는 한국의 기대에 부합하는 것이었다"고 말하였다. 이는 천황폐하와의 비공식 대화 속에서도 진심이 담긴 사죄의 '말씀'이 있었음을 강하게 시사하는 것이다.(每日新聞, 5月 26日)

> 정부 수뇌는 28일 저녁 한국의 신문이 앞의 노태우 한국 대통령과 천황폐하와의 회견 가운데서 천황폐하기 만찬회에서의 '말씀'보다도 더 깊은 표현으로 사죄하였다고 보도한 것에 대하여 정부가 관여하지 않았다는 입장을 강조하였다. 그러나 동시에 "아마도 (노 대통령에 대하여) 배려한 것이 아닌가 생각한다"고 하여 이 보도를 부정하지 않았다.(讀売新聞, 5月 29日)

정부가 관여하지 않았음에도 천황이 개인 의사로 수상과 동일한 수준의 발언을 하였고, 이로 인하여 한일 양국의 외교 관계에 진전이 있다면, 수상의 존재 의의는 이미 없어져 버린 것이나 마찬가지다. 이는 천황이 일본의 원수임이 명백해지는 수준을 넘어선 것이며, 아예 천황친정이라고 해도 과언은 아닐 듯하다. 오히려 노 대통령이 남의 일에 '일본국내에서 받아들일 수 있는 선을 조금 넘어섰다고 할 만큼' 오버하고 있을 정도이다.

이처럼 아키히토·노태우 회담은 천황이 향후 일본의 원수로 행동할 것임을 명확히 한 역사적 사건이다. 1990년 11월로 예정되어 있는 즉위식은 천황이 일본의 원수임을 국내외에 선언하는 의식에 지나지 않는다. 현재 천황제의 동향에 대하여 우려하고 있는 많은 사람들은 즉위식보다도 천황이 신격을 획득하는 대상제(大嘗祭, 일본 천황은 매년 11월 그해 새롭게 수확한 곡식을 신에게 봉양하고 스스로 이것을 먹는 신상제(新嘗祭)라는 의식을 행한다. 대상제는 천황이 즉위식을 마친 후 처음으로 행하는 신상제를 말한다 — 역자)에 보다 많은 관심을 가지고 있는 듯하다. 그러나 필자는 천황이 상징의 입장에서 한 걸음 빠져 나오는 형식은 대상제보다도 즉위식이 될 것이라고 생각한다. 대상제로 현인신(現人神, 인간의 모습으로 이 세상에 나타난 신이라는 의미. 주로 천황을 지칭하는 의미로 사용됨 — 역자)이 되는 의식을 거행하는 것은 마치 일본인이 하나의 문화적 전통에 기초하여 결합되어 있는 듯한 착각을 강화한다. 그리고 이 착각은 외국인 노동자가 급증하는 현실에서 배외주의(排外主義)를 양성하는 기능을 한다. 그러나 즉위식이 수행하는 역할도 그에 뒤지지 않을 만큼 크다.

아키히토 천황이 원수화의 지향을 강하게 가지고 있다면, 그것은 천황의 왕위교체로 인해 갑작스럽게 나타난 것일까? 역사의 연속성이라는 것을 인정한다면, 그렇게 보기는 상당히 어려울 것 같다. 그렇다면 이후 천황제의 전개 상황을 예상하기 위해서도 히로히토 천황제가 어떤 천황제였던가를 재고할 필요가 있지 않을까? 물론 전술한 것처럼 1980년대까지도 '천황 원수화'의 움직임이 지적되곤 했다. 그러나 이런 지적은 전후(戰後) 상징 천황제가 확립되었음에도 불구하고 시대를 다시금 전전(戰前)·전중(戰中)으로 되돌리려고 하는 움직임이라는 전제가 바탕에 깔려 있는 것이 대부분이었다.

1988년 가을 히로히토 천황이 중태에 빠지고 '국민 총자숙'이 강제되는 가운데 필자는 지금까지 가지고 있던 의문, 즉 전후 천황제는 전전 천황제와 분리되어 상징 천황제로 출발하고, 재차 강화되어 왔다는 인식으로는 전후 천황제를 바르게 파악할 수 없다는 생각을 하게 되었다. 이것은 전전·전중과 전후는 단절되어 있는 것 이상으로 연속된 측면을 많이 가지고 있다는 인식에 기초하고 있다. 또한 이러한 생각의 바탕에는 1985년 천황 재위 60년 봉축식전 이후 언론에 널리 퍼진 '히로히토 천황은 평화주의자였으며 전쟁은 군부의 독주가 원인이었다'는 캠페인이 히로히토 천황의 사망 시기에 반복적으로 증폭되어, 이것이 마치 역사학의 정설에 기초한 사실인 양 취급되는 것을 어떻게든 저지하지 않으면 안 된다는 욕구와 의무감도 있었다. 나아가 히로히토 천황의 죽음으로 인하여 천황의 전쟁책임이 애매하게 취급되어서는 안되며, 이 책임이 새로운 천황에게 계승되어야만 한다는 것을 어떻게 논리적으로 설명할 것인지에 대한 절박감도 있었다.

물론 이 책으로 이상의 모든 문제에 전부 답할 수는 없겠지만, 그 첫 작업으로 나는 우선 다음의 세 가지를 해명하고 싶다.

(1) 청일전쟁과 러일전쟁에 대한 메이지(明治) 천황 무쓰히토(睦仁) 개인의 관여 방식을 검증하고 메이지천황 무쓰히토의 침략책임을 명확히 하여 히로히토 천황이 그것을 의식적으로 계승하였다는 점, 전후 아시아 침략을 통한 경제'발전'에 기반을 둔 상징 천황제의 침략책임은 특정

한 천황 개인에게 물을 것이 아니라 제도로서의 천황제의 문제라는 점.

(2) 사실 추적을 통해 제2차 세계 대전 말기 히로히토 천황이 정치와 군사에 주체적으로 관여하였다는 점, 즉 히로히토 천황은 평화주의자도 로봇도 아니며, 따라서 구체적인 전쟁책임을 져야 한다는 점.

(3) 히로히토의 정치 관여는 적어도 전후 수년간은 계속되었다는 점. 전후 천황제의 출발 시기에 히로히토 천황은 상징의 틀에 구속되지 않고 미·일안보체제의 제창을 시작으로 정치와 외교에 커다란 영향을 미쳤으며, 전후 일본의 존재형태에 결정적으로 관여하였다는 점. 특히 이 점에서 히로히토 천황은 일본이 수탈하고 있던 아시아에 대하여 전후책임을 져야 한다는 점.

즉위식과 대상제라는 커다란 움직임을 앞두고 독자의 비판을 기대하는 바이다.

1990년 8월

치모토 히데키(千本秀樹)

CONTENTS

제1장 침략책임과 전후책임

1989년 1월 7일 아침, 역대 천황들 중 가장 정치적이었던 히로히토 천황이 사망하자, NHK교육방송을 제외한 모든 텔레비전과 신문들은 이후 이틀간 천황 관련 기사들을 쏟아냈다. 또 며칠 후에는 서점에 미리 배포된 주간지들의 임시 증간호가 넘쳐났다. 히로히토의 각혈 이후 무려 111일간이나 계속된 천황 관련 보도와 자숙성 기사에 대한 비판을 고려한 때문인지 과거 일본의 아시아 침략이나 현재의 반천황제 운동을 다룬 매체들도 일부 있었다. 하지만 대부분의 언론 매체들은 천황 찬미로 일관하였으며, '새로운 시대 헤이세이(平成)'에 대한 기대감 역시 가감 없이 드러냈다. 평소 역사에 대한 반성이나 천황의 전쟁책임 문제가 '생선회에 곁들여 나오는 무' 이하로 취급받는 일본에서 이처럼 천황 관련 기사로 방송과 신문이 완전히 도배되면, 천황을 잘 알지 못하는 젊은 세대에게는 천황이 매우 위대한 존재라는 생각을 불러일으킬 수도 있다.

여론 형성의 최대 무기인 텔레비전 방송에서 반복적으로 강조한 것은 히로히토의 '성단(聖斷)'으로 제2차 세계 대전이 종결되고 평화로운 시대가 도래하였다는 정치선전이었다. 현대문명의 총아인 텔레비전이 만들어 내는 날조된 '역사'의 거대한 소용돌이 속에서 필자는 양심의 가책을 느꼈고, 한 사람의 역사연구자로서 가급적 빨리 이 문제를 바로잡아야겠다는 의지를 가지게 되었다.

한편 새로운 천황 아키히토의 미약한 카리스마는 신국가주의적 국민통합을 추구하려는 이들에게는 오히려 하나의 커다란 분기점이 되었다. 실제로 새로운 천황제 설계라는 큰 과제를 짊어지게 된 지배층에게 히로히토의 죽음은 일본이 '국제국가'로, 즉 세계의 제국주의 질서 유지라는 중책을 분담하는 국가로 비약하는 과정에서 둘도 없는 도약대가 되었다. 침략전쟁이라는 피투성이의 이미지를 벗어 버릴 수 없었던 히로히토에서 기독교인에게 교육받은 깨끗한 이미지를 가진 아키히토로의 교체였기 때문이다.

물론 이러한 교체와 관련하여 천황제에 대한 문제의식을 가지고 있는 사람들 사이에서도 히로히토의 죽음으로 더 이상 천황의 전쟁책임을 추궁할 수 없게 되었다는, 혹은 추궁하기 어렵게 되었다는 무기력감이 일고 있다. 그러나 히로히토가 죽었다는 이유로 전쟁책임에 대한 추궁을 그만둔다면, 그것은 일본인으로서의 책임을 포기하는 것이다.

히로히토가 죽은 지금 우리는 히로히토 개인의 전쟁책임뿐 아니라, 천황제의 전쟁책임까지 생각하지 않으면 안 되는 단계에 이르렀다. 근대 일본의 산업화는 일본 민중의 희생, 타국에 대한 침략과 전쟁을 통해 가능했다. 히로히토가 아무리 호전적이었다고 하더라도, 히로히토 한 사람의 취향만으로 전쟁이 시작되었을 리 없다. 근대 천황제가 전쟁을 매개로 국민통합을 이루어 냈나는 점, 그 토대 위에서 히로히토가 전쟁을 벌였다는 점을 명확히 인지한다면 세습으로 황위에 오른 아키히토 역시 전쟁책임에서 자유로울 수 없음은 분명하다.

너무도 당연한 것이라 언급하기조차 망설여지지만, 전쟁책임이란 패전책임이 아니다. 자민당 〈국가기본문제 동지회〉의 가메이 시즈카(亀井静香) 의원이 '도쿄재판사관'을 부정하기 위해 그토록 기를 쓰는 이유도 일단 전쟁책임을 패전책임에 국한한 다음, 도쿄재판이 "승자에 의한 패자 재판"이었기 때문에 공정하지 못했다는 논리를 내세워 전쟁책임 그 자체를 은폐하고 '전후 민주주의'체제를 완전히 부정하기 위해서이다. 만일 그의 말이 옳다고 가정한다면, 그는 자신의 손으로 패전책임을 추궁해야만 한다. 그렇게 하지 않으면 그의 주장은 일관성 없는 것이 될 뿐이다.

그런데 전쟁책임 추궁을 찬성하는 사람들 중에도 전쟁책임은 패전책임이 아니라는 사실을 분명하게 이해하지 못하는 경우가 있다.

그런 사례 중 하나가 바로 '부전(不戦)의 날'이다. 현재 12월 8일인 '부전의 날'에는 전국 각지에서 집회가 개최된다. 그러나 사실 12월 8일은 '대(對)영·미 개전의 날'이다. 그런 날을 굳이 '부전의 날'이라는 이름으로 기념한다는 것은 국민의 사고 기저에 짙게 깔린 의식, 즉 '미국과 전쟁을 하지 않았더라면 일본은 패하지 않았을 것이고, 그렇게나 비참한 일도 없었을 텐데'라는 의식을 무의식중에 드러내는 것이다. 이는 물론 아시아 패권을 장악했던 일본제국주의를 그리워하는 감정, 이를 상실한 것을 분하게 여기는 감정과 맞닿아 있다. 따라서 12월 8일을 '부전의 날'로 강조하는 것은 이러한 분위기를 조장하여 일본의 중국침략을 은폐하거나 면죄하려는 의도이다. 즉 패전책임의 논리이다. '대(對)영·미 개전의 날'을 부전의 날이라는 이름으로 기념하는 행사를 개최하기보다는, 중국 동북부 침략전쟁, 즉 제2차 세계 대전 발발의 날인 9월 18일을 '부전의 날' 이상으로 기념하는 데 에너지를 쏟아부어야 하는 것 아닌가.

또 하나는 천황제의 전쟁책임과 관련된 것인데, 구체적으로 말하자면 청일전쟁·러일전쟁에 대해 메이지천황 무쓰히토의 책임을 묻는 목소리가 거의 들리지 않는다는 점이다. 전쟁책임 가운데서는 침략책임이 큰 비중을 차지하므로, 승리한 전쟁이라 할지라도 침략의 책임을 잊지 않는 것이 아시아 민중에 대한 책무라 하겠다. 더욱이 근대 천황제의 초대 천황이었던 무쓰히토는 청일전쟁 이전에도 홋카이도(北海道) 진주, 타이완 출병, 오키나와(沖縄) 파병 등을 지시하였다. 특히 청일전쟁은 무쓰히토가 다분히 정치적 의지를 가지고 행한 최초의 본격적인 침략전쟁이었다. 이 전쟁과 이후 러일전쟁을 통해 천황 중심의 국민통합이 완성되고 일본제국주의가 확립되었기 때문에 이 전쟁을 결정한 그의 침략책임을 잊어버려서는 안 된다. 일본인들이 메이지천황 무쓰히토의 문제를 천황제의 전쟁책임 범주 속에 넣지 않는다면, 머지않아 히로히토의 전쟁책임까지도 망각의 저편으로 밀려날 것이다. 그렇게 될 경우 침략당한 아픔을 잊을 수 없는 아시아 민중과의 연대가 영원히 끊어지게 될 것을 필자는 우려한다.[2]

---

2 이 장을 잡지에 발표하고 한 달 뒤에 이 문제와 아주 밀접한 논설이 발표되었다. 오하라 야스오(大原康男), 「재론 – '천황의 전쟁책임'이란 무엇인가(あらためて『天皇の戦争責任』とは何か)」(『正論』, 1989年 4月号, 産経新聞社)이다. 이 논설에서 오하라 야스오는 지금까지 천황의 전쟁책임론에는 "단지 애매하고 막연한 '전쟁책임'만을 상정해 왔다는 지적 태만"이 존재하며 칼 야스퍼스가 말한 "머리가 나쁜 재판관이 대충 판단을 내린 얄팍한 단죄"가 "천황에 대하여 이루어져 왔다"고 하면서 다음과 같이 논하였다.

> 예를 들면, 한마디로 '전쟁책임'이라고 하지만, 도대체 그것은 전쟁을 시작한 것에 대한 책임—개전책임—인가. 아니면 개개의 전쟁을 수행하는 과정에 관련된 책임—내 용어로 말하자면 전쟁수행책임—인가. 혹은 전쟁에 패한 것에 대한 책임—패전책임—인가. 어느 것인지

이 책에서 침략책임 문제와 나란히 다루고 있는 또 하나의 커다란 과제는 천황제의 전후책임에 관한 것이다. 1986년 4월 도쿄, 11월 교토에서 각각 정부주체·민간주체의 천황제위 60년 봉축행사가 강행된 것을 계기로 천황제에 반대하는 혹은 천황제 강화에 반대하는 운동이 급속하게 대중성을 띠기 시작했다. 그러나 60년 봉축에 반대하는 몇 가지 논리 가운데 '전후 40년과는 달리 전쟁에 몰두한 처음 20년까지를 하나로 묶어 60년을 봉축할 수는 없다'는 주장에 필자는 커다란 의문을 가졌다.

대일본제국 헌법에 기초한 근대 천황제와 현재의 일본국 헌법에 의한 상징 천황제가 별개라는 점은 분명하다. 그러나 '전후의 40년과는 달리'라고 해 버리면 일본 역사상 그 어느 때보다 강력하게 아시아를 수탈하고 있는 현재의 일본을 만들어 내는 데 천황제가 어떤 역할을 하였는지를 잊어버리게 된다. 또한 전후 민주주의 이데올로기가 만들어 낸 허상, 즉 '전후 히로히토는 일관되게 상징 천황이었으나, 만년에 정치적으로 이용당해 원수(元首)화의 길을 걷기 시작했다'라는, 역사적 사실에 반하는 주장이 상식이 되고 마는 위험에 빠지게 된다.

명확하지 않다.
만약 개전책임이라는 의미라면, 전쟁에서 승리한 경우에도 책임을 추궁할 수 있을까. '그렇다'고 한다면 메이지천황에 대한 전쟁책임을 물은 적이 있는가. 이러한 측면에서 보더라도 개념의 명확성을 결여한 채로 논의가 너무 진행되었다고 나는 생각한다.

오하라 야스오는 "선제 폐하"에게는 법률적, 정치적 책임이 없다고 주장한다. 나아가 도의적인 책임에 대해서도 천황이 맥아더에게 "책임은 모두 나에게 있다"고 발언한 것을 시작으로 전후 일관되게 전몰자와 국민을 의식하였기 때문에 "이러한 폐하에게 이 이상 어떠한 전쟁책임을 물을 수 있겠는가. 만약 책임을 물을 수 없다면, 그 전에 천황의 전쟁책임을 주장하는 사람들의 도의성을, 이것이야말로 철저하게 규명하고 싶다"고 결론 내린다. 사실관계가 분명해진다면 이러한 주장은 무너질 것이지만, 이것은 이 책 전체의 과제이기도 한 만큼 여기서는 비판하지 않겠다. 다만 지금까지의 전쟁책임론이 침략책임의 문제를 명확하게 하지 못했다는 점에 대해서는 반성할 필요가 있다.

하지만 유감스럽게도 아직은 '전후책임'이란 용어의 내용에 대해 공통인식이 형성되어 있다고 보기는 어렵다. 이는 쉽게 확인할 수 있다. 우선 다케이 데루오(武井昭夫)는 1956년 3월 「전후의 전쟁책임과 민주주의 문학(戦後の戦争責任と民主主義文学)」[3]이라는 제하의 글에서 "나는 쓰보이(壺井)의 전쟁책임을 추궁하고 있는 것이 아니다. 전쟁책임을 회피하고 시작한 **전후책임**을 추궁하고 있는 것이다"(강조—원문)라고 말하고 있다. 그는 또 같은 해 9월에 간행한 요시모토 다카아키(吉本隆明)와의 공저 『문학자의 전쟁책임(文学者の戦争責任)』(淡路書房)에 수록된 「문학자의 전후책임(文学者の戦後責任)」에서는 기요오카 다카유키(清岡卓行)의 비판에 대해 "그의 전쟁책임과, 그 문제로부터 형성된 전후 의식이 10여 년간의 전후 현실과 어떻게 관련되어 왔는지는 왜 논하려 하지 않는가. 나는 이처럼 **자신의 전후책임**을 의식하려 하지 않는(혹은 의식적으로 도망가려 하는) 비판자의 언어에 굴복할 수는 없다"[4](강조—원문)고 반론하고 있다. 요시모토 다카아키도 같은 책에 게재된 문학자의 전쟁책임(文学者の戦争責任)에서 다음과 같이 쓰고 있다.

> 전쟁 시기 일본의 시와 문학의 문제를 논할 때 문학의 좌절은 문학의 방법상의 결함과 밀접하게 연관되어 있고, 이러한 방법상의 결함은 또 일본 사회구조의 결함과 떼려야 뗄 수 없을 만큼 밀접하게 연관되어 있음을 인식하는 것이 꼭 필요하다. 이와 함께 전쟁기의 체험을 어떻게 곱씹고 자기 내부의 문제로 삼으면서 전후

---

3 『現代詩』, 1956年 3月号(『武井昭夫批評集1 戦後文学とアヴァンギャルド』, 未来社, 1975年에 수록, p. 207).

4 같은 책, p. 232.

> 10여 년을 지나 온 것인지, 그리고 그 기간 동안 전쟁기의 내부적 체험을 어떻게 실천의 문제—이것이 문학적 표현의 의미에 있어서든, 아니면 사회 실천적 의미에 있어서든 간에—로 다루어 왔는지가, 즉 전후책임을 어떻게 끌어안고 왔는지가 이 문제를 논할 때 빼놓을 수 없는 조건이 된다.[5]

그러므로 다케이 데루오와 요시모토 다카아키가 말하는 '전후책임'이란 문학자의 전쟁책임에서 출발하여, 문학과 사회가 불가분의 관계에 있다는 전제에서 전쟁책임을 지는 것이다. 즉 실천적 귀결로써 전후문학의 존재형식을 논하고, 나아가 전후 혁명의 패배에 대한 책임으로 옮겨 가려고 하는 것이다. 이른바 자기비판으로서의 전후책임이라는 과제이다.

한편 최근에 오누마 야스아키(大沼保昭)는 여기서 한걸음 더 나아가 국제법의 관점에서 '전후책임'이라는 용어를 사용하고 있다.

> 전후 일본이 식민지 국가에서 탈피하였으나, 여전히 식민지 국가 일본의 종언(終焉)이란 의식은 전혀 가지고 있지 않음을 나는 앞서 논한 바 있다. 그런데 바로 이것이 전후의 식민지 청산과정에서 다양한 문제점을 낳은 원인이 되었다. 조선민주주의인민공화국과의 국교 미회복, 약 70만 명에 이르는 재일한국·조선인에 대한 차별과 편견, 구일본군인·군속이었던 조선·타이완인에 대한 보상금 미지급, 일본정부에 의해 사할린에 연행되었다가 패전 후

5 吉本隆明·武井昭夫著, 『文学者の戦争責任』, 淡路書房, 1956年 9月(「まえがき」, 『吉本隆明全著作集13』, 勁草書房, 1969年에 수록, p. 423).

> 방치된 채 오늘날까지 고향을 방문할 수 없게 된 조선인 문제 등 15년전쟁은 많은 현안(懸案)을 남겼다. 이러한 문제들은 일본의 식민지지배에 대한 사후책임의 문제이며, 동시에 지금까지 논한 맥락에서 보면 아시아 여러 민족에 대한 전후책임의 문제이다.[6]

인용이 길어진 것은 여기에서 언급하고 있는 여러 문제가 전후책임과 관련된 중대한 분야임을 필자 스스로도 인정하지만, 이 책에서 이들 문제를 개별적으로 취급할 여유가 없기 때문이다. 아무튼 이 글에서 오누마 야스아키는 '대동아전쟁'을 일으킨 일본의 사회심리적 기반이 전후에도 변하지 않았으며, 전후 아시아 여러 민족에게 대동아공영권의 경제구상이 이제 반 정도는 현실이 되어 버렸다고 주장한다. 그의 이런 주장은 15년전쟁에 대한 직접적인 책임이 없는 전후파·전무파(戦無派)에게도 전후책임이 존재한다는 사실을 지적하기 위한 것이다.

이렇게 볼 때 다케이 데루오·요시모토 다카아키와 오누마 야스아키의 발상은 문학자의 전쟁책임과 일본국가의 전후처리라는 각기 다른 지점에서 출발하고 있지만, 일반 민중에게도 전후책임을 물을 수밖에 없다는 문제의식은 공유하고 있는 것이다. 그러나 이들은 전후 천황제의 국민통합 기능에 대한 시각을 결여하고 있다는 공통점도 가지고 있다. 근대 천황제가 상징 천황제로 재편되면서 통합기능을 발휘했기 때문에 요시모토 다카아키 식으로 이야기하자면 일본인은 전쟁기의 내부

---

6 大沼保昭, 「東京裁判·戦争責任·戦後責任」, 『思想』, 1984年 5月号(『東京裁判から戦後責任の思想へ』, 有信堂高文社, 1985年에 수록, pp. 186-187). 이 책에 수록된 「『戦後責任』という考え方」도 동일한 취지의 단문이지만 필자는 애석하게도 이 문장이 게재된 잡지이자 아시아에 대한 전후책임을 생각하는 모임(アジアにたいする戦後責任を考える会), 『戦後責任』, 창간 0호(1983年) 이하는 발견하지 못하였다.

적 체험을 전후 실천의 문제로 다루지 못했으며, 오누마 야스아키 식으로 말하자면 일본인의 사회심리적 기반은 전후에도 전혀 변하지 않았다. 오히려 그 반대가 되었다고 보는 것이, 즉 약화되었다고 보는 것이 진실에 더 가깝다. 과거 중앙집권국가 건설 이후 국민을 천황제에 통합시킴으로써 자립의 계기를 상실하였던 일본인들은 전후체제의 확립 과정에서도 상징 천황제 도입으로 인해 자립을 지향한 개인들의 자유로운 통합에 의한 사회 형성을 저지당했다. 이것이 천황제의 전후책임 중 가장 큰 문제라 하겠다.

그러나 이 책 후반부에서 과제로 삼고 있는 것은 히로히토 천황의 전후 정치책임이다. 1979년 신도 에이치(進藤栄一)가 1947년 오키나와 문제와 관련하여 천황이 연합국 최고사령관 총사령부(이하 'GHQ'로 약칭함)에 보낸 메시지[7]를 공표한 이후 천황의 전쟁책임이라고 하면, '오키나와를 팔아넘겼다'는 이미지뿐이었다. 그러나 전후 일본 안보체제의 확립과 관련된 이런저런 일에 히로히토가 큰 영향을 끼쳤다는 것이 필자의 생각이다.

히로히토에게 있어 8월 15일이란 즉자적으로는 커다란 변혁을 의미하는 것이 아니었다. '종전조서'나 1946년 발표된 '연두조서'의 목적은 패전에 대한 사죄도, 인간선언도 아니다. 문맥을 잘 살펴보면, 전후에도 히로히토 자신이 계속 통치의 중심에 서게 될 것임을 선언하는 것이 이 조서들의 목표임을 알아낼 수 있다. 이러한 의미에서 전후민주주의 사상가들이 8월 15일을 '정부가 말하는 종전의 날이 아니라 패전의

---

7 信藤栄一, 「分割された領土」, 『世界』, 1979年 4月号; 信藤栄一, 「『天皇メッセージ』再論」, 『世界』, 1979年 10月号.

날이다'라고 강조하는 것은 역사적 사실에 반한다. 실제로는 민중의 힘으로 일본제국주의를 패배시키지 못하고 권력의 손을 빌려 종전을 선언하게 해 버린 날이다. 마쓰우라 레이(松浦玲)가 말한 것처럼 이날을 패전의 날로 삼지 못한 것을 민중들이 뼈아프게 반성하지 않으면 안 되는 기념일이다.

히로히토의 의식 속에서는 8월 15일 이후에도 그 자신이 국가의 중심이었다. 히로히토와 맥아더의 제1차, 제3차, 제4차 회담기록을 읽어보면, 히로히토는 맥아더와에게 종속되면서도 여전히 '공동 통치자'로서의 의식을 상당히 강하게 가지고 있었음을 알 수 있다. 실제로 그는 점령정책, 즉 일본 통치방침의 결정에 대해서도 정치적인 발언을 적극적으로 쏟아냈다.

나아가 1947년부터 그다음 해에 걸친 혁신·중도연립 정권시대에는 GHQ 민정국이 지지한 연립정부와 GHQ 참모 제2부에 가까운 야당이었던 요시다 시게루(吉田茂)의 자유당의 대립구도 속에서 히로히토는 명확하게 자유당 측에 접근하여 정부와는 별도로 강화조약을 전망하고 오키나와 메시지 등의 이중외교[8]를 전개하였다. 또 아시다 히토시(芦田均) 수상의 궁정개혁에 대해서는 지치부노미야 비(秩父宮妃)의 아버지인 마쓰다이라 쓰네오(松平恒雄) 참의원의장, 요시다 시게루의 장인인 마키노 노부아키(牧野伸顕)와 연대하여 강하게 저항하였다. 마쓰다이라 쓰네오와 요시다 시게루는 히로히토의 이중외교에서 브레인 역할을 한 흔적이 있다. 전후의 전국시찰과 국민체육대회 개회식 참석 또한 민

8 '이중외교'란 용이는 渡辺治도 「現代天皇制の形成」에서 사용하고 있다. 唯物論研究協会編集, 『思想と現代』, 第15号(1988年 9月), 白石書店.

중들 앞에서 천황이 국민통합의 중심임을 선언하는 매우 정치적인 행동이었다.[9]

히로히토의 정치적 발언은 1955년 제2차 하토야마(鳩山) 내각에서도 계속되었다. 히로히토는 일·소공동선언 체결을 앞두고 미·일 합의를 체결하기 위하여 시게미쓰 마모루(重光葵) 외상이 미국을 방문할 때도 직접 지침을 내렸다. 이후 고도경제성장 시기에 들어가면서 상징 천황제의 외적 형식을 확립하는 과정에서도 히로히토의 정치적 발언이 계속되었지만, 모두 은폐되었다고 보는 것이 맞을 듯하다. 1973년의 마스하라(增原) 방위청 장관에 대한 방위문제 발언이 그 좋은 예이다.

1970년대 히로히토는 유럽 여러 나라와 미국을 방문하여 외교군주로서의 성격을 드러내기 시작했다. 1980년대에는 전두환 한국 대통령과 아키노 필리핀 대통령을 '접견'하였다. 이는 한국이나 필리핀 측도 중요하게 여긴 행사였으므로, 천황과의 회견은 결국 양국 대통령에게도 큰 이익이 되었을 것이다. 이처럼 천황 히로히토의 존재는 아시아 제국주의 질서 유지에 있어서도 중요한 의미를 가지고 있다. 안보체제의 확립에 커다란 역할을 한 히로히토의 황위를 계승한 아키히토는 일본의 '국제국가'화 속에서 '일본국의 상징이자 일본국민통합의 상징'이라는 현재의 지위에서 '아시아 통합의 상징'으로서의 지위를 지향하게 될 것인가.

---

9 坂本孝治郎, 『象徵天皇がやって来る』, 平凡社, 1988年; 村田稔, 「大嘗祭と京都国体」, 『新地平』, 1988年 2月号.

제2장

메이지천황의 침략책임

계승되어야만 하는 전쟁책임

작가 와타나베 준이치(渡辺淳一)는 1989년 1월 7일 골프장으로 가던 차 속에서 히로히토의 죽음을 접하고 "떠나면 허전해"라는 허탈감과 더불어 "이제 일본에는 '황제 히로히토'가 없다는 안도감"을 얻었다고 한다.[10] 「허전함과 안도」라는 제목의 에세이 속에서 그는 다음과 같이 말한다.

> 폐하의 인간됨이 어떠하든 이전에 일본과 싸운 나라의 사람들은 '황제 히로히토'를 두려워했음에 틀림없다. '천황폐하 만세'를 외치면서 돌진해 오는 일본군을 보았을 때 그들은 모두 천황을 악마로 생각했음에 틀림없다.

10 渡辺淳一, 「淋しさと安堵」, 『文芸春秋』, 1989年 3月 特別号.

이러한 인식은 국제정치학을 전공한 마스조에 요이치(舛添要一) 도쿄대학 조교수(당시)의 "'천황폐하 만세'라고 하며 할복한 사람이 몇 명 있었는지 어디서 어떻게 죽었는지 분명한 증거를 들어서 말해 주세요. …… 그러한 예가 있다면 알려 달라는 겁니다"[11]고 하는 식의 뻔뻔함보다는 훨씬 더 '건전'하며 역사를 날조하려는 의도도 보이지 않는다. 나아가 와타나베 준이치는 "천황에게 전쟁책임이 없다고 하는 것은 일본의 역사를 알고 폐하의 현실적인 모습에 친근감을 느끼고 있는 **우리 일본인들**의 느낌일 뿐이며, 천황에게 전쟁책임이 있다고 하는 것은 천황의 군대와 싸운 그들의 논리이다"(강조—저자)라고 한다. 즉 그는 '우리 일본인들의 느낌'과 여러 대전국 사람들의 논리가 정면으로 대립하고 있다는 사실을 인정한다. 대부분의 일본인들은 와타나베가 말한 '일본인의 느낌'을 분명히 가지고 있을 것이다. 그리고 많은 일본인들은 어렴풋이 의식적으로 천황을 면죄함으로써 자신까지도 면죄하려고 한다. 반면에 와타나베가 말한 '우리들'과는 다른 일본인들도 적지 않게 존재한다. 그러나 필자가 문제 삼고 싶은 것은 다음의 문장이다.

> 폐하가 건재하는 한 외국 사람들이 천황에 대하여 가지고 있는 공포심과 의아함은 사라지지 않았다.
>
> 지금 그 악몽이 폐하의 죽음에 의해 겨우 세상 사람들의 기억에서 사라지려고 한다.

---

11 1988年 12月 31日, 아사히(朝日) 텔레비전의 방송 「아침까지 생방송(朝まで生テレビ)」에서의 발언. 같은 책 『문예춘추(文芸春秋)』 특별호에 「애증 속의 쇼와천황〈격론〉(愛憎のなかの昭和天皇<激論>)」으로 재구성한 뒤 수록.

와타나베 준이치 자신이 느끼지 못한 천황의 전쟁책임을 대전국 사람들이 지속적으로 문제 삼는 것은 불행이라고 말할 수밖에 없을까. 히로히토의 죽음으로 인하여 일본인과 대전국 사람들 사이의 장벽이 사라졌다고 안심하는 것은 현재의 국제관계를 너무도 낙관적으로 생각하는 것이다. 더욱이 이러한 시각은 전쟁책임을 모두 히로히토 개인에게 넘겨 버리는 행위란 점을 와타나베 준이치 자신은 인식하지 못하고 있는 듯하다. 대전국 사람들은 히로히토가 사망했다고 하더라도 일본이라는 국가, 일본인이라는 민족에 대한 경계심을 결코 버리지 않는다.

와타나베 준이치는 1월 7일 골프 약속을 한 친구들과 자택에서 함께 술을 마시며 "근신하지 않는 모습일지도 모르겠지만 모든 골프장이 폐장한 것에 대해 약간의 불만을 가지면서 빈 시간을 주체할 수 없었다"고 했다. 정말로 근신하지 않았는지 어떤지와는 별개로 X데이(분명히 일어나지만 언제 일어날 지 예측할 수 없는 중대사건이 일어날 날을 의미하는 속어 — 역자)를 둘러싼 '자숙'에 불만을 가지고 '근신하지 않는 모습일지도 모르겠지만'이라고 표현한 언저리에서 와타나베 준이치는 천황 사망 시기의 일본인 다수파를 체현하고 있다고 해도 좋을 것이다. 여러 대전국 사람들의 천황관을 잘 알고 있으면서도 저 전쟁이 침략전쟁이었다는 것을 인정하지 않으려는 일본인들보다 현실에 대하여 진지하다고 할 수 있을지도 모르겠다. 그러나 와타나베 준이치가 일본인 다수파의 전형이기 때문에 문제는 보다 중대하다. 전쟁책임은 히로히토 개인에게만 넘겨 버릴 문제가 아니다. 즉 이 책임은 아시아에 대한 침략과 전쟁을 통해 산업화를 이룩한 일본이라는 국가를 통합해 온 천황제와 이 같은 침략을 허용하고 직접 참가한 일본인 전체가 져야 할 문제이다. '종전' 후 히로히토의 적극적인 정치행동과 더불어 상징 천황세로의 국민통합을 이룩한 일본은 아시아에 대한 새로운 경제침략으로 경제대국이 되었다. 이러한 조건을 모두 이어받아서 아키히토가 새로운 천황이 된 이상, 아키히토와 재편 움직임을 보이고 있는 새로운 천황제, 그리고 대량 소비 '문명'을 향수하고 있는 현재의 일본인에게 전쟁책임은 계승되어야만 한다.

이 책에서 '천황제'의 전쟁책임이라고 할 경우 코민테른 테제의 '천황제'와는 약간 어감을 달리한다. 코민테른 식으로 국가지배구조로써 천황제를 파악할 경우 그 분석방법 때문에 천황제의 전쟁책임이 너무도 명확해진다. 반면 코민테른 테제의 분석방법을 따를 경우, 천황제와 천황 개인의 관계 그리고 천황제로의 민중통합의 구체상은 빠져 버리고 만다. 본 장에서 취급하고 싶은 것은 근대 천황제의 초대 천황인 메이지천황 무쓰히토가 청일전쟁·러일전쟁에 어떠한 형태로 관여했는가이다. 나아가 전쟁 승리에 의해 실현된 국민통합이 쇼와천황 히로히토에게 계승된 내용이다. 즉 이른바 15년전쟁 이전에 이루어진 침략책임, 전승책임에 대한 내용이다.

천황친정인가 입헌제인가

현대로 이어지는 중앙집권국가[12]의 초창기에 소년이었던 무쓰히토가 국가설계에 사실상 참가하지 않았다는 것은 분명하다. 사카모토 료마(坂本竜馬)에 이어 '유신'의 공로자들은 천황을 '구슬'이라고 부르며 어디까지나 중앙집권국가의 기관 가운데 하나로 생각하고 있었다. 히로

12 일반적으로 '메이지국가', '근대국가'로 불리고 있지만 두 용어 모두 원호와 관련하여 '근대'라는 '어휘'의 의미를 재검토할 필요성이 있기 때문에 가능한 한 이 용어의 사용을 피하고 싶다. 村田稔, 「天皇制·民主主義·社会主義」, 『労働運動研究』, 1988年 8月号, 労働運動研究所.

히토가 '메이지 대제의 생각(明治大帝の思召し)'[13]이라고 찬양해 마지않는 '5개조 서문'(메이지천황이 막부를 무너뜨리고 왕정복고를 이룩한 뒤, 1868년 4월 6일에 통치 원칙을 공포한 선언문—역자)은 유리 기미마사(由利公正)·후쿠오카 다카치카(福岡孝弟)·기토 다카요시(木戸孝允)의 합작품이다. 이 서문은 무쓰히토가 겨우 15살이던 게이오(慶応) 4년 3월 14일(1868년 4월 6일)에[14] 공경 제후를 거느리고 신에게 서약한 것이다. 즉 이 서문은 무쓰히토 자신의 의지에 의한 것이 아니라 신정부 관료들이 천황의 지위에 있던 무쓰히토에게 서약하게 한 것이다. 따라서 히로히토가 이것을 무쓰히토의 공적이라고 칭송한다면, 히로히토 자신의 말처럼 만약 중일전쟁·태평양전쟁이 자신의 의사에 반한 것이었다고 하더라도 그의 이름으로 추진되고 선전포고를 한 것인 만큼 히로히토의 전쟁책임은 지울 수가 없다. 좋은 것은 자신의 공적으로 삼고 나쁜 책임은 다른 곳으로 전가하려는 행위는 도의적으로도 용서할 수 없다.

아스카이 마사미치(飛鳥井雅道)의 저서 『메이지 대제(明治大帝)』[15]에 의하면, 메이지 정부와 무쓰히토의 측근에게는 천황을 제도-헌법의 틀에 구속시켜 군민동치(君民同治)를 지향하는 집단과 천황에게 제도를 넘어서는 권위와 권력을 부여하려고 하는 흐름이 지속적으로 대립하고 있

13 뒤에서 언급하겠지만, 히로히토는 1977년 8월 23일에 궁내성 출입기자회와의 회담에서 "민주주의를 채용한 것은 메이지 대제의 의향이셨다. 더구나 신에게 서약하셨다. 그리고 '5개조 서문'을 발표하였고 이것이 기초가 되어 메이지 헌법이 만들어졌는데……"라고 하였다. 高橋紘, 『陛下, お尋ね申し上げます』, 文春文庫, 1988年, p. 253.

14 신정부가 태양력을 채용하기 이전에 대해서는 원호이기는 하지만 일본식 연도를 앞에 서술한다. 모든 민중들의 생활이 음력에 따라 운영되고 있었으며 기계적으로 서력으로 표기할 경우 한 달 전후의 차가 발생하면서 연도 그 자체를 잘못 표기할 위험성이 있기 때문이다. 예를 들면, 게이오 3년=1867년, 게이오 4년=메이지 원년=1868년으로 환산하는 것은 '왕정복고의 대원호'의 경우 통용되지 않으며 게이오 3년 12월 9일은 1868년 1월 3일이 된다. 이러한 차이를 무시함으로써 빌생힌 교괴서 사전류외 서양 연호 오기는 수없이 많다.

15 飛鳥井雅道, 『天皇大帝』, 筑摩書房, 1989年.

었다. 오쿠보 도시미치(大久保利通)와 이토 히로부미(伊藤博文)가 전자에 해당하며, 야마가타 아리토모(山県有朋)·모도다 나가사네(元田永孚)·사사키 다카유키(佐々木高行) 등은 후자에 속한다. 1877년 9월 세이난(西南)전쟁(1877년에 사이고 다카모리를 중심으로 하여 현재의 구마모토현, 미야자키현, 오이타현, 가고시마현의 사족들이 일으킨 반란. 근대국가 성립과정에서 일어난 최후의 내전—역자)이 끝나 갈 무렵 오쿠보와 이토는 무쓰히토의 교육을 보좌하기 위하여 시보(侍補)제도를 만들었다. 그런데 그 시보 집단이 모도다·사사키를 중심으로 이 해 말부터 천황친정운동을 시작하였다. 다음해 오쿠보가 암살당하자 그의 뒤를 이은 이토 등과 시보 집단의 대립은 격화되었고 마침내 1879년 10월 시보제도가 폐지되었다. 이로 인하여 천황친정운동은 좌절되고 무쓰히토는 이토 등의 헌법제정 노선에 끌려가게 된다. 그러나 모도다 등의 주장은 야마가타 아리토모에게 계승되어 1882년의 군인칙유(軍人勅諭, 1882년 1월 4일에 메이지천황이 육해군에 내린 칙어로 군의 통솔권은 천황에게 있음을 선언하고 군인에게 충절, 예의, 무용(武勇), 신의, 검약의 기본 덕목을 제시하였다—역자), 1890년의 교육칙어(教育勅語, 1890년 10월 30일 메이지천황의 이름으로 발표한 일종의 교육 헌장으로 천황에 대한 헌신과 충성을 강조한 교육이론이다—역자)와 그 후 일본의 군사·교육, 나아가 사회 전체에 커다란 영향을 미치게 되었다.

1882년 이토 히로부미는 헌법조사를 위해 프로이센을 방문하여 다음해에 귀국했다. 헌법제정에 대한 심의는 추밀원에서 행하는데 무쓰히토는 풍유 때문에 한번 결석한 것 이외에는 모두 출석하였다. 헌법 내용을 둘러싸고 이토의 주도권이 관철되었다. 모리 아리노리(森有礼)가 '신민권리의무' 규정은 온당하지 않다고 주장한 것에 대하여 이토는 "원래 헌법을 만드는 정신은 우선 군권(君權)을 제한하고 다음으로 신민의 권리를 보호하는 데 있다"고 일축하였다. 아스카이 마사미치가 적고 있듯이 천황기관설(통치권, 즉 주권은 법인인 국가에 있으며 일본 천황은 그러한 국가의 최고 기관으로서 다른 기관의 도움을 얻어 통치권을 행사한다는 논리—역자)은 여기서 출발한다.[16]

무쓰히토는 추밀원의 심의 과정에서 한 번도 발언하지 않았다. 그러나 천황친정운동 시기에 무쓰히토는 오쿠보 도시미치의 뒤를 이은 오쿠마 시게노부(大隈重信)·이토 히로부미 정부에 대하여 서구화 정책, 교육정책 심지어는 인사문제에 대해서까지 적극적으로 비판적인 발언을 반복하였다. 이러한 행동은 그가 이미 명확한 정치의사를 가지고 있었음을 나타낸다. 이러한 무쓰히토를 헌법의 틀 내에 묶어 두기 위하여 이토 역시 노력을 아끼지 않았다. 무쓰히토가 신뢰하는 시종 후지나미 고토타다(藤波言忠)는 빈에 파견 가서 9개월간 매일 로렌츠 폰 스타인(Lorenz von Stein)의 강의를 들었고, 귀국 후 33회에 걸쳐 무쓰히토에게 그 내용을 강의하였다. 히라이 에이(平井叡) 편찬 『메이지천황 흥국사(明治天皇興国史)』는 헌법심의에 대한 무쓰히토의 자세를 다음과 같이 적고 있다.

> 헌법 초안을 직접 챙기고 회의가 있을 때마다 시종을 시켜 그 초안을 내려보내시고, 우리들이 그날의 회의에서 수정한 것, 삭제한 것, 첨부한 것 등을 각각 붉은 글씨로 기입하여 재차 봉환(奉還)하였다.
>
> 폐하는 거듭 이 초안에 대하여 신중하게 연구하시어 조금이라도 이상한 곳이 있으면 곧바로 이토 의장을 궁중으로 불러 질문하였는데 의문이 풀릴 때까지 결코 그만두지 않았다. 특히 이 질문은

16 같은 책, pp. 219–221.

> 매우 치밀하고 세밀하여 우리들이 조금 깜박하고 있으면 오히려 대답하기 힘든 상황도 있었다.[17]

이 책은 무쓰히토의 영민함을 치켜세우기 위하여 편찬한 것인 만큼 상당히 조심스럽게 읽어야만 한다. 그러나 메이지천황전기(天皇傳記) 가운데 가장 신뢰도가 높다고 하는 와타나베 이쿠지로(渡辺幾治郎)의 『메이지천황의 성덕(明治天皇の聖徳)』 총론 편에도 동일한 내용의 기사가 있는 만큼 무쓰히토가 헌법심의에 열심이었던 것은 사실인 듯하다. 와타나베에 의하면, 추밀원 심의가 끝난 1888년 말 이토 히로부미 의장이 헌법초안을 무쓰히토에게 제출하자 "메이지천황은 이것에 만족하지 못하고 '헌법은 국가의 근본법칙으로 가장 중요한 것이다. 한번 발포되면 쉽게 수정할 수 없음을 고려하여'" 각료회의(이하 '각의'로 약칭함) 에서 대신들의 의견을 듣고 수정안을 만들게 하여 재차 추밀원에 자문하였다고 한다. 자문에 의하여 개최된 1889년 1월의 추밀원 제2회 심의회의 결과에 대해서도 무쓰히토는 "만족하지 못하고 그 헌법조문을 영문으로 번역하여 그 분야의 전문가에게 보여 주고 의견을 구하여 부족한 점을 발견하자 수정의견을 만들게 하여 다시 추밀원에 자문"[18]하였다. 이 제3회 심의회를 거쳐 대일본제국헌법은 1889년 2월 11일에 무쓰히토의 이름으로 국민에게 하달되었다.

그 제1조는 "대일본제국은 만세일계의 천황이 이(일본— 역자)를 통치한다"이며 제3조는 "천황은 신성하여 범할 수 없다"였다. 제국헌법은

---

17 平井叡編纂, 『明治天皇興国史』, 帝国実業学会, 1912年, p. 5. 거의 동시에 간행된 河野正義編, 『明治天皇御一代記』, 東京国民書院, 1912年, p. 383에도 같은 취지의 기술이 있다.

18 渡辺幾治郎, 『明治天皇の聖徳 総論』, 千倉書房, 1942年, p. 261.

천황을 정치와 군사에 대한 전권을 가진 오직 한 사람의 신성한 주권자로 정하고 있으나 사실은 천황의 '군권을 제한'하는 것을 목적으로 하여 만들어졌다. 이후 천황기관설이 반복적으로 문제시된 것이나 히로히토가 정치와 군사에 직접 관여하였음에도 불구하고 자신은 입헌군주(헌법 체계 아래서 세습되거나 선임된 군주를 인정하는 정부 형태이다. 즉 군주의 권력이 헌법에 의하여 제한을 받는 정치 체제. 이와는 달리 군주가 절대적인 권력을 가지는 체제를 전제군주제라 한다—역자)였다고 강변한 것도[19] 제국헌법의 이중적 구조 때문이었다.

필자가 보기에 무쓰히토는 1870년대 말에 20대 후반의 청년으로서 천황친정운동에 주체적으로 관여하고 1880년대에도 군인칙유·교육칙어를 발포하여 친정운동이 지향한 천황의 역할을 부분적으로 수행하였다. 그러나 무쓰히토는 헌법제정 과정에서 이토 히로부미가 구상한 입헌군주제라는 천황의 법적 존재형태를 수용한 것으로 판단된다. 헌법심의 과정에 열심히 관여하면서도 내용에 대해서는 한 번도 개인의 의견을 공식적으로 말하지 않은 점에서도 그러한 정황은 나타난다.

19 히로히토는 유럽을 방문한 이후 1971년 11월 16일 재도쿄 외국인 기자단과의 회견에서 "최근 유럽을 여행하던 중 폐하의 전쟁책임을 추궁하는 집단이 반대 데모를 행한 것에 대하여"란 질문에 관해 "우리나라에서는 나의 조부 메이지천황이 입헌정부를 수립하시고 나는 메이지천황의 유지에 따라 입헌군주로서 행동해 왔습니다. 나는 (전시 중에도) 그렇게 행동했으며 그 외의 시기에도 그렇습니다"라고 대답하였다.『陛下, お尋ね申し上げます』, p. 186.
그리고 미국을 방문하기 전인 1975년 9월 20일『뉴스위크』지와의 기자회견에서 "기본적으로는 전전도 전후도 역할은 바뀌지 않았다고 생각합니다. 나는 항상 헌법에 의거하여 행동해 왔다고 생각합니다"라고 반복하고 있다.『ニューズヴィーク』, 1975年 9月 29日号,『ニューズヴィーク』일본어판, 1989年 1月 15日 임시증간호에 수록.

침략에는 찬성, 개전에는 주저

그런데 '입헌군주'제도하에서 경험한 2번의 중국침략 전쟁에서 무쓰히토는 어떠한 태도를 취하였을까. 우선 헌법발포 5년 후에 일어난 청일전쟁부터 살펴보자.

1892년 6월 마츠카타 마사요시(松方正義) 내각이 제출한 해군 군함 건조비 예산을 둘러싸고 의회에서는 정부와 민당의 대립이 격화되었다. 중의원에서 건조비를 삭제하였는데 귀족원이 이것을 부활시켜 중의원으로 회부하자 중의원은 귀족원에는 부활 권한이 없다고 하여 반려하였다. 귀족원이 이 건에 대해서 천황의 칙재(勅裁)를 청하자 무쓰히토는 추밀원에 자문을 구한 후 귀족원의 예산부활 수정권을 인정하는 칙재를 내렸다. 마츠카타 마사요시 내각은 선거간섭 문제를 둘러싸고 내각이 일치되지 않아 사직하기에 이른다. 뒤를 이은 제2차 이토 히로부미 내각도 건함비 문제로 민당의 공격을 받았다. 1893년 2월 10일 무쓰히토는 조서「현재의 신료 및 제국의회의 각원에게 고함」을 발표하였다.

> 국가·국방의 건에 대해서는 만약 하루를 늦추게 되면 백 년의 후회를 남긴다. 이제 짐은 궁정 비용을 절약하여 6년간에 걸쳐 매년 30만 엔을 하사하고 또한 문무의 관료에게 명하여 특별한 사정이 있는 자를 제외하고 동일한 기간 동안 봉급의 1/10을 납입하여 군함제조 비용을 보충한다.(『明治天皇紀』, 이하 이 장의 인용문에서 따로 각주가 없는 경우 이 책에 의한 것임)

아스카이 마사미치는 "메이지 20년 이래 궁정비용의 10%를 떼어서 군사예산을 확보하려는 안은 이노우에 고와시(井上毅) 문서 등에서 너무 많이 보이"기 때문에 이 조서의 제안은 "천황의 의지와는 관계가 없다"[20]고 한다. 그렇다고 하더라도 이 조서 내용을 보면 무쓰히토의 적극성 여부와는 별개로 그가 반대하지는 않았음을 알 수 있으며, 무엇보다도 여기에는 군비확장과 천황·황실 사이의 밀접한 관계가 나타나 있다. 무쓰히토 조서의 효력은 절대적으로, 조서 발표에 앞서 2월 7일 내각 탄핵 상주안을 압도적 나수로 가결하고 19일간 휴회에 들어갔던 중의원도 휴회가 종료되기 전인 22일에 건함비를 인정하는 예산안을 수정 가결하였다.

1894년 3월 학정을 원망하는 조선의 농민이 전라도에서 봉기하여 갑오농민전쟁이 시작되었다. 농민군이 5월 31일 전라도 전주를 점령하자 같은 날 조선국왕은 청나라에 진압을 위한 파병을 요청하였다. 이 정보는 6월 2일 각의 중인 일본정부에 전달되었고 내각은 곧바로 출병을 결정하고 천황의 재가를 청하였다.

> 조선의 조정이 청국에 원병을 청하려고 한다는 전보가 도착했다. 외무대신 무쓰 무네미쓰(陸奥宗光)는 상황의 어려움을 설명하고 우리나라도 역시 군대를 파견하여 조선에서 청·일 권력균형을 유지해야만 한다고 주장하였다. 각의도 그 의견과 일치하였다.…… 내각 총리대신 백작 이토 히로부미도 참가하여 조선에서 우리 공사관·영사관 및 재류민 보호를 위하여 출병의 재가를 청하자 ……곧바로 재가하였다.

20 『明治大帝』, p. 240.

『메이지천황기』의 이 기술은 재류민 보호는 기득권을 유지하기 위한 침략의 구실이었으며 '청·일 권력균형' 유지, 즉 침략확대를 위한 발판이 출병의 원래 목적이었음을 보여 주고 있다. 이것 이상으로 주목할 점은 무쓰히토가 '곧바로 재가'했다는 사실이다. 이것은 다음 달의 청일전쟁 개전, 10년 후 러일전쟁 개전 시기의 망설임과 비교하면 너무도 단호하다. 무쓰히토는 청국이나 러시아 등 대국과의 개전에는 주저하였지만 당시 일본의 입장에서 보면 약소국이었던 조선의 경우는 민중의 반란을 유린하고 권익을 확대하는 침략을 위한 군대 파견에 전혀 망설이지 않았다. 무쓰히토가 이날 오야마 이와오(大山巖) 육군대신·사이고 주도(西鄉従道) 해군대신에게 보낸 칙어를 살펴보자.

> 지금 조선국 내에 내란이 봉기하여 그 세력이 창궐한다. 이에 조선에 거류하는 우리나라 국민을 보호하기 위하여 군대를 파견하려고 한다. 경들은 잘 협의하여 적절하게 처리하기 바람.

7일 일본정부는 조선에 출병을 통고하였으며 12일에는 혼성여단이 인천에 도착했다. 14일 조선공사가 무쓰 외무대신에게 일본군의 퇴거를 요구하였다. 16일 무쓰 외무대신은 청국공사에게 농민반란의 공동토벌과 조선 내정에 대한 공동개혁을 제안했는데 이것은 거절되었다. 이후 청일 양국군은 조선 내에서 독자적으로 반혁명 군사행동을 전개하였다. 농민군은 목표를 침략자 타도로 변경했지만 후퇴에 후퇴를 할 수밖에 없게 되었다.

군사행동이 시작되고 청·일 양국 사이가 험악해지자 무쓰히토는 급속하게 언동에 신중을 기하였다. 6월 15일 각의에서 철병 불가와 청국과 협의하지 않고 일본 단독으로 조선 내정에 대한 개혁을 추진하기로 결정하고 이토 히로부미가 무쓰히토에게 이것을 보고하자

> ……천황은 깊이 장래를 생각하여 시종장을 외무대신 무쓰 무네미쓰에게 보내어 특히 단독 개혁의 취지를 하문하였다. 이에 무네미쓰가 방문하여 연유를 상주하자 마침내 이를 재가하였다.

고 한다. 청국을 상대하게 되자 무쓰히토도 급격히 불안해진 듯하다. 6월말부터 러시아·영국 등이 청·일 간의 중재에 개입하였는데 무쓰히토는 이때의 외교 교섭 회답문에 대해서도 하나하나 '재가', '성단'을 내리고 있다. 무쓰히토는 바빠졌다. 『메이지천황기』 7월 11일 자에는 다음과 같은 기술이 있다.

> 청일전쟁 때문에 날마다 외출('궁정'에서 정무를 위해 밖으로 나옴—저자)하시게 되자 천황은 궁내성에 여름휴가를 허가할 수 없다는 취지를 알리고 여러 관원에 대해서도 여름휴가 지시를 내리지 않았다.

7월 12일 전 수상 마쓰가타 마사요시가 이토 히로부미를 방문했다. 마쓰가타는 당시 야인이었지만 무쓰히토의 명령으로 6월 22일의 대청 개전 준비를 결정하는 어전회의에 참가한 적극적 개전론자였다. 마쓰가타는 정부가 우유부단하다고 이토를 힐책하였다. 그러자 이토는 "개전의 이유는 역시 충분하지 않다고 생각한다"고 대답하였다. 이에 대하여 마쓰가타는 "'이대로 며칠을 허비하면 여론이 분열되고 외국이 간섭할지도 모른다. 또한 철병이라도 한다면, 국가의 위신은 실추되고 빈

심은 이반할 것'이라고 하면서 '충고를 받아들이지 않으면 절교'"라고 몰아붙였다. 이 대립에 대하여 『메이지천황기』는 두 사람이 현직 정치가와 재야인사로 입장이 다르다는 점 외에 이토가 신중했던 이유로 다음과 같은 내용을 적고 있다.

> 더욱이 천황은 청·일 친선과 동양 평화를 가장 염원하였을 뿐만 아니라 청국과 일을 도모함에 있어 제3국이 간섭할 것을 우려하여 쉽게 개전을 허가하지 않자 히로부미는 더욱 신중하게 숙고하였다.

7월 23일 일본군은 경성의 조선왕궁을 점령하고 대원군을 국정총재로 삼았다. 그러자 25일 대원군은 청국에 종속관계의 파기를 선언하였다. 같은 날 일본함대는 도요시마(豊島) 연안에서 청국함대를 격파하고 선전포고도 하지 않고 전쟁을 시작하였다. 선전조서는 8월 1일 자로 재가되었는데 여기에는 "국제법에 저촉되지 않는 한 빈틈없이 각각의 권능에 따라 모든 수단을 다하라"는 내용이 포함되어 있었다는 것만 적시해 둔다. 대(對)영·미 개전조서에는 '국제법'이 언급되지 않았다. 이러한 이유 때문은 아니겠지만 영·미와의 전쟁에서 일본군은 천황의 이름으로 국제법을 위반하는 만행을 자행하였다.

청국과의 개전은 무쓰히토의 의지에 따른 것이 아니었다. 선전조서 공포 직후 궁내대신 히지카타 히사모토(土方久元)가 무쓰히토에게 이세(伊勢) 신궁과 고메이(孝明) 천황릉에 대한 '봉고칙사(奉告勅使)' 인선에 대해 의견을 묻자 무쓰히토는 다음과 같이 말하였다.

> 그 일까지는 생각하지 못하였다. 짐은 이번 전쟁을 원래부터 의

> 도하지 않았으며, 신하들이 전쟁을 피할 수 없다고 진언하자 그것을 허가했을 뿐이다. 이것을 신궁과 선제릉에 보고하는 것은 짐으로서는 상당히 난처하다.

히지카타 히사모토가 놀라서 간언하자 무쓰히토는 "갑자기 노여워하며 '짐은 다시 이것을 보고 싶지 않다'"고 역정을 내었다. 히지카타 궁내대신은 천황기관설적 헌법해석을 알지 못했는지도 모르지만, 이미 선전포고한 전쟁에 대하여 천황이 반대 의견을 가지고 있다는 사실은 엄청난 것이라 그날 밤 "번민 고뇌로 밤새 잠을 이룰 수가 없었다"고 한다. 무쓰히토의 역정은 하루 만에 진정된 듯하다. 봉고칙사 인선에 대하여 다음날 다시 질문을 받았을 때는 "평상시와 같이 얼굴을 단정히 하고 바로 진언을 허가하"였다. 그러나 8월 11일 현소(賢所)에서 거행된 선전 봉고제 때는 시간이 지나도 궁에서 나오지 않았다. 그러자 나베시마 나오히로(鍋島直大) 식부장(式部長)이 봉고제를 대신 주관하였다.

전승 보고에 안도

'본의 아닌' 개전으로 토라진 무쓰히토는 파업을 한 것이다. 하긴 그의 '천황 파업'은 처음 있는 일은 아니었다. 1877년 세이난전쟁 때에 사이고 다카모리(西郷隆盛)를 대동한 무쓰히토는 정무도 학문도 승마도 거부한 적이 있었다.[21] '본의 아닌' 이번 파업의 진짜 이유는 대국이라고 생각하고 있던 청나라를 겁내고 패할 것 같다는 공포감을 느꼈기 때문이라는 생각이 든다. 평양 공략의 첩보가 들어온 9월 16일은 대본영(大本營,

21 같은 책, p.161.

전시 혹은 사변 중에 설치된 일본제국 육군 및 해군의 최고 통수 기관이다—역자)을 히로시마로 옮긴 다음 날이었는데 『메이지천황기』는 이날 천황이 "상하(上下) 몹시 희색"이었다고 적고 있다. 그리고 11월 3일 봉황성 점령에 대한 보고를 들었을 때에도 "천황의 얼굴은 특히 아름다웠다"고 적고 있다.

물론 하나하나의 전승 때마다 무쓰히토는 "그대들의 충용으로 능히 여러 곤란을 제거하여 제2군의 상륙을 완성하고 마침내 대련만 및 여순 입구를 점령하였다. 짐은 심히 그 공로를 가상히 여긴다. 때로 극심한 추위에 맞서는 그대들을 사랑하며 앞날의 성공을 기대한다"(1894년 11월 25일)는 군과 병사를 독려하는 칙어를 연발하였다. 무쓰히토 자신의 의지가 얼마나 반영되어 있는지와는 관계없이, 천황의 이름으로 칙어가 발표된 이상 이러한 종류의 칙어만으로도 천황의 전쟁책임은 피할 수 없다고 필자는 생각한다. 그러나 칙어의 형식·내용 모두 획일적으로 무미건조하기 때문에 이 이상 언급하지 않겠다. 단 1894년 11월 제2군이 여순 북쪽 4킬로미터 지점에 있는 송수산을 함락시켰을 때 무쓰히토가 읊은 단가 한 수를 소개한다.

> 세상에 드높이 울려 퍼지는구나 송화산
> 함락하여 승리할 때의 소리

본심을 드러내는 단가도 이렇게 무미건조하기 때문에 장병을 질타·격려하는 무미건조한 칙어에도 무쓰히토의 본심이 들어가 있을 것이라 본다. 또한 그는 '성환역(成歓駅)', '평양 대첩(平壌の大捷)', '황해해전의 노래(黄海海戦の歌)' 등 전승을 기념하는 군가 만들기를 좋아하였다. 와나타베 이쿠지로는 무쓰히토의 별명을 '군가의 황제'라고 지었다. 여기서는 '평

양대첩'을 소개해 둔다.[22]

평양 대첩

대동강의 격류도 대성산의 험한 산세도
어렵지 않게 넘어서 전진한다. 우리 군대 용감하다.
험준하고 견고한 적의 성을 한꺼번에 둘러싸고 사방을 공격한다.
격렬하게 쏘아대는 총포소리는 산하에 울려 퍼진다.
날카로운 공격에 피아의 사상자도 수없이 많다.
지형의 이점을 가진 적병도 충용의열한 우리 병사의
강한 기세에 맞서기 어렵게 되자 요새 위에 백기를
지휘관을 바라보던 우리 병사는 잠시 진격을 멈추고
그들의 거동을 살피니 핏길을 뚫고 도망가려 하네
갑자기 내달리는 백마대 얼마 남지 않은 적을 쳐부수네
순식간에 의주문 격파하면서 평양으로
성을 차지하고 용기가 샘솟네 성을 차지하고 용기가 샘솟네

청국군과의 전투가 유리하게 전개되자 그렇게나 개전을 두려워한 무쓰히토도 전황에 몰두하였다. 1894년 9월 23일 히로시마 대본영에 있던 무쓰히토는 황해해전에서 귀국한 마쓰무라 도요키(松村豊紀) 해군 소좌를 불러 해전 실황을 설명하게 했다. 무쓰히토는 처음으로 자진하여 귀환군인에게 보고를 들었다. 원래 무쓰히토는 군사전략에 관심이 많았으며 평소부터 연구를 게을리하지 않았다.

---

22 渡辺幾治郎,『明治天皇聖徳 軍事』, 千倉書房, 1941年, pp. 131-133.

> 평소에도 사단장 회의를 여는 등 사단장들을 어전에 초대하여 친밀하게 관할하의 군사정세에 대하여 스스럼없이 구체적으로 질문할 정도로 생각이 깊고 주도면밀하였다. 그래서 사단장들은 지도를 펴고 상세한 대답을 하지만 오히려 의외의 질문을 받고 당황해하는 경우도 많았다.[23]

그러한 무쓰히토였기 때문에 전황이 결정적으로 유리해져 강화교섭을 시작하려는 1895년 3월에는 최후의 결전을 통해 청국군 주력을 물리치기 위하여 그 자신이 중국대륙으로 건너가려고 하였다. 또한 대본영을 여순반도, 나아가 양하구(洋河口)로 옮기려고 하였다. 정부·군 지도부는 무쓰히토의 건강을 핑계로 정신없이 설득해 겨우 마음을 돌리게 했다. 대신에 무쓰히토는 고마츠노미야 아키히토 친왕(小松宮彰仁親王)을 정토(征討)대총독에 임명하여 칙어로 출정 전단(全團)에 대한 지휘권을 위임하고 총독부를 여순에 파견하는 형태를 선택하였다.

무쓰히토는 조선에 대한 침략·반혁명군의 파견에 대해서는 그 자리에서 재가하였다. 그러나 상황이 청국이란 대국과의 전쟁으로 발전하려고 하자 급격히 신중해졌다. 자신은 정부와 군의 결정에 따라 어쩔 수 없이 개전조서를 발표한 입헌군주일 뿐이며 개전책임은 보필자들에게 있다고 하였다. 그러나 전황이 유리하게 바뀌자 적극적인 자세로 돌아섰다. 청일전쟁에서 무쓰히토의 행동기준은 러일전쟁에서도 똑같이 반복되었다.

---

23 『明治天皇興国史』, p. 130.

대(對)러시아 개전에 대한 공포

1899년 3월 청나라 산동성에서 침략에 저항하던 민중이 봉기하여(의화단운동) 화북에까지 세력을 미치자 1900년 5월 영·프·러·미·이·일 6개국은 공동출병을 단행하였다. 침략과 봉기저지를 목적으로 한 것이지만 공동출병이었기 때문에 무쓰히토는 전혀 두려워하지 않았다. 1901년 1월 의화단운동 최종의정서가 청나라와 6개국 사이에 체결된 이후 러시아군은 중국 동북부에 남아 조선에 대한 남하정책을 강화하였다. 이것 때문에 러·일관계는 급속하게 악화되었다. 일본은 1895년 4월 17일의 청일강화조약 체결 이후 러시아를 중심으로 한 3국 간섭 때문에 중국으로부터 최초로 획득한 침략 교두보였던 요동반도를 겨우 일주일 만에 러시아에게 빼앗긴 경험이 있었다. 이러한 사실 때문에 이미 일본국내에서는 '와신상담'을 슬로건으로 내건 보복 주장이 제기되었다.

1903년 '러시아를 저격해야 한다'는 주전론이 확대되는 가운데 이토 히로부미 추밀원의장뿐만 아니라 무쓰히토 역시 러시아와의 개전을 두려워하고 있었다. 1904년 1월 11일 원로 이하의 요인들이 모여 러시아와의 개전은 어쩔 수 없다고 결정하고 다음날 어전회의에서 논의하였다. 그러자 무쓰히토는 한번 더 외교적 노력을 시도해 보라고 명령하였다.[24] 무쓰히토가 이 회의에서 느낀 압박감은 상당한 것인 듯하다. 그는 도쿠다이지 사네쓰네(徳大寺実則) 시종장을 시켜 이토 히로부미·야마가타 아리토모·마쓰가타 마사요시·이노우에 가오루의 원로에게 도쿄를 떠나지 못하게 하는 서간을 보냈다. 그러나 2월 4일의 어전회의

24 木村毅, 『明治天皇』, 至文堂, 1966年, p. 220.

에서 결국 개전이 결정되었다. 이날 저녁 무쓰히토는 궁으로 돌아가서 "이번 전쟁은 짐의 의도와는 관계없다. 그러나 일이 이미 여기에 이르러 전쟁을 할 수밖에 없었다"고 하여 마치 혼자말처럼 "만약 차질이 생기면 짐은 어떻게 선조에게 사죄하고 신민을 대할 것인가"라고 되뇌며 눈물을 멈추지 않았다고 한다. 그 후 무쓰히토의 심경은 쇠약해져 밤에 잠을 이루지 못하였으며 식사도 거르고 점차 건강을 해치게 되었다는 기록도 보인다. 이러한 기록이 사실인지 아닌지 지금에 와서 분명히 알 수는 없다. 그러나 무쓰히토가 가진 러시아에 대한 공포감이 대단했던 것만은 짐작할 수 있다.

일본은 러일전쟁에서 고전하였다. 동해 해전까지는 침몰하는 배도 많았으며 노기 마레스케(乃木希典)의 졸렬한 전술 때문에 여순 공격에서는 사상자가 많았다. 중국 동북부의 평지에서도 크로포트킨 장군의 교묘한 후퇴전 때문에 일본군은 내륙으로 유인되어 보급선이 확장되었다. 무쓰히토는 러시아 함대에 격침된 조반마루(常盤丸)와 같은 작전에 참가한 사도마루(佐渡丸)의 지휘관을 불러 당시의 상황을 들었는데 지도를 응시하던 두 사람은 열중하여 머리가 부딪힐 것 같았다.[25]

그러나 청일전쟁의 경우와는 달리 무쓰히토는 감정을 드러내지 않았다. 1904년 5월 군함 요시노(吉野)·하세(初瀬)가 침몰하는 등 커다란 피해를 입었지만 무쓰히토는 "감정을 드러내지 않았"다. 무쓰히토가 신뢰하던 노기 마레스케가 마침내 여순을 함락했다는 보고를 받았을 때에도 "전혀 당황하지 않고 평상시와 다르지 않"는 모습이었다. 어느새 그에게 있어 전쟁이란 군주라면 당연히 경험하지 않으면 안 되는 것

25 『明治天皇興国史』, p. 147.

으로 자각된 듯하다. 전황에 따라 감정을 표출하는 행동은 군의 최고 통수권자인 '대원수 폐하'에게 있어서는 안 되는 것이었다. 신민에게 전쟁의 승리를 확신시켜야만 했기 때문에 무쓰히토는 태연자약하지 않으면 안 되었다.

물론 필자는 청일·러일 양 전쟁에 대한 무쓰히토의 관여를 논하면서 그가 입헌적·평화주의적 군주였다고 찬미할 의도는 전혀 없다. 단 천황과 정부·군부의 관계에서 논한다면, 무쓰히토를 둘러싸고 있던 사람들은 무쓰히토가 어릴 적부터 천황제국가를 설계해 온 공신들이었다. 따라서 무쓰히토는 자신의 의도와 다른 것이 결정될 경우에도 '토라지는' 것밖에 할 수 없었다. 하지만 히로히토의 주위에 있던 정치가나 군인들은 히로히토에게 생사여탈권을 맡기고 있었다. 따라서 히로히토가 입헌군주나 평화주의자였다면 정치가들에게 적어도 평화적인 방향을 시사하거나 군의 행동에 제약을 가할 수도 있었을 것이다.

천자에서 대제로

청일·러일 양 전쟁에서 승리함으로써 일본은 세계의 '일등국'이 되었다. 그리고 천황의 존재가 '국민'들 사이에 침투·정착되면서 민중들의 국가 통합은 완성되었다. 메이지 2년 신정부는 천황이 존재한다는 사실조차 모르는 민중들에게 「오우인민고론(奧羽人民告論)」을 통해 다음과 같이 가르쳐야만 했다.

> 천자님은 아마테라스 황태신궁님의 자손으로 이 세상의 시작부터 일본의 주인이었다. 서열 1위의 신은 나라마다 있지만 모두 천자님이 허가한 피임명자이다. 천자님은 정말로 신들보다 높으시

> 며 한 척의 땅도 한 사람의 백성도 모두 천자님의 것으로 일본국의 부모가 되신다. 천자님에게 대적한 자가 다이묘라도 목숨은 부지할 것이며, 조금도 나무랄 데 없으며, 정말로 생각이 관대하시어…….[26]

서열 1위의 신, 즉 이나리(稲荷)대명신조차도 품계는 신성한 천자에게서 받은 것이며, 모든 토지와 인민은 천자에게 속하며, 자신에게 대적한 쇼군조차 용서할 정도로 천자는 관대하며 훌륭한 존재라는 것이다.

청일전쟁 이전에 무쓰히토가 조서를 발표하여 전함비를 염출하려 했을 때 입헌개진당의 다카다 사나에(高田早苗)는 중의원에서 이러한 관리 감봉 절차가 헌법위반이라고 주장하였다. 그리고 같은 당의 다나카 쇼조(田中正造)는 "일본의 경우는 아니지만 폭군이 이번과 같은 조서"를 자주 발표하면 "관리의 봉급은 점차 없어져 버리"며 헌법의 의미가 사라진다고 연설하였다.[27] 그러나 아시오 광독(足尾鉱毒) 투쟁을 평생의 과제로 삼은 다나카조차 청일전쟁 시기에는 "때마침 청국과 전쟁하는 상황으로 거국일치의 필요에서 본원 등은 정부에 대한 질문을 조금씩 줄이고 중지하여 관민의 협조를 꾀한다"[28]고 하였으며, 1893년부터 1895년까지는 광독문제에 대한 질문은 일체 하지 않을 정도로 국가에 대한 통합이 진척되었다. 우치무라 간조(内村鑑三) 역시 일본의 '천직'은 '아시아의 구세주'가 되는 것이라 하여 청일전쟁을 '의전(義戰)'이라 불렀으며 러일전쟁 당시 반전론(反戰論)을 주장한 요로즈초호(万朝報)를 퇴사하였다.

러일전쟁기에 처음으로 실천적인 사회주의운동·반전운동이 전개되

---

26 遠山茂樹, 『天皇と華族』, 岩波書店, 1988年, p. 28.
27 『田中正造全集』, 第七巻, 岩波書店, 1977年, p. 157.
28 같은 책, p. 407.

었다. 그러나 민중의 뜨거운 전쟁열기 속에서 『평민신문(平民新聞)』도 폐간할 수밖에 없었으며, 평민사도 전후의 배외주의적인 강화반대운동 속에서 해산을 고민하였다.

강화반대운동은 국민에게 그렇게나 인내와 고난을 강요하였음에도 불구하고 1엔의 배상금도 받지 못한 결과에 대한 반정부 도시폭동으로 이어졌다. 폭동에 참가한 민중은 대륙에서 개선한 도고 헤이하치로(東鄕平八郎)·오야마 이와오(大山巖)·고다마 겐타로(児玉源太郎) 등을 '만세, 만세' 환영으로 맞이하였다. 11월 25일 도고 헤이하치로는 황실의 보다이사(菩提寺)인 교토의 센뉴사(泉涌寺)에 참배했는데 교토시민은 아치, 눈부신 전등, 축포로 이들을 환영하였다. 9월 6일의 강화반대 폭동에 참가한 한 생선가게 아들은 이날 도고 헤이하치로를 보려고 새벽 5시 30분에 교토역에 나가 한 시간이나 기다렸다. 그는 일기에 다음과 같이 적고 있다. "보았는가 사람들의 만세 소리를. 그때의 뭐라 형용할 수 없는 심정." 그날 밤 오카자키(岡崎) 공원에서 도고 일행을 환영하는 연회가 열렸는데 도고를 보려고 여기에 모인 군중들이 그를 보자마자 "한꺼번에 질러댄 만세 소리는 만주까지도 진동시킬 정도였다." 오카자키·마루야마(円山) 일대도 아치와 전등으로 장식했으며 신쿄고쿠(新京極)의 유행상품은 반액, 우동도 5린(厘) 할인하는 등 모든 시장이 축제 분위기였다. 이 청년에 의하면 운집한 사람들도 수십만 명으로 평생 잊을 수 없는 축하 행사였다고 한다.[29]

정부에 반발하여 폭동을 일으킨 민중이 천황과 국가를 위해 싸운 군인들의 개선을 열광적으로 환영하였다. 정부가 위기에 처함과 동시

---

29 『京の日記』, 미간.

에 천황제국가로의 민중통합이 전쟁을 통해 완성되는 드라마틱한 전개는 러일전쟁 후에 출현하였다. 이를 가장 잘 보여 주는 세레모니는 10월 23일 요코하마 항에서 진행된 개선관람식이었다. 연합함대 156척, 영국 동양함대, 미국군함이 정렬한 사이로 해군군복을 입고 아사마함(浅間艦)에 승선한 무쓰히토가 전진한다. 아사마가 근접하자 각 함에서는 '기미가요(君が代)'를 연주하고 만세삼창을 불렀다. 이날 무쓰히토는 "용맹스럽게 승리의 함성을 지르며 바다의 파도를 타고 돌아오는 배를 보니 즐겁다"고 노래하였다.[30]

소나무[松]와 국체

호시노 다케오(星野武男)가 편찬한 『유찬 메이지천황 어제전집(類纂明治天皇御製全集)』[31]은 무쓰히토의 작품 2,100편을 주제별로 나열하고 있는데 그 권두의 「국체의 어제(国体の御製)」에는 '신(神)', '도(道)', '군(君)', '민(民)', '국(國)'을 주제로 한 합계 171편의 시가 수록되어 있다. 주제별 작품 분류는 편자에 따라 다르지만 여기서는 호시노의 분류방식에 따른다. 이들 작품을 시대순으로 나열해 보고 필자는 놀랐다.

1878년 이전	3편
1880년	1편
1884년	1편
1885년	1편
1886년	1편
1890년	1편

30 『明治天皇紀』, 第11, 吉川弘文館, 1975年, pp. 362-364.

31 星野武男, 『類纂明治天皇御製全集』, 交蘭社, 1932年.

1891년	2편
1892년	1편
1896년	1편
1898년	1편
1899년	1편
1901년	3편
1902년	8편
1903년	8편
1904년	41편
1905년	20편
1906년	14편
1907년	14편
1908년	4편
1909년	6편
1910년	17편
1911년	7편
1912년	5편
1913년	5편
연도 불명	5편

실로 171편 가운데 61편이 러일전쟁이 일어난 해에 집중되어 있다. 러일전쟁을 계기로 무쓰히토가 국체의 존재형태를 특히 강하게 의식하기 시작했음은 분명하다. 또 한 번의 정점이 대역사건이 일어난 1910년인 점에도 주목해야 한다.

여기서 각각의 노래에 대하여 분석할 여유는 없기 때문에 다른 기회로 미룬다. 또 한 가지 주의를 끄는 점은「사계의 어제(御製)」의 신년 부분에 수록되어 있는 노래이다. 국체를 둘러싼 작품이 급증하는 것과 더불어 신년을 제목으로 노래한 작품에 '소나무'가 포함된 것이 많다. 전부 예시한다.

1877년 송불개색(松不改色)

짙은 녹색이 변하지 않는 소나무 가지 영원히 변치 않음을 축복하네

1888년 설매송(雪埋松)

넓은 바다는 푸른색으로 빛나며 해변의 소나무 가지 맑게 스치는 백설

1900년 송상학(松上鶴)

바람 소리는 잠들어도 천대를 부르는 학 울음소리 높은 봉우리의 소나무 숲

1904년 암상송(巖上松)

이끼 낀 바위의 소나무가 만대까지 변함없는 세상은 신의 은덕일 것이다

1907년 신년송(新年松)

새로운 해의 경사스러움을 노래하는 뜰에 만대에 걸친 처마의 소나무 바람

1908년 사두송(社頭松)

영원히 변치 않는 소나무를 심어 늘어져 움직임 없는 나라를 진좌시키는 신전을 세운다

1909년 설중송(雪中松)

해마다 눈을 쌓아 가는 노송의 정조는 점점 더 높아만 가네

1912년 송상학(松上鶴)

아침 해가 찬란하게 빛나며 떠오르고 소나무 가지를 움켜잡은 학이 운다

소나무는 상록수로 잎의 색이 변하지 않기 때문에 영원하다는 의미가 있다. 따라서 장수와 절조를 상징하는 경하(慶賀)의 자리에 자주 사용된다. 특히 신이 깃들어 있다는 문송(門松, 신년에 대문을 장식하는 나무—역자)

으로도 사용하기 때문에 신년 노래 제목으로 소나무를 소재로 삼는 것은 전혀 이상하지 않다. 그러나 소개한 작품 가운데 일반적으로 경하를 표현하기 위하여 소나무를 사용하고 있는 것은 두 번째와 세 번째 작품 정도이다. 특히 '암상송(巖上松)'부터 4편은 소나무=영구불변한 것=국체를 염두에 두고 있다. 두 번의 전쟁을 통한 피의 대가를 지불하고 겨우 확립한 천황제를 영원히 유지하고 싶다는 무쓰히토의 희망이 이들 작품에 여실히 드러나 있다.

이와 관련하여 1908년 1월 3일 도쿄 간다(神田)에서 개최된 사회주의 금요(金曜)공연의 뒷풀이에 활인화(活人画, Tableau vivant, 적당한 의상을 착용한 연기자가 조심스럽게 자세를 취하여 마치 그림과 같은 정경을 만들어 내는 것— 역자) 「신사 앞의 소나무(社頭の松)」가 있었다.[32] 내용은 오토리이(大鳥居) 앞에 있는 소나무에 야마카와 히토시(山川均)가 조금 지저분한 분장을 하고 목을 묶고 있는 풍경이다. 사카이 도시히코(堺利彦)에 의하면, 어떤 사람의 연하장에 있던 "기미가요 신사 앞에 있는 소나무에 목을 건다"는 문구를 참조한 것이라고 한다.

1907년 2월 이미 일본사회당은 금지되었고 사회주의운동에 대한 탄압은 강화되었다. 1908년 6월에는 '적기사건'으로 인해 사카이 도시히코·오스기 사카에(大杉栄) 등 많은 사회주의자가 중형을 받았다. 간노 스가(管野スガ) 등이 그 보복으로 천황 암살 계획을 추진하기 시작하였다. 고토쿠 슈스이(幸徳秋水)는 1910년 친구에게 보낸 연하장에 "폭탄이 날아가는 듯한 첫 꿈은 지요다(千代田)의 소나무가 눈에 꺾이는 소리"라

---

32 神崎清, 『大逆事件の人びとと革命伝説』, 第1巻, 芳賀書店, 1968年, p. 12.

고 쓰고 색종이에도 적어 친구들에게 보냈다.[33] 이 해의 주제는 '신년설(新年雪)'이었다. '소나무가 눈에 꺾인다'는 것은 폭탄에 의한 파괴, 단순한 테러리즘이 아니라 소나무=천황제 타도를 의미한다고 읽어야만 하지 않을까. 소나무=천황제의 이미지는 1946년의 가회시(歌会始)에서 히로히토와 다케다노미야(竹田宮)의 노래로 더욱 명확하게 부활하기 때문에 기억해 두고 싶다.

'밖으로 무공을 빛냄'

무쓰히토는 아시아 침략을 주저하지 않았다. 그는 청나라나 러시아와의 개전에 대해서는 커다란 불안감을 가졌지만 전황이 유리하게 전개되면서 그 불안감을 지워 나갔다. 이것만으로도 무쓰히토가 침략책임·전쟁책임을 져야 하는 이유는 충분하다. 더욱이 일본은 두 번의 전쟁을 통하여 제국주의 국가로 성장하였으며 천황제로의 국민통합을 이루어 냈다. '메이지 대제'라고 불리게 된 무쓰히토는 국체=천황제의 영원함을 기원하였으며 이것은 새로운 침략에 의해 보장되었다. 여기서 천황제의 침략책임·전쟁책임이 발생한다.

히로히토는 1926년 12월 28일 천황 즉위식 이후에 발표한 칙어, 즉 천황으로서 처음으로 신민에게 선포한 내용 가운데 "선조 천황의 성스러운 문무의 자질로 천업을 확장하여 안으로는 문예를 널리 펴며 밖으로는 무공을 빛내어 천재불마(千載不磨)의 헌장을 만방에 나누어 비길데 없는 국체를 강고히 하겠다"고 하였다. 히로히토는 '선조', 즉 무쓰히토가 '밖으로 무공을 빛내어' 침략과 전쟁에 의해 건설한 천황제국

33 같은 책, 第3巻, 1969年, p. 8.

가를 계승한다고 선언한 것이다. 히로히토는 동시에 별도의 즉위에 즈음하여 육군군인에 대한 칙론도 발표하였다.

히로히토는 즉위 이후 겨우 5개월 만에 다나카 기이치 내각의 중국파병을 재가하였다. 그리고 1927년 5월 28일에 관동군의 제1차 산동출병이 결행되었다. 출병 이유는 국민혁명군에 대한 북벌 때문에 위협받고 있는 산동성 재류 일본인의 생명과 재산을 보호한다는 것이었다. 무쓰히토가 조선파병을 재가했을 때와 마찬가지로 재외 권익을 지키기 위한 군사적 침략이 시작되었다. 산동출병은 이후 1928년 4월 19일의 제2차, 5월 8일의 제3차 출병으로 이어지며 선전포고 없는 중일전쟁으로 확대되었다. 히로히토가 평화주의라고 주장하는 어떤 논자에게서도 그가 산동출병에 반대하였다는 이야기를 들은 적이 없다. 무쓰히토에게서 시작하는 천황제의 전쟁책임은 더욱 증폭되어 히로히토에게 계승되었다.

보론
천황의 왕위교체와 노동자 통합

쟁의단의 분위기가 무겁게 바뀌었다. 특히 연말 천황의 죽음이 생각지도 못한 곳에서 불리하게 작동하고 있었다. 이쪽 거리는 원래 말쑥한 동네였는데 상중이라 더욱 조용하다.……

야스요시(安吉)의 눈앞에서 크고 검은 글자들, 커다란 검은 영정 사진들, '어(御)'란 글자를 무수히 써 놓은 문장(文章)……이 합동 쟁의단에 대하여 뭔가 알 수 없는 형태의 파상적인 탄압을 가해 온다. 실제로 야스요시의 느낌으로 이것은 '탄압'이라는 보통의 말로는 표현할 수 없는 성질의 것이었다.……

폭력적인 탄압이라면 쟁의단의 동료들도 거의 각오가 되어 있었다.……

그러나 이것만은 그렇지 않았다.[34]

『무라기모(むらぎも)』와 공동인쇄 쟁의

나카노 시게하루(中野重治)의 장편소설 『무라기모』는 저자의 대학생활을 종축으로 하고 천황제와 자본주의 비판을 횡축으로 하여 구성되었다. 이 소설은 1920년대 중반 좌익학생의 정신상태를 묘사한 작품이다. 위에서 인용한 부분은 작품 속 절정의 한 부분이다. 독자는 나카노 시게하루가 묘사한 합동인쇄 쟁의를 현실적으로 존재한 공동인쇄 쟁

34 『中野重治全集』, 第五巻, 筑摩書房, 1976年, pp. 303-305.

의에 중첩시킴으로써 일본노동조합평의회의 지도하에 진행된 전전의 수많은 쟁의가 X데이하에서 얼마나 고난에 차 있었는지를 형상화할 수 있다.

필자의 어떤 친구가 "『무라기모』에서는 공동인쇄 쟁의가 X데이 때문에 불리한 상황에 내몰리게 된 정황이 잘 나타나지만, 도쿠나가 스나오(德永直)의 『태양이 없는 거리(太陽のない街)』에서는 그 문제가 나타나지 않는다. 당시 전투적인 노동자는 천황제에 대하여 별로 관심이 없었을까"라고 한 적이 있다. 나카노 시게하루는 무덤 속에서 미소를 지으며 이 질문을 듣고 있을 것이다. '내 소설이 그렇게나 사실적인 완성작이었단 말인가'라고. 그러나 실천운동 속에서 사실에 대한 왜곡을 절대로 용서하지 않았던 그는 동시에 역사적 사실이 정확하게 전승되지 않은 것을 쓸쓸하게 느꼈을지도 모른다.

공동인쇄 쟁의는 1926년 1월 11일에 시작되어 X데이의 훨씬 전인 3월 18일에 이미 1,180명의 해고자를 내고 패배하였다. 『무라기모』의 허구는 독자들에게 허구를 전혀 의심 없이 사실이라고 받아들일 만큼 X데이하의 노동쟁의를 실감나게 보여 주고 있다.

소설 속의 합동인쇄 쟁의는 허구이지만 역사적 사실로서 X데이하의 쟁의 실태는 나카노 시게하루의 이 작품 속에 정확하게 묘사되어 있다.

도쿄시는 1926년 12월 24일 오후 5시부터 3회에 걸쳐 아무런 사전 통고도 없이 도로과 종업원 450명을 해고한다고 발표하였다. 그 배경에는 관동대지진 부흥업무 때문에 다음해의 도로과 예산이 축소된 상황이 존재한다. 상황이 이런데다 예산이 남아 있을 때 퇴직하면 퇴지수당도 받을 수 있는 만큼 해고는 종업원들을 생각한 조치라는 것이 도쿄시 오니시(大西) 보좌(助役)의 변명이었다.

도쿄시 종업원조합은 25일 보좌와 교섭을 진행했지만 복직을 거부당하였다. 그러자 이들은 노동농민당과 우의조합(友誼組合)에 도움을 요청하고 26일부터 전 구(区)의 도로과 종업원 3,500명과 함께 시바우라(芝浦)·스사키(洲崎)의 아스팔트 혼합소, 시바우라·이치가야(市ヶ谷)의 자동차 수리소 등에서 태업을 결행하였다.

그런데 다이쇼(大正)천황 요시히토(嘉人)가 25일 오전 1시 25분 하야마(葉山)에서 사망하였다. 27일에는 그의 시신을 도쿄로 운구하기 때문에 시종업원조합은 "각자 상장(喪章)을 가슴에 달고 파업을 중지하여 근신하고 있으면서도 태업은 실행하였다." 그러나 다음날 태업이 확산되면서 많은 직장에서 파업에 돌입하였다. 도로과는 요시히토의 운구행렬이 통과하는 연도의 수리·물 뿌리기 작업에 일부의 직원만 종사한다고 발표하였다. 노동농민당은 26일 도쿄시장에게 편지를 보내 "선제가 돌아가신 시기에 노동자를 해고한 시당국의 태도는 불경하다"는 항의를 하였다.

그러나 29일 쟁의상황은 급변하여 패배로 끝났다. 이날 "이러한 시기에 쟁의를 계속하는 것은 불리"하다고 판단한 조합간부가 토목국을 찾아가 해고자의 무조건 복직 등의 요구서를 제출하였으나 거절당하였다. 이후 양자는 "1. 올해는 절대로 해고하지 않는다. 2. 이후의 해고자는 일반 실업자로 취급하여 사회국의 실업구제사업을 통해 적당한 방법을 강구한다. 3. 이번 쟁의로 처벌하지 않는다"는 3가지 조건에 합의하였다.[35]

---

35 도쿄시 도로과의 쟁의에 대해서는 『東京朝日新聞』, 1926年 12月 27日, 28日과 『東京日日新聞』, 1926年 12月 29日 석간, 30日에 의거함.

'다이쇼' X데이와 쟁의의 해체

10월에 일본노동총동맹 등 우파는 단일 무산정당을 목표로 이해 3월에 설립된 노동농민당에서 탈퇴하였다. 그리고 12월에는 노동농민당이 우파의 사회민중당과 여기서 갈라져 나온 중간파인 일본노농당 등으로 분열하고 있었다. 당시의 상황은 공산당 계열의 주도권하에 놓여 있던 노동농민당조차 전술한 내용의 항의문을 발표하는 정도였다. 따라서 요시히토의 시신이 도쿄로 돌아오던 날 상장(喪章)을 단 쟁의단이 『무라기모』가 묘사한 것과 같은 분위기의 중압감 속에서 전력으로 투쟁하지 못한 것은 당연한 일이다. 천황제는 좌파 노동자들 사이에서도 깊이 침투해 있었으며 여기에 더하여 X데이의 중압은 대단했다. 일본공산당 합법 기관지『무산자신문(無産者新聞)』에도 12월 상순까지는 쟁의에 대한 보고가 수없이 많이 게재되었지만 12월 하순부터는 완전히 자취를 감추었다. 상업신문 등에는 쟁의기사가 보이는 것으로 봐서 쟁의가 없었던 것이 아니라 자진해서 자숙했다고 할 수 있다.

요시히토의 죽음을 앞두고 천황의 상태가 시간 단위로 발표되는 상황 속에서 이것을 구실로 쟁의는 압박받았으며 패배로 내몰렸다. 이 전형적인 예가 도쿄시전(東京市電) 쟁의이다. 도쿄시전을 중심으로 수도권의 전철 노동자 1만 5천 명에 의해 조직된 도쿄시전자치회는 당시 우파가 집행부를 형성하고 있었다. 10월 30일 집행부는 좌파와 대항하면서 시전기국에 현실적으로 절실한 요구 27개 항목에 대한 탄원서를 제출하였다. 당국이 요구를 거의 받아들이지 않은 것에 불만을 가진 자치회는 재차 탄원서를 제출했고 결국 12월 8일에는 태업을 실행하였으며 다음날부터 본사 공장에서 파업에 들어갔다. 당국의 강경한 대응과 조합원의 투쟁 강화라는 틈새에 끼인 집행부는 시전기국장과의 비밀회합을 이어 갔다. 12월 9일 전기국장은 집행부의 타협적 제안까지 거부하고 천황의 병상을 보도한 신문 호외를 들고 가 쟁의의 즉각적인 중단을 요구하였다. 집행부는 긴급 중앙위원회를 열고 관헌의 엄중한 단속으로 인한 신변의 위협을 구실로 타결방법을 수뇌부에 일임한다고 결정하였다. 다음 날 수용되지 않은 요구항목은 내년에 이를 실현하기 위하여 노력한다는 정도로 양자가 합의하였다. 이때 자치회 명의로 다음과 같은 성명이 발표되었다.

> 폐하의 건강이 심히 좋지 않은 지금 우리 도쿄시전자치회는 당국과의 항쟁을 이 이상 지속하는 것의 옳고 그름을 떠나 국민으로서 삼가 근신해야 하므로 일체의 쟁의를 중지하고 당국의 성의를 기다린다.[36]

쟁의 그 자체가 정치적인 의혹에서 시작되었다고 하더라도 쟁의의 요구항목은 시전 노동자에게는 절실한 것이었다. 따라서 쟁의가 전투적으로 전개된 것이다. 그러나 처음부터 요구를 관철할 의사가 없었던 집행부는 재빠르게 수습책을 마련하지 않으면 안 되었다. 이른바 X데이 상황은 우파에게 정치적으로 이용된 면도 강하다. 우파와 천황제 합작에 의한 쟁의탄압이라고도 할 수 있다.

보다 현저한 예는 사이타마현(埼玉県) 기타사이타마군(北埼玉郡) 나카조촌(中條村)의 소작쟁의였다. 12월 16일 지주대회가 개최되었으며 그 결과에 따라 집단행동도 불사한다는 소작인 300여 명이 모여 있었다. 그

36 社会局労働部編,『大正十五年労働運動年報』, 明治文献, 1971年, p. 596.

런데 여기에 천황의 건강 상태가 급변했다는 신문 호외가 전해지자 지주·소작인이 협의하여 "근신의 의를 표하고 쟁의는 일체 중단한다는 내용을 발표하고 그날 밤 11시 반에 지주와 소작인이 동행하여 마을의 야하타(八幡) 신사에 참배하고 천황의 쾌차를 기원하고 산회"하였다. 이것을 계기로 그 일대의 소작쟁의는 모두 진정되었다고 회자된다.[37]

노동자 통합에 대한 당근과 채찍

X데이를 구실로 쟁의를 억압한 것과는 별개로 지배자는 노동자를 국가로 통합하려고 시도하였다. 천황 사망 당일을 포함하여 6일간 새로운 천황은 폐조(廢朝)로 정무에서 벗어난다. 그사이에 많은 공장들이 휴업을 하기 때문에 일용노동자는 입에 풀칠도 못하게 된다. 정부는 그 구제책으로 은사재단 경복회(慶福会)에서 2만 5천 엔을 지출하였다. 1924년 1월에 황태자 히로히토와 구니노미야 나가코(久邇宮良子)가 결혼하였는데 이를 기념하기 위하여 만든 단체가 경복회이다. 단체 설립자금은 관동대지진 후 민심의 동요를 막기 위한 사회사업 조성을 목적으로 한 '하사'금 100만 엔이었다. 회장에는 기요우라 게이고(清浦圭吾) 수상이 취임하였다.

2만 5천 엔의 배급 원칙은

1. 급여는 가능한 한 확실한 사회사업단체를 통해 지급하게 할 것.
2. 급여지급 대상자는 시 및 이와 사정을 같이하는 인접 정촌(町村)에

37 『東京朝日新聞』, 1926年 12月 18日 석간.

사는 노동자 및 그 가족 가운데 사업 정지로 인하여 생활이 곤란해진 자로 한정함.

3. 급여는 폐조 기간 중으로 한정함.
4. 급여는 가능한 한 공설 식당 등의 식권을 이용하며 어쩔 수 없는 경우에는 현품 또는 현금을 활용할 수 있다.
5. 급여액은 한 사람이 하루에 40전, 한 가족 총액 하루 1엔 이내로 한다.
6. 급여액이 부족하더라도 추가하지 않는다.[38]

라고 정해져 있으며 도쿄시(東京市, 구 도쿄부 동부에 1889년부터 1943년까지 존재한 시. 현재의 도쿄 23구에 해당함— 역자)·도쿄부(東京府, 1868년부터 1943년까지 존재한 일본 부·현의 하나. 현재의 도쿄도 전신에 해당함— 역자)에는 1만 2천 엔이 배당되었다. 경복회의 급여와 쟁의에 대한 압력은 당근과 채찍의 관계였다. 당근이라고 하지만 도쿄시가 배급장소를 한정한 점, 부가 한 사람당 40전을 지급했음에도 불구하고 시는 20전밖에 지급하지 않은 점, 식권 이용을 공설식당으로 한정한 점 때문에 노동자의 불만은 매우 컸으며 그 모순이 신문에도 보도되었다.

1927년 2월에 대상(大喪)을 당했을 때 각 부·현은 정신장애자의 존재를 철저하게 조사하여 병원으로 격리하고, 가정에서의 외출금지 명령을 내렸다. 1928년 가을의 즉위대전 시기에는 여기에 더하여 사회주의자·노동운동 활동가의 검속, 노숙자의 구인·추방, 교토에서는 걸식자 단속, 심지어는 소매치기 일제 검거까지 실시되었다. 이 가운데

---

38 『東京日日新聞』, 1926年 12月 26日 석간.

서도 활동가에 대한 탄압은 매우 심하였다. 이전에 야하타(八幡) 제철소 쟁의에서 용광로 불을 끈 적이 있는 아사하라 겐조(浅原健三)는 1929년 1월의 중의원 회의에서 그 자신은 이미 중간파로 옮겨 갔음에도 다음과 같이 질문하였다.

> 미에현(三重県), 오사카부(大阪府), 가나가와현(神奈川県)에서 즉위식 기간 중의 검거과정에서 비상식적인 고문을 행한 결과 3명의 사망자가 나온 것을 알고 있는지……미에현의 사망자는 검거한 이후 식사를 제공하지 않아서 굶어 죽었으며, 오사카부에서는 각기병 때문에 침대에 누워 있는 자를 그대로 구인하고 구타하였기 때문에 심장마비로 사망하였습니다. 가나가와현은 구타 사망입니다. 모치즈키(望月) 내무대신은 이들이 공산당과 관계가 있을 것이라는 가정하에 죽여도 상관없다는 태도를 취하고 있었는지 질문하고 싶습니다.[39]

그리고 이 채찍에는 반드시 당근이 수반된다. 즉위식·대상제에 이어 교토의 어소(御所)에서는 대연회가 열리고 새로운 천황이 아마테라스 오미카미(天照大神)와 함께 먹은 것을 정부고관들에게 나누어 준다. 그리고 각 지방에서도 지방의 유력자는 작은 연회에 초대받는다. 이렇게 끝나 버리면 계급대립이 격화되고 국민통합은 이루지지 않는다.

> 가련한 노동자와 그 외의 무산계급은 겨우 마음을 표할 수 있을

39 「第五十六回帝国議会衆議院議事速記録」,『官報』号外, 1929年 1月 25日, p. 60.

> 정도의 잔치조차 열 수 없다. 이에 우리 극동연맹협회 동인은 이 가련한 무산동포와 함께 같은 천황의 은혜를 입고 만수를 축하하기 위하여 오는 11월 10일 즉위식 당일 오사카 덴오사(天王寺) 공원에 무산자 만 명을 초대하여 우선 요배식을 행하고 양 폐하에 대한 만세삼창을 한 후 밥과 음식을 베푸는 대대적인 잔치를 열기로 하였다.(이하 생략)40

동일한 잔치는 11월 14일 교토에서도 열렸다.

천황의 왕위교체에 즈음하여 민중을 국가에 재통합시키려는 시도는 시민생활의 다양한 분야에서 이루어졌다. 그 가운데서도 지배계급이 세심한 주의를 기울인 것은 권력에 대항하는 노동자들이었다. '다이쇼' X데이 상황에서 많은 노동쟁의는 곤란한 국면에 직면하였으며 이데올로기로서의 반천황제와 노동자의 대중운동을 결합시키는 회로를 찾는데 실패하였다. 그럼에도 불구하고 X데이의 상황하에서도 도쿄시전자치회에 결집한 교하마(京浜)전철 노동자는 12월 21일 처우개선 탄원서를 제출하였고, 31일에는 경찰에게 상중의 쟁의중지 명령을 받고 이에 굴복했지만 2월에 상이 끝나자 쟁의를 재기하여 해고자 7명 가운데 3명의 복직, 해고수당, 금일봉 그 외 조건을 획득하였다. 또한 1927년 1월부터 실시된 건강보험법을 둘러싸고 일본노동조합평의회는 '정부·자본가의 보험료 전액 부담'을 요구하며 각지에서 파업투쟁을 전개하여 일부 성과를 올렸다.

---

40 『京都日出新聞』, 1928年 10月 17日.

X데이와 노동운동의 재편

'다이쇼' X데이인 1926년 12월은 무산정당운동이 우파의 분열로 와해되고 노동조합운동에도 재편이 일어난 시기였다. 거슬러 올라가 '메이지' X데이는 '대역'사건 직후였으며 무쓰히토 사후 2일째인 1912년 8월 1일 경세제민과 이웃사랑의 정신으로 스즈키 분지(鈴木文治)가 우애회(友愛会)를 창립하였다. 스즈키 분지는 자전『노동운동 20년(労働運動二十年)』에서 "뜻하지 않게 메이지천황이 사망하여 세상이 상중이었다. 여기서 회합을 중지할까도 생각했지만 매우 진지한 모임이기도 하며, 무엇보다 주장이 강한 것도 아니며, 근신하면서 회합하는 것이라면 관계없다고 생각하여 예정대로 진행하기로 결정하였다"[41]고 술회하고 있다. 경세제민을 목적으로 하는 노동자단체를 정부가 탄압할 필요는 없다고 할 수 있다. 그러나 그 후 우애회는 조직이 없는 노동자에게 조직을 안겨 주었다.

지금 연합(連合)이 성립하고 관(官)·공(公)·노(労)는 분열의 도상에 있다. 정당재편도 불가피하다. 우연히도 '메이지', '다이쇼' X데이는 사회주의운동과 노동조합운동의 재편기였다. 당시의 활동가는 천황제의 통합기능에 대하여 의식하지 못하였다. 그 때문에 천황제와의 유효한 투쟁을 조직할 수 없었던 것 역시 사실이다. 일본 근대사에서 3회에 걸친 천황의 왕위 계승을 맞이하여 우리들은 그 정과 부의 성과를 모두 이어받지 않으면 안 된다.

---

41 鈴木文治,『労働運動二十年』, 一元社, 1931年, pp. 52–53.

제3장

쇼와천왕의 전쟁책임 은폐

영국, 독일 그리고 아시아

필자는 1988년 9월 19일 히로히토가 피를 토한 후 천황에 대한 매스컴의 보도 행태와 일본인들의 자발적인 자숙 분위기에 대해 유럽과 아시아에서 그 정도로 큰 비판이 일어날 줄은 전혀 예상하지 못했다. 수많은 외국 신문과 잡지 기사들 중에는 “우리는 히로히토 천황의 야만적인 침략행위에 대하여 타이완 및 중국 인민에게 사죄할 것을 요구한다”[42]는 직접적인 비판도 있었다.

국제교류의 장에서 필자는 일본인으로서 천황제나 침략 전쟁에 관한 생각을 언급한 후, 천황제에 대한 아시아인들의 의견을 물어본 적이 있다. 그러면 그들은 ‘내정간섭이 되기 때문에’라고 입을 닫아 버리는 것이 보통이었다. 따라서 영국의 『더 선(The sun)』과 『데일리 스타』를 필

42 汪鞾, 「裕仁天皇は､台湾人民に対して､謝罪すべきである」, 台湾 『自立早報』, 1988年 10月 27日, アジア民族法廷準備会編, 『海外紙誌に見る天皇報道』, 凱風社, 1988年, p. 28.

두로 한 일본 천황제 비판이 전 세계로 확산된 사실은 신선한 충격이었으며, 필자로 하여금 여러 가지를 생각하게 만든 계기가 되었다. 일본의 군사대국화나 일본 자본의 세계 진출 움직임과 연계하여 그들이 천황제의 동향에 위기감을 갖는 것은 당연한 일이다.

그러나 서독에서 다음과 같은 기사가 나왔을 때 여러 외국의 비판 대상은 히로히토 천황과 정부·언론만이 아니며, 그들이 정치적·사상적인 입장을 불문하고 일본인 전체의 책임을 묻고 있다는 점이 명확해졌다.

> 독일과 달리 일본에서는 스스로 전쟁 책임을 '지려'는 기제(機制)가 없으며, 외려 히로히토가 전쟁과 어떤 관계가 있었는지를 잊어버리려는 다양한 시도가 있었다.……[43]

다음의 문장도 동일한 취지이다.

> 일본은 아직 자신의 과거와 분명히 마주한 적이 없다. 과거의 중요한 일부를 이루는 천황의 죽음은 솔직한 반성의 계기가 되지 못하고 있다. 사태는 오히려 거꾸로 가고 있다.[44]

위와 같은 기사는 히로히토에게 전쟁책임을 묻지 못한 채, 사망할 때까지 43년간 그가 계속 천황의 자리에 머물게 한 일본 민중에 대한

---

43 ヘルムート·レーター, 「憎まれ、そして熱狂的に敬われる天皇」, 『ハンブルクーアーベントブラット』, 1988年 9月 26日, 『赤旗』, 9月 28日 수록.

44 チィツィアーノ·テルツァニ, 「神の死を見守る日本」, 『デァ シュピーゲル』, 1988年 10月 3日, 『海外紙誌に見る天皇報道』, p. 54.

비판이다. 1988년 천황의 중태 보도와 함께 서울 올림픽 중계가 텔레비전 화면을 점령하였다. 일본 팀의 상대가 어느 나라이든지 간에 한국인 관객은 일본 팀에게는 맹렬한 야유를, 상대방 팀에게는 열렬한 성원을 보냈다고 한다. 식민지 지배의 상징인 일장기가 해방 후 처음 대량으로 바다를 건너온 것에 대한 반감도 당연히 존재했겠지만, 대한해협 건너에서 전개되고 있던 천황 소동 역시 한국 국민의 마음에 커다란 그늘을 드리웠을 것이라 생각된다.

일본이 전쟁책임을 진다고 하는 것은 단순히 사죄 의사를 표명하는 것만을 의미하는 것이 아니다. 이는 침략전쟁을 두 번 다시 일으키지 않는 것은 물론, 식민지를 만들어 그곳을 수탈하는 짓은 절대 벌이지 않는 국가 및 사회 구조를 만들어 내고 민중들 간의 대등한 우호와 연대를 지향하는 것을 의미하는 것이다. 그러나 일본인들은 최대의 전범인 히로히토에게 책임을 묻지 못한 채, 그가 천황의 지위를 계속 유지할 수 있도록 했다. 또한 경제적으로 다시 아시아의 맹주가 되어 필리핀을 비롯한 동남아시아 여러 나라의 자연·산업·민중의 생활을 파괴하고 있다.

아시아 민중들의 입장에서 볼 때, 히로히토가 죽었다고 해서 히로히토와 천황제의 전쟁책임 추궁작업을 소홀히 한다면 일본의 민중들이 지금까지 짊어지고 있던 전쟁에 대한 책임의식은 히로히토의 전쟁책임처럼 무책임한 것이 되어 버린다. 히로히토와 천황제의 전쟁책임을 끝까지 추궁하는 것은 일본인들 자신을 위한 책무인 동시에, 아시아와 세계 민중들을 위한 책무이기도 하다. 아시아 여러 나라에서는 지금도 제2차 세계 대전 중에 일본군이 저지른 만행을 규탄하는 교과서나 부교재가 편찬되어 사용되고 있다. 일본인들이 아무리 과거의 역사에 대해 입을 닫고 잊어버리려고 해도 아무 소용이 없다. 아시아 민중은 과거의 역사를 잊지 않고 있으며, 이를 현재의 일본의 군사대국화 및 일본 자본의 행태와 겹쳐서 응시하고 있다.

2·26사건

이노우에 기요시(井上清)는 근대 천황제 전체를 분석 대상으로 한『천황제의 전쟁책임(天皇制の戦争責任)』[45]에서 히로히토의 전쟁책임을 상세하게 밝히고 있다. 구체적인 내용은 장작림 폭살사건(1928년 6월 4일 북벌군에게 패배하고 북경에서 봉천으로 돌아가던 장작림이 탄 기차를 일본 관동군이 통째로 폭살한 사건—역자)을 계기로 다나카 기이치(田中義一) 수상의 사임을 압박한 점, 외교를 통한 미일관계 타개를 추구한 제3차 고노에(近衛) 내각의 총사직을 인정한 점, 호전적인 도조 히데키(東條英機)를 수상에 앉히고 그에게 절대적인 신뢰를 보낸 점, 히로히토가 총리·군부대신을 비롯한 각료 임면(任免)에 절대적인 권한을 갖는다는 점, 장고봉(張鼓峰)사건(1938년 7월 중국 동북의 두만강(豆滿江) 하류, 만주·한국·소련 국경의 교차점인 장고봉 부근에서, 국경 문제를 둘러싸고 일어난 일·소 양군의 충돌사건—역자)에서 소련과의 전투 확대를 제지한 점, 군 수뇌부의 반대를 뿌리치면서까지 2·26사건(1936년 2월 26일 일본 육군의 황도파(皇道派) 청년장교들이 원로중신들을 죽이고 천황친정을 실현하여 정·재계의 부정부패와 농촌의 곤궁을 해결하겠다며 일으킨 반란사건—역자)의 결행 부대를 반란군으로 규정하여 천황이 군통수권을 장악하고 있음을 명확히 한 점 등이다. 이러한 사실들을 직시한다면 히로히토 본인이나 천황제

---

45 井上清,『天皇の戦争責任』, 現代評論社, 1975年. 이후에『쇼와천황의 전쟁책임(昭和天皇の戦争責任)』으로 증보재판, 明石書店, 1989年.

유지론자들이 천황을 보필하고 있던 정부나 군부에 전쟁책임을 전가하려고 한 행위는 정치선전에 지나지 않음을 알 수 있다.

특히 사와치 히사에(澤地久枝)가 사키사카 슌페이(匂坂春平) 전 육군법무관이 남긴 자료를 발굴하여 "눈(雪)은 오염되어 있었다"[46]고 표현한 것처럼 2·26사건은 청년장교뿐만 아니라 군 수뇌부도 참가하였음을 명확히 논증하였다. 따라서 히로히토가 본인의 단독 결정으로 이 쿠데타를 진압하도록 지시하였다는 사실은 그가 얼마나 강력한 군통수권을 가지고 있었는지, 그리고 군 통수에 대한 그의 의지가 얼마나 컸는지를 잘 보여 준다. 전후 얼마 되지 않은 시점에 히로히토는 다음과 같이 말하였다.

> 2·26 시기와 종전 시기, 나는 이 두 번에 한해서 입헌군주로서의 길을 벗어났다. 2·26 때는 총리대신이 살아 있는지 죽었는지 알 수 없었기 때문에 내가 나서서 태도를 정하도록 지도하였다. 종전 시기에는 총리대신이 '어떻게 할지' 물었기 때문에 '빨리 멈추시오'라고 하였다.[47]

1981년 5월 6일에 신문·통신·방송 각사 사장 15명을 초대한 식사 모임에서도 히로히토는 "내 스스로 결단한 적은 두 번이었다"고 말했다.[48] 하지만 이노우에 기요시가 명확히 밝힌 것처럼 히로히토가 정치나 군사와 관련된 업무에서 '직접 결단한' 예는 무수히 많다. 그가 '자

46 澤地久枝,『雪はよごれていた』, 日本放送出版協会, 1988年.
47 入江相政,『天皇さまの還暦』, 朝日新聞社, 1962年, 朝日文庫版, 1989年, p. 32.
48 高橋紘,『陛下, お尋ね申し上げます』, p. 313.

신이 입헌군주로서의 길을 벗어난 것은 두 번뿐이었다'고 말한 것은 이 두 번의 시기만큼은 자신의 언행을 도저히 번복할 수 없을 정도였기 때문이다. 그러나 여기에도 거짓은 있다. 종전 시기에 대해서는 다음 장에서 상세하게 논하기로 한다.

1936년 2월 26일 오전 5시 20분경 쿠데타를 인지한 히로히토는 한 시간 후에 혼조 시게루(本庄繁) 시종무관장(侍從武官長, 천황에게 군과 관련된 내용에 대하여 보필하는 시종 직책의 하나. 육해군 장교 가운데 시종무관을 선발함—역자)에게 "빨리 사건을 종식시켜 화를 복으로 전화(轉化)시키세요"라고 명령하였다.[49] 이는 반란의 전체상이 아직 명확하지 않은 가운데 히로히토가 취한 행동이었다. 더구나 히로히토는 26일 오전 중에는 오카다 게이스케(岡田啓介) 수상이 생존해 있다는 것, 27일 낮에는 감금되어 있던 그가 수상관저에서 탈출하였다는 것을 알고 있었다.[50]

이 사건에서 보다 본질적인 점은 2·26사건이 일반 국무에 관련된 것이 아니라 원래 천황의 직무인 전군통수권의 문제라는 것이다. 따라서 군통수권이 없는 오카다 게이스케가 건재했더라도 그는 진압을 위한 어떠한 권한도 행사할 수 없었다. 히로히토가 이것을 몰랐을 리가 없으며, 옛날 일이어서 잊어버렸다고 할 수 있는 성질의 것도 아니다. 한편 당시 시종무관장, 군사참의관회의, 가시이 고우헤이(香椎浩平) 도쿄경비사령관 등 통수권을 행사할 수 있는 자리에 있는 조직과 인물들은 모두 살아 있었다. 가와시마 요시유키(川島義行) 육군대신이 반란군 측에 가담하면서 히로히토는 고립되었으나, 한 나라의 통수권자로서 강한

49 本庄繁, 『本庄日記』, 原書房, 1967年, p. 272.
50 追水久常, 『機関銃下の首相官邸』, 恒文社, 1964年.

의지를 가지고 진압명령을 계속 내렸다. 이것이야말로 이 사건에 동조적이었던 장군들의 생각을 물리치고 2·26사건을 단 4일 만에 해결하는 원동력이 되었다. 국무와 통수의 구별을 알고 있는 사람들에게 히로히토의 속임수는 통용되지 않는다.

히로히토, 다나카 기이치 수상을 파면

히로히토가 입헌군주의 영역을 벗어난 예로 자주 언급되는 것은 다나카 기이치 수상 파면사건이다. 최근 발굴된 자료에 의해 이것은 히로히토의 일시적인 감정 때문이 아니란 사실이 분명해졌다.

관동군의 고우모토 다이사쿠(河本大作) 대좌가 중국 동북부를 거점으로 하는 군벌 장작림을 살해하기 위해 열차를 통째로 폭파시킨 것은 1928년 6월 4일이었다. 이 사건은 당시 '만주 모 중대 사건'이라고 불렸다. 육군 대장이기도 한 다나카 기이치 수상(메이지 유신 이후 군의 의사를 내각에 적극적으로 반영하기 위해 육해군대신은 현역 무관 가운데 임명한다는 규정(軍部大臣現役武官制)이 있었으나 정당정치가 발전하면서 이 항목은 삭제되었다. 그러다가 전쟁이 본격화되면서 1936년에 이 조항이 부활한다. 군부의 의향을 반영한 내각 구성과 운영이라는 정치형태 때문에 수상이 육군 대장을 겸임하기도 하였다—역자)은 처음에는 "조사가 끝나면 군법회의를 열어 군기를 바로잡고 국내외적으로 일본 육군의 명예를 회복"[51]하겠다고 히로히토에게 보고하였다. 이에 대해 히로히토는 "국군의 군기는 엄격하게 유지하라"[52]는 지시를 내렸다. 그런데 이후 다나카 수상은 사실관계가 불명확하기 때문에 행정처분으로 관계

---

51 「牧野伸顕日記〈抄〉」, 1929年 3月 28日, 『中央公論』, 1990年 8月号 수록.

52 原田熊雄述, 『西園寺公と政局』, 第1巻, 岩波書店, 1950年, p. 5.

자에 대한 경비책임만을 묻겠다고 히로히토에게 보고한다. 그러자 히로히토는 사건 전후의 보고가 다르다며 불신감을 표명하였고, 결국 내각이 총사직하기에 이른다. 다나카 수상의 사임과 히로히토의 관계에 대해서는 지금까지 두 가지 설이 있었다. 사이온지 긴모치(西園寺公望)의 정치비서인 하라다 구마오(原田熊雄)는 다음과 같이 기록하고 있다.

……범인 불명이란 이유로 이 사건의 책임자를 단순히 행정처분으로 마무리하는 것은 제국 육군의 기강을 유지하기 위한 처사가 아니라는 신념을 가지고 있던 천황이 다나카 총리에게 "자네가 처음에 말한 것과 다르지 않은가?"라고 말하고 안으로 들어가 버렸다. 그리고 스즈키 시종장을 향해 "다나카 총리가 말하는 것은 전혀 믿을 수가 없다. 다시 묻기도 싫다"라고 말하였다. 당시 아직 취임 초기로 업무에 익숙하지 않았던 시종장은 폐하의 말씀을 그대로 총리에게 전달하였다. 그러자 다나카 총리는 눈물을 흘리면서 황송해하며 그 자리에서 사의를 결심하고 총사직을 결행하였고, 다나카 내각은 마침내 무너졌다.[53]

그러나 시종장 스즈키 간타로(鈴木貫太郎)의 회상은 조금 다르다.

폐하는 시라카와 육군대신이 앞서 총리대신이 상주한 것과는 전혀 다른 내용의 상주문을 올리자 다나카 총리가 재차 배알할 때 두 사람의 상주 내용의 차이를 힐문하였다. 그러자 다나카 수상은

53 같은 책, p. 11.

> 황송해하며 어전에서 물러난 후 이에 대하여 나에게 물었다. 그리고 자신은 사직할 것이라고 했는데, 이에 대해 시종장으로서 뭐라 대답할 수가 없었다.……나는 폐하와 총리의 대화 내용을 전혀 알 수 없었고, 다만 총리가 자신의 결심을 나에게 은밀히 말한 것이다. 이것이 다나카 내각 사직의 원인인데…….[54]

이것이 지금까지 알고 있던 두 가지 설이다. 그런데 기노시타 미치오(木下道雄)의 『측근일지(側近日誌)』의 공표로 다른 사실이 밝혀졌다. 1946년 3월 18일 기노시타 미치오 시종차관은 천황에게 "수상의 상주에 대해 왜 거부하기로 결심하셨는가?"라고 물었다. 그리고 그는 히로히토의 대답을 포함한 당시의 상황을 다음과 같이 적고 있다.

> 다나카 내각 시기에 장작림 폭살사건이 있었다. 수상은 주범 고우모토 다이사쿠 대좌를 처벌해야만 한다는 내용을 상주하였다. 또 그는 사이온지 원로, 마키노(牧野) 내대신(内大臣, 궁중에 있는 천황을 보좌하고 궁정 문서 사무 등을 관할하는 직책—역자)에게는 주범을 군법회의에 부친다고까지 말했다. 그럼에도 불구하고 이후의 각의에서 주로 오가와(小川) 철도장관의 반대 때문에 이 문제를 어정쩡하게 처리하기로 하고, 그 취지를 다시금 상주하였다. 그러자 폐하는 "그러면 말이 다르잖아. 사표를 내는 게 좋겠어"(폐하는 젊은 혈기로 쓴웃음을 지었다)라고 말했다.[55]

---

54 鈴木貫太郎伝記編纂委員会, 『鈴木貫太郎』, 1960年, pp. 107–108.

55 木下道雄, 『側近日誌』, 文芸春秋社, 1990年, p. 170.

천황에게서 사표를 내라는 말을 듣고 버틸 수 있는 수상이 있을 리 없다. 아래와 같이 정리해 보면 기노시타의 말이 사실에 가까울 것이다. 『측근일지』의 전반적인 내용이 알려진 직후에 전체 내용의 일부가 발표된 마키노 노부아키(牧野伸顕) 일기[56]에는 그 사이의 사정이 보다 상세하게 기록되어 있다. 마키노는 당시 내대신이었다.

히로히토는 적어도 1929년 5월 초에 다나카 수상의 파면 가능성을 생각하기 시작했다. 천황은 "만주문제에 대하여 육군대신 혹은 수상이 이 건을 내부적으로 처리하고 대외적으로는 그러한 사실이 없다고 발표하려는 취지로 상주할 경우, 이를 내각이 책임질 것인지를 물어 수상의 의향을 확인할 생각"이 있었다는 사실을 마키노는 스즈키 간타로 시종장에게서 들었다. 그리고 그는 5월 6일 사이온지 긴모치에게 상담하러 간다. 사이온지는 다나카 수상이 그러한 보고를 할 경우 천황에게 '책임질 것인가'라는 질문을 그만두라고 할 이유는 없으며, 이 사건으로 인해 정변이 일어날 것도 예상할 수 있지만, 이는 흔히 있는 일이니만큼 그렇게 염려할 것은 아니라고 말한다. 중요한 것은 "대원수 폐하와 군대의 관계상 내각 문책 후에 이 건을 어떻게 처리할 것인가"라는 점이라고 사이온지는 말했고, 마키노도 이에 동의하였다. 마키노 일기 5월 14일 자에는 마키노 내대신과 스즈키 시종장의 대화 내용이 나온다.

> 앞뒤의 보고 내용이 맞지 않으면 천황의 총명함을 흐리게 되어 최고 보필자로서 그 책임을 면할 수 없는 실로 어려운 상황에 직면한 듯하다.……앞서 시종장이 나에게 천황의 의사를 말한 적이

56 「牧野伸顕日記〈抄〉」.

> 있는데 나는 천황의 생각은 당연하다고 판단하고 이를 받들게 된다면 시기를 봐서 그 뜻을 천황에게 전달하도록 의뢰하였다. 시종장도 완전히 동감이라고 하였다.

내대신·시종장 양 측근은 수상이 천황에게 앞뒤가 서로 모순되는 보고를 하면 '성명(聖明)', 즉 '천자의 명덕(明德)'을 해치기 때문에 천황이 수상에게 "책임질 것인가?"라고 묻는 것은 옳다고 판단한 것이다. 수상이 내주(內奏)하는 6월 26일의 바로 전날 마키노는 일기에 다음과 같이 적고 있다.

> 지난 25일 시종장이 배알하였을 때 이 건에 대한 처리 방식에 상당한 불만의 기색이 있어 의견을 여쭈어 보았다. 그런 후 여러 가지를 종합하여 보니 원만하게 마무리될 가능성은 애초에 거의 없다는 생각이 들었다.

히로히토는 이미 분명하게 결심한 듯하다. 27일 오후 1시 반 다나카 수상이 만주문제에 대하여 천황에게 보고했는데, 내용은 예상대로였다. 히로히토는 곧바로 마키노를 불렀다.

> 지금 다나카가 만주사건에 대해 상주하였다. 이것이 이전에 말한 것과는 다르다고 힐문하니 두 번 정도 반복해서 정말로 송구하다고 말하며 변명을 하려고 해서, 그럴 필요 없다고 말을 막았다. 그러자 다나카는 이 건에 대해서는 있는 그대로 상주한 것이며 다른 것은 없다고 진언하였다.

한편 다나카는 "대기실에서 시종장과 회담하면서 염려스러운 표정으로 육군대신의 보고가 불충분하여 폐하가 납득하지 못한 점은 유감이라는 말을 하고, 육군 측에 책임이 있다는 생각을 밝히고" 돌아갔다. 그 후 시라카와 요시노리(白川義則) 육군대신이 스즈키 시종장을 방문하여 다나카 수상이 "육군대신의 보고가 불충분했기 때문에 천황이 납득하지 못했다"고 말했는지를 묻자 스즈키는 히로히토의 본심을 전했다.

> 이것은 다나카 총리의 오해이며 육군의 문제가 아니다. 이 건과 관련하여 다나카는 보고 내용이 바뀌게 된 어쩔 수 없었던 사정을 한 번도 보고하지 않았다.……그 외에도 이와 유사한 사례가 많았다. 폐하는 무엇보다 관용으로 지나가시지만 만주문제는 중대한 사건으로 앞뒤의 보고 내용들이 너무도 달라 폐하가 자신의 생각 일부를 표명하였는데, 수상이 이를 오해한 바가 있다면 명확히 할 필요가 있다…….

육군대신은 놀라서 다음날 다나카 수상을 찾아가 스즈키 시종장의 이야기를 전했다. 그러자 "수상은 전날과는 다른 모습으로 자신도 그렇게 생각하고 있었지만 오늘 다른 이유를 들어 사표를 지참하고 총사직을 결심하였다"고 말하였다.

당시 시종무관장이던 나라 다케지(奈良武次)의 일기[57] 6월 28일 자에는 다음과 같이 적혀 있다.

57 「奈良武次侍従武官長日記〈抄〉」, 『中央公論』, 1990年 9月号 수록.

> ……시라카와 육군대신이 천황을 배알하고 '만주 모 중대 사건' 책임자 처분의 건을 보고했다. 원래 전날 다나카 수상이 해당 사건의 발표 방안에 대해 보고하였을 때, 폐하의 분부가 있었다. 책임을 질 수 없다면 허용하기 힘들다는 취지였다. 그러자 수상은 알아들은 듯, 아닌 듯한 표정을 지으며 시라카와 육군대신에게 책임자 처벌의 건을 보고하라고 하자 천황이 진노하며 매우 귀찮다는 듯 서 있었다.
>
> 육군대신의 보고는 기뻐하며 들으시고 오후에 대외 발표용으로 재가하셨다.
>
> 오후 1시 반 스즈키 시종장이 수상의 내방을 청하여 천황이 분노했다는 사실을 전하자 수상은 사표를 낼 결심을 굳혔다고 한다.

7월 2일 다나카 기이치 정우회 내각 총사직, 다음날 하마구치 오사치(浜口雄幸) 민정당 내각 조각(組閣), 곧이어 정우회 내에서 다나카 총재의 경질 요구가 제출되었다. 그러한 와중에 9월 28일 다나카 기이치는 급사하였다.

마키노 노부아키의 일기에 국한해서 보면 히로히토는 다나카 수상에게 직접 '어떻게 책임을 질 것인가', '사표를 내는 게 좋겠어'라고는 하지 않았다. 그러나 나라 다케지는 '책임을 질 수 없다면 허용하기 힘들다는 취지의 분부'가 있었다고 들었다. 어쨌든 이것이 천황의 직접적인 표현이라면, 수상은 어떤 내용이든 간에 보고할 수밖에 없을 것이다. 따라서 다음날 다나카는 육군대신에게 사건 주모자 행정처분으로 끝내겠다는 보고를 시킨 것이다. 마키노에게 한 히로히토의 말을 생각해 본다면, 히로히토는 다나카에게 '변명은 필요없다'고 제지하고 이어서 '어떻게 책임질 것인가'라고 말하려고 했는데 다나카가 다음 문제로 옮겨 가 버렸기 때문에 히로히토는 책임을 추궁할 타이밍을 놓쳐 버렸다고도 생각된다. 여기서 히로히토는 마키노를 불러 사정을 설명하고 다나카에 대한 불신임 의지와 책임에 대해 다나카에게 전달하라고 확인했을 것이다. 다나카가 돌아가고 나서 마키노와 스즈키는 히로히토의 진의를 공유하였다. 그렇기 때문에 그날 밤 스즈키가 시라카와 육군대신에게 '폐하가 자신의 생각 일부를 표명하였는데', 즉 '천황의 의지는 다나카의 파면이며, 이와 관련해 심한 말은 하지 말라는 의미'라고 충고할 수 있었다. 히로히토의 의사를 체현(體現)하지 않고서는 시종장이 이러한 발언을 할 수가 없다. 결국 다나카도 하룻밤 생각하면서 히로히토의 의지를 알아차리고 총사직을 결심했다.

무엇보다 히로히토가 "사표를 내는 게 좋겠어"라고까지 말했다는 증언도 무시하기 힘들다. "젊은 혈기로" 인한 쓴웃음이 더욱 사실감을 느끼게 한다. 실제로 그렇게 말했다고 한다면 이것은 마키노가 스즈키에게 말한 것은 아닐까. 혹은 다나카는 알아채지 못했지만 자신의 발언은 그러한 의미였다고 히로히토가 기노시타에게 말한 것인지도 모르겠다.

이상과 같이 생각해 보면, 스즈키를 제외하고 하라다 구마오, 마키노 노부아키, 나라 다케지가 남긴 히로히토에 대한 기록과 증언은 이치에 맞다. 다나카에 대한 통고방침에 대하여 마키노는 스즈키가 시라카와를 통해 전달했다고 하며, 나라는 스즈키가 직접 다나카를 불러서 전달했다고 하는데 서로 모순된 것이 아니라 양쪽 모두 사실이라고 봐도 좋다. 단지 스즈키의 회상만이 마키노·나라 일기와 대립하는데, 두 사람의 일기가 후년의 회상보다도 신뢰성이 높다.

어느 쪽이든 히로히토는 다나카 파면에 대한 명확한 의지를 가지고 있었다. 특히 마키노의 일기에 의하면 히로히토는 상당히 빠른 시기부터 그러한 생각을 가지고 있었다. 마키노의 다음과 같은 기록은 히로히토가 정치에 깊은 관심을 가지고 관여하고 있었다는 점을 시사하고 있다. 그리고 이것이 수상 파면, 내각 사직이라는 결과로 이어졌다.

> 폐하가 정치 문제에 세심한 관심을 표하시는 것은 매우 감사한 일이다.(1929년 4월 17일) 폐하께서는 처음부터 이 건(장작림 폭살사건—저자)을 정치상, 군사상 극히 중대하게 여겨 친히 살피셨다. 그래서 이 건의 추이가 폐하의 의사와 어긋나지 않도록 항상 관찰할 정도였는데, 이후의 동향에 대해서는 실로 무척 가슴아파했다.(1929년 6월 8일)

이 일련의 과정에서 전쟁책임과 관계되는 중요한 문제는 육군의 행정처분에 대한 히로히토의 대응이다. 시라카와 육군대신의 보고는 앞에서 인용한 것처럼 '기쁘게 듣고……재가'하였으며 마키노도 다음과 같이 일기에 적고 있다.

> 불러서 하문하시길 육군대신에게서 관계인사의 행정처분 요청이 있었는데 육군대신에게는 별도로 흠잡을 곳이 없다(하나도 잘못된 곳이 없다—저자). 따라서 곧바로 재가하셨다. 여기에서도 관심이 있다는 것을 알 수 있다.(1929년 6월 28일)

'천황의 의중'은 장작림 폭살사건의 진상을 해명하고 군기를 숙정하는 것이 아니었다. 이것을 곡해한 것이 수상 다나카 기이치의 비극이었다. 사건 책임자를 군법회의에 회부하겠다며 의기양양해하던 육군대장 다나카 기이치가 내각에서도, 육군 내에서도 고립되어 자신의 처음 의지와 달리 사건을 암흑 속에 감출 수밖에 없게 되었다. 이 책임을 육군에 전가하려는 행동은 수상이라는 직위에 있는 사람으로서 무책임하다고 생각되지만 그럴 수밖에 없었던 그의 입장은 이해할 수 있다. 그러나 다나카의 생각과는 달리 히로히토는 진상 규명을 우선한 것은 아니었다. 히로히토는 자신을 보필하고 있는 사람이 자신에게 모순되는 보고를 한 사실을 용서할 수 없었던 것이다. 그렇기 때문에 히로히토는 이러한 사실을 알고서 처음에는 '군기 운운'하였지만, 나중에는 육군의 행정처분이 '흠잡을 곳이 없다'고 용인한 것이다.

장작림 폭살이라는 관동군의 음모는 천황에게 승인받았다. 그 후 일본군이 사건을 일으키고 이것을 중국인의 짓이라고 꾸며 '반격'·'응징'이란 핑계로 침략적 군사행동을 자행하는 형태는 '만주사변'의 발단이 된 류조호(柳条湖) 사건(1931년 9월 18일 관동군 참모 이시와라 간지(石原莞爾) 중령이 류조호에서 남만주철도 선로를 폭파한 후 이를 중국군의 소행이라고 거짓 선전하며 공격을 개시한 사건—역자), '상해사변'(上海事變, 만주국 설립 이후 이에 대한 열강의 주의를 돌리고 항일운동을 진압하기 위해 일본군은 상해에서 중국인을 매수하여 일연종(日蓮宗) 승려를 저격하는 사건을 일으켰다. 그 결과 1932년 1월 28일 조계 경비를 담당하던 일본의 해군육전대와 중국의 십구로군 사이에 2차례에 결친 전투가 발생하였다—역자)의 발단이 된 승려 살해 사건(1932년 1월 18일)에서도 반복되었다.

'만주사변'과 히로히토

천황이 장작림 폭살사건을 둘러싸고 사건의 철저한 규명과 군기숙정을 목표로 한 다나카 수상을 파면하고 직접적인 관계자를 행정처분으로 마무리한 것은 침략적인 체질이 강한 관동군을 크게 고무시키는 결과를 낳았다. '만주사변'(1931년 9월 18일 일본 관동군이 류조호 사건을 조작해 만주를 중국 침략 전쟁의 병참 기지로 만들고 식민지화하기 위해 벌인 침략 전쟁— 역자)을 15년전쟁의 시작점으로 본다면, 이것은 제2차 세계 대전의 시작이기도 하다. 이 전쟁이 장작림 폭살사건과 같은 음모에 의해 시작되었다고 한다면 히로히토의 전쟁책임은 아시아에 한정되지 않는다.

히로히토는 '만주사변' 시작 당시 관동군을 억제하는 입장을 취했다. 그러나 이때 1938년에 발생한 장고봉(張鼓峰) 사건 때처럼 단호한 자세로 군을 억제하지 못한 것은 히로히토가 가진 중국과 소련에 대한 두려움의 차이일지도 모른다. 메이지천황 무쓰히토가 조선파병은 승인하면서도 청국과의 전쟁을 두려워하고, 북청사변(의화단운동— 역자) 출병은 승인하면서도 러시아와의 개전에는 공포심을 가진 것과 동일한 구조를 여기서도 엿볼 수 있다. 천황이 장작림 폭살사건을 묵인하자 관동군은 천황에게 변명을 이어 가면서 전선을 확대하였다.「나라 다케지 시종무관장 일기(초)」는 그사이 히로히토의 자세가 변해 가는 모습을 다음과 같이 묘사하고 있다.

> 9월 22일　오후 폐하의 부름으로 알현했다. 폐하는 행동을 확대하지 않도록 총장에게 주의하였냐고 물었다.……오후 4시 20분 가나야(金谷) 참모총장 알현, 조선군(조선 주둔 일본군—역자)이 혼성여단 파견의 추인윤허를 요청하자 폐하는 이번에는 어쩔 수 없지만 다음에는 충분히 주의하라는 말씀을 하셨다.
>
> 10월 1일　총장과 군사령관 처분 문제에 대하여 생각을 여쭈어 본

바, 결국 총장은 이전의 훈계적인 말씀으로 그 이상 별도의 처분을 하지 않아도 좋을 것이며, 군사령관은 가볍게 처분해야 한다는 생각을 밝혔다.

10월 8일 혼조 시게루 군사령관의 성명 및 포고는 내정간섭의 염려가 있으며 이후는 이와 같은 것이 없도록 하라는 말씀을 하셨고……육군은 만몽(滿蒙)을 독립시켜 그 정권과 교섭하려고 하지만 외무성은 독립정권을 피했으면 한다는 점을 파악하고, 육군의 의견이 적당하지 않다고 생각하는 만큼 육군 중앙부에 주의하란 의견을…….

10월 9일 금주(錦州) 부근에서 장학량 군대가 재편성된다면 사건의 확대는 어쩔 수 없는 것인가? 만약 필요하다면 나는 사건 확대에 동의할 수도 있다. 따라서 참모총장의 의견을 들어야겠다.

10월 27일 폐하가 경제봉쇄를 당했을 경우의 각오, 만약 열강을 대상으로 하여 전쟁을 시작하였을 때의 각오, 그 준비 등에 대하여 무관장(武官長)을 시켜 육해군 대신에게 질문하겠다는 말씀이 있으셨습니다.

세세하게 분석할 지면은 없지만 놀라운 점은 10월부터 나타나는 히로히토의 적극성이다. 군의 요청이 없는데도 '만약 필요하다면 나는 사건 확대에 동의할 수도 있다'란 발언은 정말루 전쟁 확대를 선동하고 있다. '열강을 상대로 전쟁을 시작하였을 때의 각오와 그 준비'에 이르러서는 세계전쟁을 재촉하고 있는 것이다. 그리고 1931년이다. 정말로 대단한 자료가 발굴된 것이다. 위의 자료에 비하면 장작림 사건 처분 문제는 사소한 것이다. 아무리 가벼운 처분이라 하더라도 처분을 했다는 것은 천황이 자신의 허가 없이 단독으로 군을 움직이는 것을 인정하지 않는다는 사실을 의미한다. 그 처분이 가벼워도 된다는 히로히토의 판단은 관동군의 독단적인 개전, 조선 주둔 일본군의 독단적인 중국 월경을 본질적으로 나쁘다고 생각하지 않기 때문이다. 즉 히로히토는 장작림 사건을 단순히 천황의 명령을 받지 않고 움직였다는 절차상의 문제로 인식한 것은 아닐까.

전쟁책임의 은폐

다카마쓰노미야(高松宮)가 사망했을 때 언론은 그가 평화주의자였다고 적었다. 이것은 천황제에 있어 양날의 칼이었다. 해군장교였던 다카마쓰노미야는 대(對)영·미 개전에 대해 비판적이었으며, 천황의 신임이 두터운 도조 히데키 내각 타도공작에도 관여했었다. 따라서 다카마쓰노미야가 평화주의자였음을 강조하여 '황족은 평화의 상징'이란 이미지를 날조하려고 한다면 다카마쓰노미야와 대립한 히로히토는 호전주의자가 되어 버린다. 천황제 유지론자들은 일관되게 히로히토가 대(對)영·미 개전에 소극적 혹은 반대하였다는 것을 자료에 의거하여 강조하려는 노력을 계속하고 있다. 최근에는 그러한 종류의 새로운 자료가 발견되었다고 언론에서 보도된 바 있다. 그러나 이들 자료를 잘 읽어 보면 히로히토가 반드시 개전에 반대한 것은 아니라는 사실이 증명된다. 이러한 점은 다카마쓰노미야의 경우와 동일하게 양날의 칼이다. 전형적인 예를 들어 보자.

1941년 9월 6일 '어전회의'에서 「제국국책수행요령」이 결정되었다. 그 제1항은 10월 하순까지 대(對)영·미전의 준비를 강조하고, 제2항에서 이것과 병행하여 외교수단에 의해 일본의 요구를 관철하기 위해 노력할 것이 부가되어 있다. 히로히토는 가까운 장래에 있을 개전을 위한 전쟁준비를 하고 부수적으로 외교수단도 준비하라는 결정을 하였다. 히로히토가 "사방의 바다 모두 동포라고 생각하는 세상에 왜 풍파가 일어나는 것일까"라고 한 메이지천황의 노래를 읊어서 개전에 반대한다는 의지를 표현하였다고 회자되는 회의였다.

'어전회의' 전날 히로히토는 스기야마 하지메(杉山元) 육군참모총장과 나가노 오사미(永野修身) 해군군사령부총장을 불러 "가능한 한 평화적으로 외교로 하고, 외교와 전쟁준비는 병행하지 말고 외교를 우선하시오."라고 명하였다. 여기까지라면 히로히토가 평화주의자였다는 설의 증거가 된다. 그러나 히로히토는 그 후 "남방전쟁은 예정대로 가능하다고 생각하는가?", "예정대로 진척되지 않은 것이 있지 않은가? 5개월이라고 했는데 그렇지 않을 수도 있지 않은가?", "상륙작전은 그렇게 쉽게 가능하다고 생각하는가?", "규슈(九州)에서 행한 상륙연습에서 상당한 배가 물에 잠겼는데 그렇게 되면 어떻게 되는가?", "기상 장애는 어떤가?", "예정대로 될 것이라고 생각하는가? 자네가 대신이었을 때 장개석은 바로 항복할 것이라고 했는데 아직 항복하지 않고 있지 않은가?", "반드시 이길 수 있는가(큰 소리로)?" 등 집요하게 질문을 반복하였다. 미국과 전쟁을 하게 될 경우 히로히토 역시 이길 수 있다고 확신할 수 없었을 것이다. 스기야마 총장은 "절대라고는 말씀드릴 수 없습니다. 그러나 이길 수 있는 요소가 있다는 것만은 말씀드립니다. 반드시 이긴다고는 말씀드릴 수 없습니다"[58]라고 대답하였다.

이러한 질문에서 알 수 있는 히로히토의 관심은 어디까지나 전쟁에서의 승패 여부이지, 정치적 혹은 사상적으로 평화외교를 주장한 것은

58 『杉山メモ』上, 原書房, 1967年, pp. 310–311.

아니라는 점이다. 위의 자료는 이른바 '이길 수 있다면 전쟁, 질 것 같으면 외교'라는, 그 나름대로 사실적이긴 하지만 자질은 부족한 정치가 히로히토의 모습을 보여 주고 있다. 히로히토가 개전에 소극적이었다는 자료는 '질 것 같으면 외교'를 선택하라는 히로히토의 판단을 보여 줄 뿐이다. 이날도 나가노 군령부총장은 "전쟁의 요소에는 확실하지 않은 것이 많으며, 그 성공은 천우에 의할 수밖에 없는 경우도 있습니다. 단 성공 요소라고 할 수 있는 것도 있습니다"라고 했다. 그는 맹장염에 걸린 아이가 수술을 해도 좋아질 가능성은 30%밖에 없지만, 수술을 하는 것 외에는 방법이 없다는 예를 들었다. 히로히토는 그것을 듣고서 「제국국책수행요령」의 제1항을 전쟁준비, 제2항을 외교로 정하는 것에 동의하였다.[59] 히로히토도 30%의 가능성에 걸었던 것이다. 9월 6일의 '어전회의'에서 히로히토가 메이지천황의 노래를 불렀다는 것만을 따로 떼어 내서 보면, (그 자신은 전쟁을 하고 싶지 않지만) 입헌군주이기 때문에 전쟁을 주장하는 내각의 뜻을 따를 수밖에 없어, 평화에 대한 희망을 노래에 의탁한 것처럼 보인다. 그러나 사실은 히로히토의 "남방작전은……"이란 질문에 스기야마가 "말레이시아 등의 예비 작전을 상세하게 대답"하고 있는 것처럼 히로히토는 구체적인 전황 검토를 거쳐 전쟁준비 결정을 허가하였다. 즉 히로히토는 전쟁에 적극적이었다.

패전 직후 히로히토가 전범으로 문책당할 것을 염려한 시데하라(幣原) 내각은 고노에 후미마로(近衛文麿)가 포로가 되기 직전 자살한 것에 충격

59 新名丈夫編, 『海軍戦争検討会議記録』, 藤原彰 외, 『天皇の昭和史』, 新日本新書, 1984年 수록, 제2장 吉田裕, 「天皇の戦争責任」, pp. 77-78.

을 받았다. 그래서 이들은 “대(對)영·미전에서 천황의 책임…… 그 한계를 정하기 위한 회의를 열고” 공식적이면서도 은밀하게 「전쟁책임 등에 관한 건」을 결정하였다.[60] 긴 글이지만 중요한 만큼 인용해 둔다.

전쟁책임 등에 관한 건

제1. 일반

(1) 대동아전쟁은 제국이 주위 정세를 감안하여 어쩔 수 없이 나서게 된 것이다.

(2) 천황폐하는 어디까지나 대미교섭이 평화적으로 타결되지 못한 것을 마음 아파했다.

(3) 개전의 결정, 작전계획의 수행 등에 관해 천황폐하는 헌법운용상 확립되어 있는 관례에 따라 대본영 정부가 결정한 사항을 거절할 수가 없었다.

(4) 미·일 교섭이 계속 중일 때 서로 공격을 자제하는 만큼 미·일 교섭이 결렬되었을 때 한쪽의 일방적인 공격이 없도록 그 통고를 위해 노력하였다.

(주) 당시 제국이 직면한 군사적·경제적 압박 등의 실정에 비추어 우리들은 자위권을 발동한 것으로 개전에 관한 헤이그 조약 규정은 거절할 수 있다는 견해였다.

(5) 선전조서는 주로 국민을 대상으로 한 대내적인 것이다.

(6) 당시의 미국, 영국 그 외 나라들과의 관계로 보건대 영국과 그 외의 여러 나라들을 분리하여 생각할 수는 없었다.

60 塩原時三郎, 『東條メモ』, ハンドブック社, 1952年, pp. 16–20. 이 책의 저자인 시오바라 도키사부로(塩原時三郎)는 스즈키 간타로 내각시대의 체신원(遞信院) 총재이자 도쿄재판 변호인이기도 하다.

제2. 세목

(1) 어디까지나 미·일 교섭의 원만한 타결을 정부에 명령하시고 마지막 순간까지 단념하지 않으셨다.

(2) 통수부(統帥部)가 결정한 개전, 작전계획 수행, 그 외 정부가 결정한 것을 헌법운용상의 관례에 따라 거절할 수 없었다.

(3) 진주만 공격 이전에 해군 막료장(幕僚長, 한국의 육해공 각 군의 최고 지휘관인 참모총장에 해당한다— 역자)에게 초기의 작전 개략(概略)에 대하여 들었지만 실시 세목에 대해서는 보고받지 않았다.

(4) 작전계획을 실행함에 있어 무력행사를 실행하기 전에 미국정부에게 외교적 조치를 취해야 한다고 인지하고 있었다.

(단, 통고는 개전에 관한 헤이그 조약인 선전포고를 할 필요가 있다는 점과 이후에 미·일 교섭이 단절되었을 때 이를 미국에게 통고해야 한다는 것에 관해서 법률적으로 충분하고 엄격하게 인지하지 못했다.)

(5) 선전조서는 쇼와 16년(1941년) 12월 8일 오전 11시 30분에 서명하셨다.

(단 위의 조서는 국민에게 어쩔 수 없이 개전하게 된 내용을 알리기 위한 것으로, 주로 국내적인 의의를 가지는 것이다.)

2. 내각총리대신에 관한 건(생략)

3. 육해군 양 막료장에 관한 건(생략)

4. 육해군 양 대신에 관한 건(생략)

5. 외무대신에 관한 건(생략)

(비고) 본 건의 협의에 참가한 자는 이하와 같다.

내각 쓰기타(次田) 서기관장, 나라하시(楢橋) 법제국장관

외무 다지리(田尻) 정무국장

육군 요시쓰미(吉積) 총무부장

해군 호시나(保科) 총무국장, 다카기 소로쿠(高木惣六) 소장

요약하면, 히로히토는 어디까지나 평화주의자로 외교적 해결을 요구하고 있었다는 것, 천황은 입헌군주로 정부와 군부의 결정에 따를 수밖에 없었다는 것, 히로히토는 작전의 대강은 알고 있었지만 세목은 알지 못했다는 것, 선전포고가 진주만 공격 이후에 이루어진 것은 히로히토의 책임이 아니라는 것 등이다. 선전포고가 늦어진 것은 번역에 시간이 걸렸기 때문이다. 따라서 이것은 분명히 히로히토와 관계없다. 그러나 그 외 모든 것은 날조이다.

이 결정이 언제 내려졌는지를 필자는 아직 모른다. 그런데 정부 측의 의도에 맞추어 궁정 내에서도 히로히토에게 의견을 청취하는 등 구체적인 작업을 진행하였다. 기노시타 미치오의 『측근일지』를 보면 1946년 2월부터 4월에 걸쳐 그 경과가 기록되어 있다.

> 2월 25일 전범재판 개시가 자꾸 늦어지는 이유는 맥아더 사령부에서 갑론을박하기 때문이라는 아쓰히코 왕(厚彦王, 히가시쿠니노미야 모리히로 왕(東久邇宮盛厚王)의 오기가 아닐까 — 저자)의 이야기가 있었다. 어쨌든 폐하의 행동에 대한 내용을 직접 적어 내는 일이 없도록 하라는 말씀이 있었다. 발표 유무와는 별도로 이 일은 내기부장(內記部長)에게 전담시키겠다고 말씀드렸다.
> 3월 13일 데라사키(寺崎) 군을 동반하고 문고(文庫)에서 배알하길 한 시간 반. 종종 폐하의 심경을 듣는다. 전쟁의 원인, 사정 등.
> 3월 18일 10시 30분~12시 폐하는 감기 때문에 여전히 쾌차하지 못하고 있지만 이전부터 진행하고 있던 여러 연구를 진척시켜야 한다는 열의가 있었다. 따라서 정무실에 침대를 놓아 두고 가침(假寢)하면서 대신, 저, 마쓰히라(松平) 총재, 이나다(稲田) 내기부장,

데라사키 시종, 이렇게 5명을 거느리고 다나카 내각의 정변이나 그 외 지금의 전범재판과 관련된 문제에 대한 기억을 떠올리며 상황을 물었다.

1. 수상의 상주에 대하여 왜 거부하려고 결심하였는가?(이하 히로히토의 대답은 생략)
2. 런던회의. 스에쓰구(末次)의 궁중(宮中)과 부중(府中) 혼동(궁중업무와 관련된 궁과 국정을 담당하는 부는 별도의 것이라는 궁중부중 별도의 원칙을 스에쓰구가 혼동하였다는 의미. 즉 국정에 관여한 것은 천황이 아니라 스에쓰구의 탓이란 의미 — 역자). 가토(加藤) 군령부장의 사표 제출.
3. 만주사변으로 군이 장성선(長城線, 만리장성을 경계로 한 지역 — 역자)을 넘으려고 하는 것을 칙령으로 저지하였다.(와카쓰키 내각)
4. 상해사건
5. 2·26사건
6. 군부대신현역무관제 부활
7. 대중국 평화, 3국동맹

3월 20일(듣는 사람은 같은 5명 — 저자)

1. 아베(阿部) 내각 붕괴 원인, 2. 요나이(米內) 내각 붕괴 원인, 3. 3국동맹, 4. 7월 26일 어전회의, 5. 9월 6일 어전회의, 6. 도조의 연구, 7. P·H(진주만 — 저자) 공격 계획

3월 22일(듣는 사람은 같은 5명 — 저자)

1. 도조 내각의 성립, 2. 개전방지 노력, 3. 개전조서, 4. 조서 발표 거부, 5. 육군과 해군의 불일치

4월 8일 오후부터 밤에 걸쳐서 도쿄에서 온 대신, 총재, 이나다, 데라사키와 함께 폐하의 기억을 듣다.

필자는 위의 과정에서 히로히토가 전범으로 도쿄재판에 회부되어 퇴위하게 된다는 가정하에 이후 정치·외교·군사에 관련된 모든 중요한 문제가 재검토되었다고 생각한다. 이른바 히로히토를 구하기 위하여 장대한 역사의 날조가 시도된 것이다. 히로히토는 결국 소추되지 않았지만, 도쿄재판에서 일본 측이 전개한 논리는 이 작업의 결과였을 것이다. 이는 제2의 도쿄재판사관이라 할 수 있을 것이다.

1988년의 천황 각혈 이후 전쟁책임 논의에서 천황을 방어하기 위하여 천황제 옹호론자는 무수한 글을 발표하였다. 그러나 이 모든 것은 이때 만들어진 논리의 재활용에 지나지 않았다.

제4장

'성단'신화의 재검토
-쇼와천황의 종전 지도(指導)

'성단'신화에는 두 가지 요소가 있다. 하나는 국민을 위해 그렇게 했다는 것, 다른 하나는 히로히토가 지금까지 입헌군주로서 행동해 왔지만 최고전쟁지휘회의가 3 대 3으로 대립하여 결론을 내지 못하자 어쩔 수 없이 그 스스로 결단을 내렸다는 것이다. 이 두 가지는 모두 사실이 아니다. '신화'이기 때문이다.

히로히토가 국정과 통수(統帥)의 양쪽 모두에서 실질적인 권한을 가지고 주체적으로 관여해 왔다는 사실은 이노우에 기요시의 『천황의 전쟁책임』에서도 분명하게 논의되었으며 최근 새롭게 공간(公刊)된 기노시타 미치오·마키노 노부아키·나라 다케지의 일기에서도 뒷받침되었다. 기노시타의 『측근일지』에는 히로히토가 다나카 기이치 수상에게 '사표를 내도 좋아'라고 말하고 '젊은 혈기로' 쓴웃음을 지었지만 그 후에 "내각의 상주는 거부하지 않겠다"고 말한 것으로 되어 있다. 또한 이후에 도조 내각이나 고이소 내각이 붕괴한 것도 각각의 정책이 히로히토의 의향과 맞지 않았기 때문이다. 히로히토는 내각을 경질할 수 있는 힘을 가지고 있었으며 정책에도 지속적으로 개입하고 있었다. 이 장에서는 종전지도 과정에서 관철된 히로히토의 주도성에 대하여 해명한다. 히로히토는 지배층 가운데 육군 다음으로 최후까지 본토결전에 집착한 사람 중 한 명이었으며 이것을 포기하고부터는 적극적으로 종전지도를 담당하였다. 이러한 태도 변화에도 불구하고 국체유지가 그의 유일한 관심사였던 사실은 전혀 변하지 않았다. 또한 종전에 즈음하여 주체적으로 정치에 관여했기 때문에 전후 혼란기 속에서 그는 정치수완을 발휘할 수 있었다.

중신회견과 고노에 상주문

1944년 7월 기토 고이치(木戸幸一) 내대신과 고노에 후미마로 등이 히가시쿠니노미야(東久邇宮) 추대를 통한 도조 내각 타도·항복·히로히토 퇴위를 구상하며 정치공작을 시도하던 단계에도 히로히토는 전쟁 지속 의지를 계속 가지고 있었다. 이때 기토는 고노에에게 전쟁을 중지할 경우 황족 내각을 구성할 것과 "군관민(軍官民)에게 책임을 전가하지 않기 위하여 폐하가 전쟁책임이 모두 자신에게 있음을 분명히 할 필요가 있다"는 구상을 제시했다. 한편 고노에는 기토에게 정전(停戰) 조칙안으로서 "1. 세계 각국에 대하여 인도적인 입장에서 전쟁종결을 제창할 것, 2. 선전조칙에 제시된 전쟁목적(영·미 등의 경제적 포위를 격파)을 달성하였기에 정전하려는 취지임을 알릴 것, 3. 전황의 추이를 고려하여 이 이상 국민에게 희생을 강요하는 것은 역대 군신의 정의에 비추어 인내할 수 없음을 선언할 것"을 제안하였다. 단, 1과 2는 "오히려 세계의 조소를 살 우려"가 있기 때문에 고노에 자신은 "3이 최선"이라고 생각하고 있었다.[61] 그리고 이즈음에 시게미쓰 마모루도 기토 고이치와 "결국 시기가 도래하는 것을 지켜보면서 천황의 절대적인 명령(당시 우리들은 이것을 학의 소리라고 하였다)으로 종전을 행하는 것 이외에 방법이 없다"는 이야기를 나누었다고 회상하고 있다.[62] 이처럼 히로히토는 모르고 있었지만 종전 형태의 원형, 즉 '성단' 구상은 1944년에 이미 형성되어 있었다. 기토 등의 공작이 성공하여 중신회의는 도조를 이을 수상 후보로 첫 번째 데라우치 히사이치(寺内寿一) 남방군 총사령관, 두 번째 고이소 구니아키(小磯国昭) 조선총독, 세 번째 하타 슌로쿠(畑俊六) 중국 파견군 총사령관을 추천하였다. 히로히토의 '성단'으로 고이소가 수상으로 결정되었을 때 히로히토는 고이소 구니아키와 부수상격인 요나이 미쓰마사를 불러서 "특히 대동아전쟁의 목적완수에 노력하라"[63]고 명령하였다.

그러나 10월 미군이 필리핀의 레이터(Leyte) 섬에 상륙하고 레이터 해전에서 일본의 연합함대 주력이 패퇴하면서 본토공습이 격화되자, 히로히토는 불안을 느끼기 시작했다. 히로히토는 1945년 1월 6일 기토 고이치에게 상담하였다.

> 미군은 루손(Luzon) 섬 상륙을 기획하고 린가엔(Lingayen) 만에 침입하였다는 보고가 있다. 이 섬의 전황은 심히 중대하며 그 결과 여하에 따라 중신들의 의향을 들을 필요도 있다고 생각하는데 어떤가.[64]

---

61 『天皇の戦争責任』, pp. 183-192.
62 重光葵, 「平和の探求」 外務省編, 『終戦史録』, 新聞月鑑社, 1952年, p. 61.
63 小磯国昭, 『葛山鴻爪』, 小磯国昭自叙伝刊行会, 1963年, p. 783.
64 『木戸幸一日記』 下巻, 東京大学出版会, 1966年, p. 1164.

히로히토가 도조 히데키에게 몰입하느라 다른 중신들과는 전보다 멀어진 시점이었지만 2월 7일 히라누마 기이치로(平沼 騏一郎), 9일 히로다 고우키(広田弘毅), 14일 고노에 후미마로, 19일 와카쓰키 레이지로(若槻礼次郎)와 마키노 노부아키, 23일 오카다 게이스케, 26일 도조 히데키가 히로히토에게 불려가 의견을 개진하였다. 마키노 노부아키는 중신은 아니지만 일찍이 1921년 궁내대신, 1925년 내대신으로 임명되어 1935년까지 봉직한 궁정의 실력자로서 호출되어 입회자를 두지 않고 단독으로 천황과 이야기하였다.[65] 고노에 후미마로와의 회담에는 도조 내각 타도에 협력한 기토 고이치가 입회하였다. 그 외의 회견에는 시종장인 후지타 히사노리(藤田尚徳)가 입회하여 회담내용을 기록하였다. 후지타는 다음과 같이 적고 있다.

> 사실 폐하는 전쟁종결에 대하여 1945년 초두부터 군부나 내각에 알리지 않고 은밀히 어떤 공작을 진행하였다.……이것은 천황이 각 중신을 개별적으로 문고로 불러 전황에 대한 전망과 그 대책을 한 사람 한 사람에게 질문하는 형태로 이루어졌다. 그중에서도 종전을 어떻게 하면 좋을지에 대해 방책을 가지고 있는 자에게는 그에 대하여 물었는데 이는 온건한 공작으로 군부를 자극하지 않도록 은밀하게 진행하였다.[66]

필자는 이 일련의 회견을 '종전공작'으로 부르는 것이 적당하지 않다고 판단하지만 당시의 히로히토가 무엇에 관심을 가지고 있었는지를

65 마키노는 전후에도 천황의 주변에 있으면서 아시다 내각의 궁정개혁에 저항하였다. 제8장 참조.
66 藤田尚徳, 『侍従長の回想』, 中央文庫, 1987年, p. 43.

살펴보기에는 좋은 재료라고 생각한다. 히라누마는 "여러 시책은 중점·집중하여 영단할 것", "국민에 대한 관리의 태도에 대해…… 권력은 자애로워야 한다"고 주장하였으며, 히로다는 "중립조약 폐기 통고도 2~3개월 앞으로 다가온 만큼 대소 관계에 대하여 정부가 뭔가 수단을 취할 필요가 있으며", 영국과 미국에 대해서는 "적에게 전쟁을 계속하면 불리하다는 점을 인식시킬 수 있도록 커다란 전과를 올릴 것을 절실히 기대하고 있다"고 논하였다. 히로히토는 히로다에게 "이 시국에 외교상 취할 수 있는 수단은 없는가"라고 물었다.

와카쓰키는 "승패가 없는 상태로 이 전쟁을 종결시키는 것을 목표로 하고 만약 평화 회복의 기회가 있다면 곧바로 이를 취해야만 한다"고 주장하였다. 그러자 히로히토가 "뭔가 성과가 있는가"라고 물었고 그는 "끝까지 싸워서 적이 전쟁을 계속하는 것이 불리하다고 인식할 때까지 기다리는 것" 외에는 없다고 대답하였다. 마키노는 얄타회담과 미·소 관계에 대한 분석을 중심으로 의견을 제시하였다. 이에 대해 히로히토가 "소련과 중국에 대한 최근 미국의 태도는 일시적인 편의주의인가"라고 질문했으나 이때 공습경보를 받고 회견이 중지되었다. 상황을 냉정하게 파악하고 있던 이는 오카다였다. 오카다는 전황이 긴박해진 원인이 미국의 과학기술과 물자의 풍부함에 있다고 하며 "국내에 남아 있는 모든 힘을 결집하여 신속 과감하게 전력강화를 꾀해야만 한다"고 말했지만 그러기 위한 결정적인 방책은 없었다. 도조는 강하고 도도한 어조로 전황을 논하였고 적에게도 약점이 있으니 여전히 싸울 수 있다고 강조하며 "이 전쟁에서 우리는 정의의 편에 서 있으며 황국불멸의 정신으로 임한다면 상황은 비관적이지 않다. 그런 후에 유럽의 정세변화를 주시하여 평화를 쟁취해야만 한다"고 정리하였다. 히로히토가 "소련이 무력 개입하지 않을 것이라 생각하는가"라고 묻자 도조는 "그럴 확률은 50%라고 생각한다"고 대답하였다.[67]

절정은 고노에와의 회견이었다. 고노에는 신년 이래 구상해 온 '고노에 상주문'을 이 기회에 제출하였다.

> 유감이지만 패전은 곧 현실화될 것입니다. 이하는 이러한 전제 아래 진언합니다.
>
> 패전은 우리 국체의 흠이 되겠지만 영·미의 여론은 아직까지 국체 변혁을 주장하지는 않았으며……따라서 패전뿐이라면 국체까지 걱정할 필요는 없다고 생각합니다. 국체유지라는 명분보다 더욱 걱정스러운 것은 패전 후에 일어날 공산혁명입니다.

이렇게 시작하는 '상주문'은 공산주의 운동이 세계 각지에서 활발해지고 있다는 사실, 일본군부의 혁신운동이나 신관료운동도 여기에 연결되어 있어 매우 위험하다는 사실, 일억 총옥쇄(玉砕)를 외치고 있는 자들은 우익인데 이에 반대하거나 또는 선동하고 있는 이는 공산분자로 "이 일당을 일소하여 군부 재건을 실행"하고 "하루라도 빨리 전쟁종결 방책을 강구해야만 한다"고 주장하였다.[68]

국체유지에 따른 최대의 위협이 공산주의라는 고노에의 주장에 대해 후지타 히사노리는 "폐하도……내심 그 특이함에 놀란 모습을 보였다"고 적고 있다.[69] 히로히토는 물었다.

---

67 『木戸幸一関係文書』, 東京大学出版会, 1966年, pp. 492-510.
68 外務省編纂, 『日本外交年表竝主要文書』 下, 原書房, 1956年, pp. 606-611.
69 藤原彰, 『天皇と沖縄戦』 同編 『沖縄戦と天皇制』, 立風書房, 1987年 수록.

> 고노에의 생각과는 달리 군부는 미국이 우리 국체의 변혁까지도 생각하고 있다고 예측하고 있는데, 이 점은 어떤가.

이 대화 뒤 곧바로 히로히토의 유명한 "한 번 더 전과(戰果)를 올리고 난 후가 아니면 이야기는 상당히 힘들다고 생각한다"는 발언이 나온다. '한 번 더……'는 고노에보다 앞서 회견한 히로다의 발언을 상기시킨 것이라고 볼 수 있다. 중신들과의 회견 이후 히로히토는 '전과'에 집착함과 동시에 종전 조건으로 국체유지를 내세우는 방침을 결정하였다. 이상에서 살펴본 것처럼 일련의 중신회견은 후지타 히사노리가 말한 '종전공작'과는 매우 달랐지만 히로히토의 관심사를 명확하게 하는 계기가 되었다. 이후 히로히토가 '전과'를 올리고 국체를 유지하는 데 집착한 것이 오키나와·히로시마(広島)·나가사키(長崎)의 참혹한 피해를 낳았다. 또한 고노에가 강조한 '공산주의=국체의 적'이란 인식은 전후 히로히토의 강렬한 반공주의 언동의 기초가 되었다.

오키나와전과 일·소 교섭

『기토 고이치 일기(木戸幸一日記)』 1945년 3월 9일 자에는 "통수 일원(一元)의 문제, 전쟁종결 등을 고려할 경우 국내태세, 측근의 진용(陣容) 등에 대하여 상신함"이라고 적혀 있다. 히로히토와 기토는 중신회견을 통해 겨우 종전구상을 구체화하기 시작하였다. '국내태세, 측근의 진용'이란 단순히 정부·군부의 진용을 어떻게 할지의 차원을 넘어 최종적으로는 국체유지를 목표로 한 것이다.

일본은 3월 9일 밤에 시작된 도쿄 대공습과 연이은 오사카 공습으로 총 36만 호(戶)가 소실되는 커다란 피해를 입었다. 고이소 내각은 전쟁지도를 강화하기 위하여 고이소 구니아키의 현역 복귀 및 육군대신 겸임을 주장했지만 육군은 이를 거부했다. 또한 히로히토가 이중간첩 묘힌(繆斌)을 통한 대(對)중국 평화공작을 거부하자 고이소 내각은 4월 5일 총사직하였다. 그 뒤를 이어 1929년부터 8년간, 즉 다나카 수상 파면 당시부터 2·26사건까지 시종장을 지내 히로히토와 개인적인 연대가 강한 스즈키 간타로 해군대장이 조각하게 되었다.

3월 하순 오키나와 전투가 시작되던 당시 주력인 제9사단을 이미 타이완으로 보낸 상황이었던 제32군은 본토결전을 위한 작전으로 오키나와 주민을 통째로 희생시키는 내구전을 결정하였다. 4월 1일 미군은 오키나와 본토에 거의 무혈로 상륙하였다. 2일 히로히토는 우메쓰 요시지로(梅津美治郎) 참모총장이 전황을 상주하자 "적군의 오키나와 상륙에 대한 방비책은 없는가. 적의 상륙을 허용한 것은 적의 수송선단을 침몰시키지 못했기 때문인가"라고 추궁하고 있다. 그 때문에 제32군은 내구전 전략을 취하면서 4월 11일, 12일 양일간 반격을 시도했지만 실패하고 내구전으로 되돌아왔으며, 5월 4일 재차 주력을 출격시켰음에도 패하면서 전략을 일관되게 실행할 수 없게 되었다.[70] 일이 이렇게 된 것은 상당 부분 히로히토의 발언 때문이었다. 5월 4일 우메쓰 참모장관에게 "이번 공세는 반드시 성공시키기 바란다"고 말한 것처럼 히로히도의 머릿속에는 '한 번 더 전과를 거둔다'는 망상이 떠나지 않았다.

6월 8일의 어전회의에서 히로히토는 "칠생진충(七生盡忠)의 신념을 힘의 근원으로 삼아 지형의 이로움과 사람의 단결로써 어디까지나 전쟁

---

70 『木戸幸一日記』下巻, p. 1209.

을 완수하고 국체를 유지하여 황토(皇土)를 보위하고 정전(征戰)목적 달성을 기한다"는 "이후 전쟁지도의 기본대강"을 결정하였다. 하지만 이는 전력·국력·민심 통일이 뒷받침되지 않은 공허한 방침이었다. 기토는 어처구니없어하며 같은 날 「전국수습대책시안(戦局収拾の対策試案)」을 바로 기초하였다. 그는 이대로라면 "아마도 시기를 놓쳐 버리고 끝내는 독일·이탈리아의 운명과 같은 전철을 밟아 황실의 안위, 국체의 유지라는 지상의 목적조차 달성하지 못하는 비운에 빠질 수밖에 없다"는 위기감 속에서 "천황폐하의 용단"에 의해 "친서를 받들어 중개국과 교섭하는" 방침을 타진하였다.[71]

오키나와 전투가 최종국면에 들어간 6월 22일, 히로히토는 최고전쟁지도회의의 구성원(수상·외무대신·육군대신·해군대신·육군참모총장·해군군령부총장)을 불러 "이전의 어전회의에서 전쟁 지도에 대하여 결정하였는데, 다른 한편으로 전쟁종결에 대해서도 종래의 관념에 구애받지 말고 신속히 연구하여 실현하도록 노력하기 바란다"고 요청하였다. 우메쓰 총장이 "이의는 없지만 이를 실시하기에는 신중을 요합니다"라며 저항하자 히로히토는 "신중을 요하는 것은 물론이지만 그 때문에 시기를 놓쳐서는 안 된다"고 강조하고 다시 우메쓰가 "신속을 요한다"고 대답하게 함으로써 사실상 자신의 요구를 받아들이게 하였다.[72]

7월 7일, 이미 소련과의 교섭이 시작되었지만 히로히토는 스즈키 수상을 불러 상황을 듣고 "상대방의 의중을 파악하는 것도 중요하지만 시기를 놓쳐서는 안 되니 이쯤에서 숨김없이 중개를 부탁하는 것은 어

71 같은 책, p. 1213.
72 같은 책, pp. 1215–1217.

떤가. 특사를 파견해 친서를 전달하는 것은 어떤가"라고 명령하였다. 특사로는 고노에 후미마로가 선정되었다. 12일 고노에는 히로히토에게 직접 의뢰받고 "이러한 연유의 명령이라면 신명을 다하겠습니다"[73] 라고 대답하였다. 고노에는 나아가 이전의 미·일 교섭 시기를 회상하며 '비상수단'을 강구하려 하였다.

> 그때는 육군이 모르고 있던 중국에서의 철병 문제를 그(루스벨트—저자)와 만나 해결함과 동시에 회견 장소에서 폐하에게 직접 전보로 재가를 받아 결정하고 조인하는 비상수단을 준비하려 했는데, 이번에도 동일한 수단으로 하려고 결심하였다. 즉 소련에 아무런 조건을 제시하지 않은 채로 모스크바에서 회합한 뒤 그곳에서 정한 조건을 가지고 폐하의 재가를 받아 결정하기로 하였으며 폐하도 이를 허가했다.[74]

도고 시게노리(東郷茂徳) 외무대신은 이에 대하여 아무 것도 몰랐다고 했는데, 12일 고노에는 히로히토와 단둘이 회합하였기 때문에 도고의 인지(認知) 여부는 불명확하다. 고노에의 회상이 사실이라고 한다면 히로히토는 소련에 대한 천황특사 파견 시기를 스스로 판단했을 뿐만 아니라 정부를 제쳐 두고 '성단'을 발동하려 한 것이 된다. 그러나 소련과의 특사파견 교섭이 늦어지면서 26일 미·영·중 3국의 포츠담 선언이 발표되었다.

---

73 近衛文麿, 「失われし政治」, 『終戦史録』 수록, pp. 433–434.
74 『木戸幸一日記』 下巻, p. 1220.

포츠담 선언

7월 25일 히로히토가 "전쟁종결에 대하여 여러 가지 이야기"한 것에 관해 기토 고이치는 다음과 같이 대답하였다.

> 현재 군은 본토결전이라며 일대 결전을 통한 전쟁국면 전환을 주장하고 있지만 종래 우리 군의 실력이나 경험을 볼 때 저는 이 주장을 신뢰할 수 없습니다. 만약 이것이 실패한다면…… 대본영이 포로가 되는 것도 상상이라고 할 수만은 없습니다. 여기서 신중하게 생각하지 않으면 안 되는 점은 3종의 신기(神器)를 지키는 것입니다. 이것을 모두 지키지 못하면 황통 2,600여 년의 상징을 잃어버리게 되는 것이며 결국 황실도 국체도 지킬 수 없게 됩니다. 이러한 상황을 생각하여 3종의 신기를 지킬 수 없다고 판단될 때는 매우 긴급하게 재난을 넘어 평화를 강구해야 한다고 믿습니다.[75]

기토는 국체유지의 낭떠러지에 서 있는 기분이었을 것이다.

일본정부가 샌프란시스코에서 방송된 포츠담 선언을 청취한 것은 7월 27일 오전 6시이다. 그 내용은 군국주의 세력의 말살, 일본 영토의 한정, 평화적 생산기반 재건, 전범 처단, 자유와 민주주의 확립 등을 조건으로 내세우고 자유로이 표명된 일본국민의 의지에 따라 평화적 경향을 갖는 책임정부가 수립될 때까지 연합국이 일본을 점령한다는 것이었다. 그리고 이 방송은 무조건 항복하지 않으면 일본에는 "완전한 파괴가 있을 뿐이다"라고 선언하였다.

---

75 같은 책, p. 1221.

각의에서는 포츠담 선언에 대하여 의지표명을 하지 않기로 결정했는데, 다음날 기자회견에서 스즈키 수상은 포츠담 선언이 카이로 선언의 반복에 불과하므로 그 가치를 인정할 수 없으며 묵살하겠다고 말했다. 따라서 이 발언이 'ignore(무시하다, 기각하다)'로 번역되었고 이후 소련의 참전 이유 중 하나가 되었다.

히로히토는 포츠담 선언을 어떻게 받아들였을까. 그는 7월 31일 기토 고이치에게 다음과 같이 말하였다.

> 어제 내대신이 말한 이세 신궁 일은 정말로 중대하여 종종 생각하고 있었다. 결국 이세와 니기타(熱田)의 신기는 내가 거주하는 곳으로 가져와 지키는 것이 가장 좋다고 생각한다. 그렇지만 이것을 언제 가져올 것인지는 사람들에게 미칠 영향을 생각하여 매우 신중해야 한다고 본다. 이에 대해 궁내대신과 시간을 가지고 상담하고 정부와도 교섭하여 결정하고 싶다. 만약의 경우에는 내가 3종의 신기를 지키면서 운명을 같이할 수밖에 없다고 생각한다.[76]

전후 관계로 유추하건대, 25일 기토가 히로히토에게 말한 의도는 만약 히로히토가 육군의 본토결전 방침을 받아들이면 결국 국체를 지킬 수 없게 됨을 간언하기 위해서였다. 그런데 히로히토에게 있어 국체란 최종적으로 천황의 신성을 뒷받침하는 3종의 신기로 수렴되는 것이었다. 따라서 히로히토는 스스로 이것을 지키기로 결심하였다. 더구나 그는 나가노현 마쓰요(松代)의 산중에 설치된 지하 대본영으로 3

76 같은 책, p. 1222.

종의 신기를 옮기는 것을 전제로 하고 있다. 포츠담 선언 직후의 히로히토는 '완전한 괴멸', 즉 엄청난 수의 국민적 희생을 방패로 삼아 국체=3종의 신기=스스로의 신성을 지키기 위해 본토결전이란 방침을 구상하고 있었다.

히로히토의 정치공작

포츠담 선언이 일본에 전달된 이후에도 히로히토는 나가노현 마츠요에 있는 대본영으로 이동하여 본토결전을 각오하고 있었다. 연합군이 일본정부의 포츠담 선언 '묵살' 성명을 '거부'로 받아들인 것은 당연하다. 사토 나오타케(佐藤尚武) 소련대사가 그럴 가능성은 없다고 반복하여 보고하였음에도 불구하고 일본정부는 소련의 중재를 통한 평화를 기대하며 계속 전보를 보냈다. 히로히토의 본토결전 결의, 스즈키 수상의 '묵살' 성명과 10일간의 정책부재가 히로시마·나가사키의 원폭투하라는 결과를 낳은 것이다.

8월에 들어서자 히로히토 주변에서는 평화종결파의 움직임이 활발해졌다. 『기토 고이치 일기』에서 발췌한다.

> 8월 3일
>
> 1시 30분 아리타(有田八郎, 제1차 고노에 내각의 외무대신—저자) 내실, 시국수습에 대하여 간담.
>
> 3시 난바라·다카키 양 교수(南原繁·高木八尺, 도쿄대 교수—저자) 내실, 시국수습에 대하여 의견 청취.
>
> 8월 4일
>
> 오전 11시 도고 외무대신 내방, 면담.

8월 7일

10시 20분 히라누마 추밀원의장 내실, 시국수습에 대하여 간담. 의장은 국체유지에 대하여 매우 걱정하고 있었다.[77]

7일 궁내대신 방에서 이루어진 점심 식사 모임에서 기토 고이치 내대신은 히로시마의 원폭투하 "피해가 심대하며 사상자가 13만여 명"이라는 보고를 받고 1시 30분부터 히로히토를 만났다. 히로히토는 "시국수습에 대하여 생각을 가지고 종종 질문을 했"고 마침내 포기한 듯하다.

8일에는 시게미쓰 마모루, 도고 외무대신, 고노에 후미마로가 기토를 방문하였다. 이들은 바로 전해 도조 내각을 무너트린 이후 '성단'에 의한 종전구상을 기획하였으며 후술할 '하나의 조건'을 수락받기 위해 9일 분주하게 움직인 사람들이었다. '성단'이란 형식의 마무리가 구체적으로 검토되었다.

히로히토의 의지가 변한 것은 히로시마에 원폭이 투하된 이후였다. 미국은 일본이 포츠담 선언을 수락하지 않을 경우 다른 장소에도 원폭을 투하하겠다고 선언하였다. 일본정부는 이것이 원폭임을 국민에게 숨기고 '신형폭탄'이라고 발표하였다. 8월 8일 도고 시게노리 외무대신이 히로히토를 만나 원폭투하에 대해 미국의 수장을 포함하여 보고하였다. 히로히토는 다음과 같이 대답하였다.

이런 종류의 무기가 사용된 이상 전쟁 지속은 더욱 불가능하게

77 東郷茂徳, 『時代の一面』, 原書房, 1985年, pp. 355–356.

> 되었으므로 유리한 조건을 확보하려다 전쟁종결 시기를 놓치는 것은 좋지 않다고 생각한다. 또한 조건을 상담하더라도 조율할 수 없으리라 생각되기 때문에 가능한 한 빨리 전쟁을 종결할 수 있도록 노력해 주기를 희망한다.……[78]

이날은 아직 히로시마의 상세한 피해 상황이 전해지지 않았지만, 대본영에는 6일 오후에 이미 히로시마시 전체가 불바다가 되었다는 정보가 들어와 있었다. 히로히토의 본토결전 포기와 종전 결정은 히로시마 전멸이란 사실로 인해 겨우 이루어진 것이다.

8월 8일 오후 5시(일본 시간 오후 11시) 소련의 몰로토프 외상은 사토 대사에게 선전포고문을 전달하였다. 몇 시간 후 일본 외무성은 모스크바 방송을 통해 이를 인지하였다. 9일 오전 10시 이전에 히로히토는 기토 고이치에게 이렇게 말하였다.

> 소련이 우리나라에 대하여 선전을 포고하고 오늘부로 교전상태에 들어갔다. 따라서 전쟁 수습에 대하여 급히 연구하고 결정할 필요가 있다고 생각하니 이 문제를 수상과 충분히 상의하라.

10시 10분 궁중을 방문한 스즈키 간타로 수상에게 기토 고이치는 히로히토의 의지를 전하였다.

> 스즈키 수상 내실, 이에 성지(聖旨)를 전달하고 지금 신속하게 포

78 『木戸幸一日記』 下巻, p. 1223.

츠담 선언을 이용하여 전쟁을 끝내야 한다고 역설하였다. 그리고 지금 일이 중대한 만큼 중신들의 의견까지도 들을 용의가 있으니 사전에 중신들에게 사태를 설명해 둘 것을 부탁하였다.[79]

이날 밤부터 다음 날 새벽에 걸쳐 개최된 '어전회의'에서 히로히토가 처음으로 자신의 의지를 표명하고 이른바 '성단'을 내렸다는 것이 거의 정설로 되어 있다. 그러나 여기서 살펴본 사실은 이미 8월 8일부터 히로히토가 스스로 종전을 목표로 정치공작을 행하고 있었던 점을 명확히 증명하고 있다. "전쟁종결에 즈음하여 나는 스스로 결정을 내렸습니다. 이것은 수상이 내각의 의견을 수합하지 못하고 나에게 의견을 구했기 때문입니다"[80]라는 히로히토의 발언은 전반은 사실이지만, 후반은 자신이 입헌군주였다고 가장하기 위한 새빨간 거짓말이다.

하나의 조건인가 4개의 조건인가

분명히 히로히토는 스스로 종전을 결정했지만 이는 너무도 늦은 결정이었다. 더구나 국체유지라는 중대한 조건이 붙어 있었다. 정국(政局)은 소련의 대(對)일전 참가라는 사태를 맞이하여 겨우 움직이기 시작했다.

8월 9일 11시 전, 최고전쟁지휘회의 구성원회의가 열렸다. 참가자는 이 회의의 정식 구성원인 스즈키 간타로 수상, 도고 시게노리 외무대신, 아나미 고레치카(阿南惟幾) 육군대신, 요나이 미쓰마사 해군대신, 우메쓰 요시지로 해군참모총장, 도요다 소에무(豊田副武) 해군군령부총장 6명뿐이었다. 이 회의 중에 나가사키의 원폭투하가 보고되었다. 도

---

79 『陛下, お尋ね申し上げます』, p. 212.
80 『時代の一面』, p. 356.

고 외무대신은 "사태가 점점 더 긴박해져 승리할 가능성이 없는 지금 곧바로 화평으로 응할 필요가 있다"[81]고 말하고 화평의 조건으로는 국체유지만을 내걸어야 한다고 주장했다. 외무성은 이미 포츠담 선언 수신 직후인 7월 27일 아침 마쓰모토 준이치 외무차관을 중심으로 하는 간부회의에서 "곧바로 (포츠담 선언을) 받아들여야 한다는 의견일치"(괄호 안은 역자 주)를 보았지만 이 단계에야 겨우 이를 공표하였다.

이에 대하여 요나이 해군대신을 제외한 군인 3명은 "그 외에 (연합군에 의한) 강제점령은 가능한 한 피해야겠지만 어쩔 수 없이 해야 하더라도 도쿄 등은 제외하고 더욱이 이를 소규모로 할 것, 무장해제는 우리 측에서 자체적으로 행할 것, 전쟁범죄인에 대한 처벌은 우리 측에서 행할 것"(괄호 안은 역자 주)[82]이라는 3가지 조건을 추가할 것을 강하게 주장하였다. 논쟁은 주로 도고 외무대신과 군부 3명 사이에서 이루어졌으며 스즈키 수상과 요나이 해군대신은 거의 발언하지 않았다. 이 대립은 14일 늦게까지 계속되었다.

최고전쟁지도회의 구성원회의는 오후 1시까지 계속되었지만 결론을 내지 못하고 중단되었다. 스즈키 수상은 기토 내대신에게 상황을 알리고 오후 2시 반부터 각의에 참가하였다. 오후 5시 반에 재개된 회의는 중간에 1시간 휴식하고 다시 밤 10시가 넘도록 계속되었다. 전반부에는 우선 도고 외상이 일본을 둘러싼 상황이 긴박해졌다는 점을 보고하였다. 아나미 육군대신은 "죽음을 무릅쓴 전법으로 나아가면…… 전황을 호전시킬 수도 있을 것이다", "드디어 본토결전이 시작

81 渋沢信一外務省条約局長(当時)談話, 鹿島平和研究所編, 『日本外交史』 25, 鹿島研究所出版会, 1972年, p. 197.

82 『時代の一面』, p. 357.

되면 일억 일심으로 국민은 분개하여 일어날 것이다"라고 주장하였다. 이에 대하여 요나이 해군대신은 "해군대신으로서 미·영에 대하여 승산은 없다. ……이러한 때에는 패배의 분한 심정이나 희망적인 관측은 접어 두고 사실에 기초하여 당당히 주장할 것은 주장하며 담판에 들어가지 않으면 안 된나"[83]고 논하였다.

후반부에는 하나의 조건을 내걸지 4개의 조건을 내걸지에 대한 논쟁이 시작되었다. 여기서 요나이 해군대신은 도고 외무대신을 강력하게 지지하였다. 그는 "과학전으로도 무력전으로도 분명하게 패하고 있다…… 부갱빌(Bougainville) 전투 이후 사이판, 루손 섬, 레이터 섬, 유황도, 오키나와 모두 패하고 있다"고 전황을 진단하며 "패한 모양새이지만 실제로는 패하지 않았다"고 강변하는 아나미 육군대신을 비판하였으나 역시 결론을 내지 못하고 각의는 재차 휴회하였다.

하나의 조건인가 4개의 조건인가에 대한 논쟁은 단순히 종전 형식에 대한 대립이 아니다. 물론 전쟁의 종결인가 계속인가에 대한 문제도 아니다. 그것은 한마디로 어떻게 하면 국체를 지킬 수 있을까에 대한 견해의 차이였다. 각의의 후반에 도고 외무대신이 "일본민족은 영원히 황실 아래에 놓여 있으므로 멸망하지 않는다. 국체만 지킬 수 있다면 온갖 고통도 견딜 수 있다. 곧 재기하기 위하여 모두 인고해야 한다. 이것이 일본을 구할 길이다"라고 말한 것이나 아나미 육군대신이 "어쨌든 국체의 유지가 위험하다. 조건을 달아야만 국체를 유지할 수 있다. 손발이 모두 떨어지고서 어떻게 유지할 수 있는가"라고 한 것에서 이

83 下村海南, 『終戦記』, 鎌倉文庫, 1984年, pp. 118-121. 이하 이 각의에서의 발언은 이 책에서 인용한 것임.

것이 국체유지를 위한 견해차이란 사실이 분명히 나타난다.

다나카 노부마사(田中伸尚)는 『다큐멘터리 쇼와천황(ドキュメント昭和天皇)』 제5권에서 이 대립을 "유지해야 할 국체"에 대한 이미지 차이로 취급하고 있다. 즉 하나의 조건파는 입헌군주제를, 4개의 조건파는 군비를 반드시 필요로 하는 절대주의 천황제를 생각하고 있었다고 한다.[84] 분명히 천황기관설적 경향과 국체명징파(国体明徵派, 천황이 통치권의 주체임을 명시하고 일본은 천황이 통치하는 국가임을 주장한 집단. 천황기관설과 대립하는 입장—역자)의 차이는 있었을 것이다. 그러나 아나미 육군대신도 주체적인 형태의 무장해제는 받아들이고 있었으며, 도고 외무대신의 '재흥(再興)'이라는 표현도 재군비(再軍備)를 포함하고 있다고 할 수 있다. 문제는 국체유지의 방법에 있었다.

아나미 육군대신이 강경한 의견을 계속해서 주장한 것은 '성단'에 의한 종전이 결정되었을 때 육군 내의 본토결전파가 폭발할 것을 미연에 방지하고 숙연히 종전을 맞이할 수 있도록 숙고한 것이라는 해석이 있다. 이러한 주장은 설득력이 있으며 필자도 부정하지 않는다. 8월 7일 밤 도고 외무대신은 아나미 육군대신 관저에서 2시간 반에 걸쳐 단둘이 회담하였다. 이때 패전은 시간문제라는 도고의 의견에 아나미가 찬성하였다고 전해진다.[85] 이러한 의견일치가 사실이라는 방증은 "육군대신이 부하의 동요를 억누르고 대난국을 수습할 수 있었던 것은 '성단'이란 이유 외에도 회의나 그 밖에 기회가 있을 때 성실히 협의하여 종전이란 근본방침을 각자 수용할 수 있도록 했기 때문이라"는 도고의

84 田中伸尚, 『ドキュメント昭和天皇』 第5巻, 緑風出版, 1988年, p. 494. 이하 이 작품에 대한 약간의 비판을 논한다. 그렇다고 해서 이 작품이 의미 깊은 역작임을 부정하는 것은 결코 아니다.

85 『終戦史録』, p. 536.

글과,[86] 아나미가 8월 10일 아침 육군성에서 "성단 수락에 애써 반대 행동을 하려는 자는 먼저 나부터 죽여라"고 한 말에서 찾아볼 수 있다. 그렇다면 아나미 육군대신이야말로 국체유지를 위해서는 본토결전을 피해야만 한다고 매우 심각하게 생각하고 있었던 것이 된다.[87]

제1차 '성단'

회의가 열리고 있던 사이에 히로히토의 주위에서는 다양한 공작이 일어나고 있었다. 『기토 고이치 일기』에서 이날에 관한 내용을 발췌해 보자.

> 오전 9시 55분부터 10시까지 문고에서 배알(소련 참전에 대하여 앞에서 서술함—저자).
>
> 10시 5분 스즈키 수상 내실(앞에서 서술함—저자).
>
> 10시 55분부터 11시 45분까지 문고에서 배알, 스즈키 수상과 회견한 내용을 보고.
>
> 1시 고노에 공(公) 내실, 시국에 대하여 대담.
>
> 1시 반 스즈키 수상 내실, 최고전쟁지도회의에서 1. 황실의 확인, 2. 자주적 철병, 3. 전쟁 책임자는 자국에서 처리, 4. 강제점령은 피한다는 조건으로 포츠담 선언을 수락하기로 결정되었음을 보고.
>
> 2시 무관장 내실, 소만(蘇滿) 국경 전투 상황 등을 들음.
>
> 2시 45분 다카마쓰노미야 전하가 직통 전화로 조건부에 대해 연

86 『時代の一面』, pp. 366–367.

87 角田房子, 『一死, 大罪を謝す』, 新潮社, 1980年. 이 작품에서 가쿠다는 아나미 육군대신이 4개의 조건을 고집한 것은 '배짱'이었다는 관점에서 관련 내용을 상세하게 검토하고 있다.

합국이 거절할 우려가 있다고 염려하고 앞의 방책에 대하여 의견이 있음을 알림.

3시 10분부터 3시 25분까지 문고에서 배알, 앞의 걱정 등에 대하여 보고.

4시 시게미쓰 내실, 4개의 조건을 내놓게 되면 반드시 결렬될 것이라는 의견으로 절실하게 선처를 희망함.

4시 35분부터 5시 10분까지 문고에서 배알.

10시 50분부터 10시 53분까지 배알, 내각의 대책안을 변경시키는 안에 대하여 보고.

밤의 각의 휴식 중에 사코미즈 히사쓰네(迫水久常) 내각서기관장이 스즈키 수상에게 "이렇게 된 이상 성단을 청하는 수밖에 다른 길이 없다고 생각한다"고 말했다. 그러자 스즈키 수상은 "실은 나는 이전부터 그렇게 생각하고 있었는데 오늘 아침 배알할 때 폐하에게 잘 부탁드려 놓았기 때문에 이제부터 이를 위해 필요한 조치를 생각하도록"[88] 하겠다고 대답했다고 한다. '오늘 아침 폐하에게 부탁드렸다'는 것은 10시 지나서 기토를 통하여 전한 내용을 말하는 듯하다. 종전을 '성단' 방식으로 행한다는 것은 이미 1944년 여름부터 고노에·기토 등에 의해 구상된 것인 만큼 히로히토와 기토가 정오 이전에 50분에 걸쳐 이야기하는 가운데 '성단'에 대하여 논했을 가능성은 크다. 고노에의 1시 내방은 이를 확인하려 한 것이 아닐까.

1시 반부터 진행된 스즈키 수상의 최고전쟁지도회의 보고와 관련

88 『機関銃下の首相官邸』, p. 258.

된 기토의 메모는 지금까지 일반적으로 알려진 사실과 다르다. 일반적으로는 『스즈키 간타로 전(鈴木貫太郎伝)』에 근거하여 스즈키 수상이 "아직 결론을 내리지 못했다. 지금 폐하께 잠시 유예를 청하는 취지를 상신하였다"[89]고 말한 것으로 알려져 있다. 그런데 기토의 메모를 보면 기토는 어찌 된 일인지 각의가 4개의 조건하에 포츠담 선언을 수락하기로 했다고 오해하고 있다. 그 때문에 평화파의 사람들은 당황하여 대책에 분주할 수밖에 없었다. 그 결과 후술하듯이 히로히토는 최고전쟁지도회의 구성원회의가 결정한 방침을 뒤집는다는 '비상한 결심'을 하지 않으면 안 되었다. 기토가 새로운 정보를 접하고 적은 기록에서 내각의 방침 변경이 없었음에도 '내각의 대책안 변경'이라고 적고 있는 것은 이 때문이다. 기토는 도쿄재판에서 이 사실을 알아챌 때까지 각의가 처음에는 4개의 조건하에 포츠담 선언 수락을 결정하였다고 믿고 있었다.

왜 이러한 오해가 발생한 것일까. 스즈키 수상이 실은 그렇게 보고한 것일까. 아니면 스즈키 자신이 하나의 조건인지 4개의 조건인지를 결정하지 못해 애매하게 보고한 것일까. 어느 쪽이든 정오가 지나서 히로히토와 기토는 4개의 조건으로 포츠담 선언을 수락한다는 방침을 승낙했다. 이것은 이 단계에서는 '성단'을 발동할 필요가 없다고 판단했다는 의미이다.

히로히토와 기토가 4개 조건으로 포츠담 선언 수락을 승낙했다는 보고는 기토가 천황을 회견할 때 동행한 고노에 후미마로와 다카마쓰노미야의 정보원 호소카와 모리사다(細川護貞)를 통해 다카마쓰노미야

89 『鈴木貫太郎伝』, p. 400.

에게 전달되었다.[90] 그러자 다카마쓰노미야는 2시 45분에 히로히토에게 직통전화를 걸어 자신의 의견을 전하였다. 히로히토와 기토는 바로 재검토에 들어갔지만 두 사람 모두 여전히 상황의 심각성을 이해하지 못하고 있었다. 오전부터 '성단' 노선을 견지하고 있던 시게미쓰 마모루도 고노에에게서 정보를 듣고 4시에 기토의 처소로 간다. 다카마쓰노미야도 시게미쓰도 포츠담 선언 수락 시 4개의 조건을 내거는 것으로 결정되었다고 믿고 있었다. 때문에 이들은 히로히토가 '성단'을 내려 하나의 조건하에 포츠담 선언을 수락하는 것으로 변경하려고 하였다. 4개의 조건으로 진행한다고 생각하고 있던 기토는 저항하였다. 정부 책임하에 결정해야 하는 사항까지 천황에게 의존하는 것은 천황에게 폐가 된다는 것이 이유였다. 시게미쓰가 필사적으로 설득하자 기토는 겨우 납득하고 4시 35분에 히로히토를 만난다. 기토는 시게미쓰에게 다음과 같이 보고하였다.

> 폐하는 만사를 잘 이해하시고 비상한 결심을 하고 계시다. 자네들은 염려하지 않아도 된다. 이후 곧바로 어전회의를 열어 의견을 개진하고 재가를 받아 결정할 것이니 내각에서도 절차를 밟아 주기 바란다.[91]

히로히토와 기토에게는 '성단' 방식의 부활이 되었다. 더구나 당초 4개의 조건을 달아 포츠담 선언을 수락하기로 정부와 군부가 결정한 것을 히로히토의 말 한마디에 하나의 조건만 다는 것으로 변경한 것이니

---

90 細川護貞,『細川日記』, 中央公論社, 1978年, pp. 420–421.
91 伊藤隆·渡辺行男編,『重光葵手記』, 中央公論社, 1986年, p. 524.

글자 그대로 히로히토의 '결심'도 '비상'한 것이라 생각된다. 이 오해의 에피소드는 '성단'이 단순히 3 대 3의 대립 상황에서 히로히토가 결단을 내린 것이 아니라는 사실을 여실히 보여 주고 있다.

다나카 노부마사는 『다큐멘터리 쇼와천황』 제5권에서 이러한 경과를 극명하게 추적하고 있다. 이 저자는 '성단신화', 즉 히로히토의 '성단'으로 평화가 실현되었다는 신화를 부정하고 싶은 마음에 "천황은 고노에와 기토가 준비한 '성단'이란 이름의 차에 올라탔을 뿐 이러한 방식을 결정하는 과정에 주체적으로 관여하지 않았다. 스즈키도 마찬가지다"라는 결론을 내리고 있지만 필자는 달리 생각한다.

'성단신화'는 물론 신화이며 역사의 날조다. 그러나 8월 8일 도고 외무대신과 나눈 담화를 보면, 히로히토는 단순한 꼭두각시가 아니었다는 점, 4개의 조건을 하나의 조건으로 변경하는 데 그의 '비상한 결심'이 필요했다는 점 등을 알 수 있다. 따라서 히로히토는 주체적으로 '성단' 공작에 관여했다고 추정할 수 있다. '성단' 노선은 1944년 여름에 구상된 것으로 여기에 히로히토가 관여하지 않은 것은 분명하다. 필자는 이러한 사실보다 최종국면에서 행한 히로히토의 결단의 주체성을 강조하고 싶다. 그렇다고 해서 히로히토의 책임이 면죄되는 것은 아니다. 전과를 바라고 종전을 늦추며, 오키나와 주민을 희생시키면서까지 본토결선의 방상을 고수한 뒷에 원폭투하를 초래하였고, 마지막까지 국체유지를 고집하여 이를 실현시킨 점에 히로히토의 책임이 있다.

그리고 히로히토가 결심을 내린 직후인 밤 11시 전에 스즈키 수상과 도고 외무대신이 히로히토를 만났다. 각의에서는 4개의 조건을 달기로 결정된 것이 아니었으며, 하나의 조건을 달지 4개의 조건을 달지 결정되지 않았기에 '성단'으로 결론을 내리려 한다는 보고를 듣고 히로히토는 겨우 안정되었을 것이다. 스즈키는 최고전쟁지도회의를 어전회의로 개최하면서 여기에 히라누마 기이치로 추밀원의장을 참가시키겠다는 허락을 받았다. 히라누마 의장을 참가시킨 것은 하나의 조건 쪽을 관철시키기 위한 다수파 공작이기도 했지만, 한편으로는 포츠담 선언 수락을 조약체결로 볼 경우 추밀원의 자문사항이 되기 때문에 그 절차를 거치기 위한 것이기도 했다.

밤 11시 50분 궁중의 방공호 안에서 어전회의가 개최되었다. 대립 구도는 변하지 않았다. 히라누마 의장은 도고 외무대신이 올린 안에서 "천황이 가진 국법상의 지위 변경을 요구하지 않는다는 이해를 바탕으로" 포츠담 선언을 수락한다고 되어 있는 문장을 "천황이 가진 국가통치의 대권을 변경하는 요구를……"로 수정한 다음 찬성하였다. 조건에 대한 찬반은 스즈키 수상을 제외하면 3 대 3 동수였는데 스즈키 수상은 자신의 의견을 피력하지 않고 10일 오전 2시 히로히토의 재가를 요청하였다. 이른바 '제1차 성단'이다. 배석한 사코미즈 히사쓰네 내각서기관장이 "냉정하게 사무적으로 전부 기록"했다는 텍스트에 의하면 히로히토의 의견은 다음과 같다. 필자에게 유리한 부분만 인용한 것이 아님을 알리기 위하여 전문을 옮겨 적는다.

> 대동아전쟁이 시작되고부터 육해군이 해 온 것을 보면, 대체로 예상과 결과가 너무 다른 경우가 많다. 지금 육군·해군에서는 조금 전에도 대신, 총장이 말한 것처럼 본토결전의 준비를 하고 있고 이길 자신이 있다고 말하고 있지만 나는 이 점을 걱정하고 있다. 전날 참모총장에게서 구주쿠리(九十九里) 해안의 방어에 대한 이야기를 들었는데 그 후 시종무관이 현지를 다녀와서 하는 이야

기는 총장의 말과 너무 달라 방어가 거의 이루어지지 않고 있는 듯하다. 그리고 전날 편성을 마친 어느 사단의 장비에 대해서도 참모총장에게서는 완료했다는 취지의 이야기를 들었지만 실제로는 병사에게 총검조차 지급되지 않은 사실을 알게 되었다. 이러한 상태에서 본토결전에 돌입하면 어떻게 될까. 나는 매우 걱정이다. 혹시 일본민족이 모두 죽어 버리는 것은 아닐까 생각된다. 그렇게 된다면 어떻게 이 일본이란 나라를 자손에게 물려줄 수 있을 것인가. 나의 임무는 선조에게서 이어받은 이 일본을 자손들에게 전하는 것이다. 오늘 한 사람이라도 많은 일본국민이 살아남아 그들이 장래에 다시 일어서 주기를 바라는 것 외에는 이 일본을 자손에게 전할 방법이 없다고 생각한다. 그러므로 이대로 전쟁을 계속하는 것은 세계 인류에게도 불행한 일이다. 물론 용맹한 군대의 무장해제나 전쟁책임자의 처벌 등에 대해서는 이들 모두 충의를 다한 사람들이므로 이것을 생각하면 실로 참기 어려운 바가 있다. 그러나 지금은 그 참기 어려운 것도 참지 않으면 안 되는 시기라고 생각한다. 나는 3국 간섭 시기 메이지천황의 심경을 생각하여 '나는 어찌 되든 상관없다, 견디기 힘들고 참기 어려운 것일지라도 이 전쟁을 그만두겠다'고 결심하였다.[92]

국체유지 조회의 회답

히로히토 주장의 요점은 '자신의 임무는 선조에게서 이어받은 이 일본을 자손들에게 전달하는 것'이라는 데 있다. 이것은 단순히 일본민족의 보전을 논한 것이 아니다. '선조'란 아마테라스오미카미 이래의 황조

92 『鈴木貫太郎伝』 수록, pp. 415–416.

신(皇祖神)을 말하며 '자손'이란 자신의 자손이다. 국민에 대한 위상 부여는 겨우 '일본민족'이 '모두 죽어' 버리면 국체 그 자체가 성립하지 않는다는 정도에 그친다. 본토결전은 국체유지를 위험에 빠트리니 그만두라는 논리이다. 이 단계에서도 히로히토가 7월 31일 기토에게 말했을 때와 마찬가지로 국체를 3종의 신기 그 자체라고 생각하고 있었던 사실은 그가 전후 기노시타 미치오에게 한 말에서도 명확하게 나타난다.

> 8월 9일 심야의 최고전쟁지도회의
> 당시 나의 결심은 우선 이대로라면 일본민족은 멸망한다.
> 나는 적자(赤子)를 보호할 수 없다.
> 두 번째는 국체유지의 건으로 기토도 동일한 의견이었는데 적이 이세 만 부근에 상륙하면 이세 아쓰다(熱田) 신궁은 곧바로 적의 수중에 들어가는 만큼 3종의 신기를 이동할 여유가 없으며 확보 가능성도 보이지 않는다. 이렇게 되면 국체유지는 어렵기 때문에 지금 내 몸을 희생해서라도 강화(講和)하지 않으면 안 된다고 생각한다.[93]

유일하게 인간적인 냄새가 나는 곳은 "이대로 전쟁을 계속하는 것은 세계 인류에게도 불행한 일"이라고 한 부분이다. 그러나 여기서도 타국을 침략한 책임, 전쟁을 시작한 책임, 국민에게 참담함을 강제한 책임에 대한 자각은 전혀 느낄 수 없으며 마치 남의 일인 듯 말하고 있다. 이러한 것들은 위에서 인용한 '성단'의 내용이 이 장의 서두에서 소개한 고노에 조칙안의 재탕이었기 때문이다.

---

93 『側近日誌』, p. 228.

그 이후 10일 오전 3시부터 각의를 열어 '어전회의'의 결정을 추인하였는데 이때 아나미 육군대신은 천황대권의 존속이 받아들여지지 않을 경우에는 전쟁을 계속하겠다는 각오를 분명히 밝혔다.

이날 오전 중에 하나의 조건하에 포츠담 선언을 수락한다는 내용의 조회가 타전되었다. 이 문서는 정부가 포츠담 선언을 수락하는 이유를 모두 천황의 의지에 따른 것이라고 적고 있다.

> 제국정부는 항상 세계평화의 촉진을 희망하며 인류가 이번 전쟁이 계속됨으로써 초래된 참화에서 벗어나게 하기 위하여 신속한 전쟁종결을 기원한다.
>
> 천황폐하의 의중에 따라 몇 주일 전에 당시 중립적인 관계에 있던 '소비에트' 연방정부에 적국과의 평화회복을 위한 알선을 의뢰했는데 불행하게도 우리 제국정부의 평화 기원 노력은 결실을 보지 못하였다. 여기서 제국정부는
>
> 천황폐하의 일반적 평화극복에 대한 기원에 기초하여 전쟁의 참화를 가능한 한 신속하게 종식시킬 것을 희망하며 아래와 같이 결정하였다.
>
> 제국정부는 1945년 7월 26일 '포츠담'에서 미·영·중 3국 정부수뇌의 선언 발표 이후 '소'련정부의 참전을 보고 공동선언에 열기된 조건, 즉 포츠담 선언은 천황이 가진 국가통치의 대권을 변경하는 요구를 포함하지 않는다는 것을 양해하고 이를 승낙한다.
>
> 제국정부는 위의 내용을 양해하고 오해가 없다는 점을 믿고 본건에 관한 명확한 의향을 신속하게 표명해 줄 것을 희망한다.[94]

---

94 『終戦史録』, p. 607. 역사자료에 익숙하지 않은 독자를 위하여 부언하자면 처음 두 번의 행 바꾸기는 '천황'이란 단어 앞에 다른 단어가 있으면 불경하기 때문에 '천황'을 행의 첫머리에 가져오는 것이다. 이 문서의 첫 부분을 "제국정부"는 "세계평화의 촉진을 희망하며" "전쟁종결을 기원한다"

이 조회 전문은 외무성에서 기초하고 어전회의에서 히라누마 추밀원의장이 제출한 수정사항을 이후 첨가한 것이다. 여기에는 히로히토가 평화주의자임을 강조함으로써 그를 전쟁책임에서 면죄하고 국체를 유지하려는 외무성의 의도가 명확하게 나타나 있다.

미국정부 내에서도 천황제를 남겨 둘지, 폐지할지에 대해 양론이 있었다. 전후 일본을 지배하기 위해서는 천황의 존재가 커다란 무기가 된다는 지일파(知日派)의 주장에 따라 미국은 일본의 역제안을 받아들이기로 하였다. 그러나 미국은 일본이 제시한 조건을 수락하는 형태가 아니라 연합국에서 조건을 첨부하는 형태가 되어야 한다는 입장에서 다음과 같이 회답하였다. 이것은 영국의 반즈 국무장관이 기초하고 영국·소련·중국의 동의를 얻은 것으로 '반즈 회답'이라고 불린다. 일본에서는 12일 새벽 0시 45분 외무성의 라디오실이 샌프란시스코 군방송국에서 보낸 방송을 청취하였다. 스위스의 가세(加瀨) 공사가 공식적인 회답문을 전달한 것은 12일 18시가 지나서였다.

> 항복 이후부터 천황 및 일본정부의 국가통치 권한은 항복조항 실시를 위해 필요하다고 인정하는 조치를 취하는 연합군 최고사령관의 제한하에 둔다.
>
> (제2항, 제3항 생략)

고 읽는 사람들이 있었기 때문에 만약을 위해 부언한 것이다. 그리고 이 전문은 스위스의 가세 준이치 공사와 스웨덴의 오카모토(岡本孝正) 공사 앞으로 각각 미국·중국, 영국·소련과 교섭하라고 훈전(訓電)되었다. 훈전은 마쓰모토 외무차관의 판단으로 10일 후에 동맹 통신사를 통해 군부의 검열이 없는 모스 부호로 해외로 타전했다. 이 정보는 일본을 제외한 전 세계로 순식간에 퍼져 일본군이 지배하거나 상대국과 대치하고 있던 지역에서도 민중과 상대국의 병사가 "일본이 항복했다"며 크게 기뻐했다. 스위스 공사는 '가세 준이치'로 비슷한 시기에 활약한 후배 외교관 '가세 도시카즈'와는 다른 인물이다.

> 최종적인 일본국가의 정부 형태는 '포츠담' 선언에 기초하여 일본국 국민이 자유롭게 표명하는 의사에 따라 결정되어야만 한다.
> (제5항 생략)95

이 번역문은 외무성이 작성한 것이며 가능한 한 군부가 저항감을 갖지 않도록 하려는 배려에서 주지하듯이 '종속하다'는 의미의 'subordinate'를 '제한하에 둔다'로 번역하였다. 그러나 이러한 미미한 수법으로는 4개의 조건파를 납득시킬 수 없었다.

재차 히로히토를 둘러싸고 양 파의 줄다리기가 시작되었다. 12일 오전 3시경 마쓰모토 준이치 외무차관과 사코미즈 히사쓰네 서기관장은 회답을 검토하고 "이것으로 됐다.……이것을 받아들이는 것 외에 다른 방법은 없다"는 데 합의하였다. 두 사람은 각자 스즈키 수상과 도고 외무대신을 설득하였다. 그 후 두 사람은 다시 만나 수상관저에서 아침을 같이 먹었다. 이하는 그 당시 마쓰모토 준이치의 회상이다.

> 사코미즈 군이 총리는 조금 전 내가 말한 의견에 동의한다고 했기 때문에 나는 사코미즈 군에게 진심으로 감사하고 또 곧바로 도고 대신을 만나 총리의 결의를 이야기하며 대신의 결의를 재촉하였다. 대신도 그러면 이대로 받아들이는 방침으로 가자는 결의를 표시하였기에 나는 마음이 매우 든든하다고 생각했다.[96]

---

95 『終戦史録』, p. 642.
96 같은 책, p. 633, 「松本俊一手記」.

히로히토의 동요

히로히토에 대한 접촉은 4개의 조건파가 빨랐다. 아침 8시 20분 우메쓰 육군참모총장과 도요다 해군군령부총장이 나란히 히로히토를 만나 "종속한다는 것은 제국을 속국화한다는 것이며 이러한 조건을 받아들이면 국체의 파멸, 황국의 멸망을 초래한다"는 취지를 말하였다.[97] 우메쓰는 이때 히로히토에게서 받은 인상을 다음과 같이 적고 있다.

> 공식적인 적국의 반응이라고 할 수도 없는 방송을, 그것도 번역문이 어떻다고 허둥지둥 논의하는 것에 대해 꾸짖는 의도도 있는 것처럼 보였다.[98]

10시 30분 도고 외무대신은 스즈키 수상을 방문하여 회답 수락 방침을 확인하고 11시에 히로히토를 만나 회답의 취지와 그에 대한 조치를 설명하였다. 히로히토는 "그들의 회답대로 하는 것이 좋다고 생각하니 그대로 승낙하고 진행하는 것이 좋겠다.…… 총리에게도 그 취지를 전하도록" 하라고 지시하였다.[99] 그 후 도고 외무대신이 기토 내대신과 면담하였다. 그리고 곧바로 기토 내대신은 히로히토와 협의하고,[100] 도고 외무대신은 스즈키 수상에게 보고하였다.[101]

그사이 11시 30분 아나미 육군대신이 스즈키 수상에게 수락 반대를 신청하였으며 12시 50분 히라누마 추밀원의장도 스즈키 수상에게

97 같은 책, p. 655, 「1945年8月12日参謀総長及軍令部総長連立上奏(草案写)」.
98 防衛庁防衛研修所戦史室, 『戦史叢書 大本営陸軍部10』, 朝雲新聞社, 1975年, p. 477.
99 『時代の一面』, p. 363.
100 『木戸幸一日記』 下巻, p. 1225.
101 『時代の一面』, p. 363.

국체유지를 위해서는 이를 받아들이기 어렵다고 주장하였다. 히라누마 의장은 오후 1시 40분 기토 내대신에게도 같은 취지로 의사를 표시하였다. 기토는 "외무 당국을 신뢰하며 이대로 진행해도 된다"[102]고 하며 히라누마의 의견을 물리쳤다. 그 직후인 2시에 스즈키 수상이 히로히토를 만나 반대 의견도 있다는 상황을 보고하자 히로히토는 "그러면 잘 연구하도록"[103]이라고 대답하였다.

기토가 도고 외무대신의 수락노선을 견지하고 있었음에도 불구하고 히로히토는 절벽 끝에서 동요하였다. 아나미 육군대신과 히라누마 의장이 '국체가 위험하다'고 설득한 것이 히로히토를 불안에 빠트렸을 것이다. 스즈키 수상의 보고 직후인 2시 35분부터 15분간 히로히토와 기토는 무언가 이야기를 나누었는데[104] 여기서 어떤 이야기가 오갔는지는 이후에 검토하겠다.

오후 3시부터 2개의 회의가 열렸다. 각의(각료간담회라고 하는 자료도 있다)와 황실회의였다. 이날 새벽부터 수락의지를 가지고 있었던 스즈키 수상은 각의에서는 전혀 발언하지 않았다. 히로히토의 '잘 연구하도록'이란 한마디가 무거운 짐처럼 스즈키를 짓누르고 있었다. 하나의 조건파와 4개의 조건파 간에 대립이 재현되어 하나의 조건파는 수락할 것을, 4개의 조건파는 정말로 국체를 지킬 수 있는지 다시 조회할 것을 주장했다. 4개의 조건파는 무장해제의 방법까지 다시 문제 삼았다. 스즈키 수상은 마지막으로 "이 회답문에서는 국체유지가 확인되지 않고 또한 무장해제가 상대방의 생각대로 진행되는 것은 군인으로서 참을 수 없

102 『終戦史録』, p. 652, 「木戸口供書」.
103 같은 책, p. 654, 「松本俊一手記」.
104 『木戸幸一日記』 下巻, p. 1225.

으니 다시 조회해 보자.……만약 확답을 들을 수 없다면 전쟁을 계속하는 것도 어쩔 수 없다"고 정리하려 하였다.[105] 그러나 도고 외무대신은 정식 회답이 아직 도착하지 않았음을 내세워 5시 반 각의에서 이 안건을 계속 심의하자고 하였다. 도고는 그 후 곧바로 수상실로 들어간 스즈키에게 아예 결렬시킬 각오가 없다면 이대로 수락해야 한다는 것, 대원수인 히로히토가 종전을 희망하고 있다는 것, 국체 문제에 대해서는 히로히토의 의지를 중시할 것을 당부하고, "수상 및 내각의 의견이 전쟁 계속으로 기울 경우에는 단독 상주도 할 수 있음을 알아 달라"며 자신의 사직을 걸고 재조회에 반대한다는 결의를 표명하였다.[106]

외무성으로 돌아온 도고는 긴장의 끈이 끊어진 것인지 마쓰모토 차관에게 천황의 의지가 '잘 연구하도록'으로 바뀌었다면 "이렇게 된 이상 자신도 외무대신을 그만둘 수밖에 없다"고 말하였다. 마쓰모토는 도고를 격려하고 정식 회답 전보는 오후 6시경에 도착할 예정이니 다음날 아침에 도착했다고 말하겠다, 오늘은 결론을 내지 말라고 충고하였다.[107]

황실회의는 히로히토가 황족 13명 앞에서 포츠담 선언 수락에 이른 경위를 보고하고 협력을 구한 다음 6시 20분에 산회하였다. 기토 고이치는 이날의 일기에 다음과 같이 적고 있다.

> 폐하가 이번 결의의 취지를 말씀하시고, 황족이 일치 협력하여 폐하를 도와 달라고 희망하자, 황족 일동은 일치 협력하여 돕겠다

105 『終戦史録』, p. 645.
106 『時代の一面』, p. 365.
107 『終戦史録』, p. 654, 「松本俊一手記」.

> 는 취지로 답하셨다. 이 모임은 상당히 좋은 결과가 될 것이라 짐작한다.

오후 2시에 동요하고 있던 히로히토가 오후 3시에는 안정되어 있었다. 그렇다면 '잘 연구하도록'이란 발언은 그의 동요를 의미하는 것이 아니라 단순히 무책임한 발언이었던 것일까. 만약 그렇다 하더라도 그 한마디가 스즈키를 후퇴시키고 도고를 그토록 곤란하게 만든 것은 히로히토의 발언이 얼마나 커다란 정치적 영향력을 가지고 있는지를 보여 주는 증거이다. 이 발언을 히로히토 입헌군주설이나 히로히토 괴뢰설의 반증으로 보기도 하지만 필자는 그렇게 생각하지는 않는다. 포츠담 선언 수락노선에서 벗어날 듯한 히로히토를 기토가 오후 2시 35분부터 15분간 설득한 게 아닐까. 1950년 기토는 GHQ에 이때 히로히토의 발언을 다음과 같이 보고하고 있다.

> '국민의 자유로운 의지'란 표현이 문제인 듯한데 만약 국민의 마음이 황실에서 멀어져 있다면 황실이 미국에게 인정받았다 하더라도 아무 의미가 없지 않은가. 반면에 국민이 여전히 황실을 신뢰하고 있다면 자유의사로 분명하게 정해 버리는 편이 좋을 것이다.[108]

이러한 사고방식은 이미 포츠담 선언 수락 직후부터 외무성이 가지고 있던 견해였다. 필자는 히로히토가 이 단계에서 국체유지에 대하여 이만큼이나 자신을 가지고 있었다고는 전혀 상상할 수 없다. 히로시마

108 『木戸幸一日記 東京裁判期』, 東京大学出版会, 1980年, p. 445.

에 원폭이 투하될 때까지는 국체유지를 위해 본토결전도 불사하겠다고 생각하고 있던 히로히토와 잘 어울리지 않는다. 기토가 기록한 히로히토의 발언은 실제로는 기토 자신이 히로히토를 설득하기 위하여 말한 내용이 아닐까. 기토 자신의 발언을 히로히토의 발언으로 바꿔 버림으로써 히로히토에게서 전쟁책임을 면죄하고 히로히토가 평화주의자였다는 이미지를 날조하려는 의도가 아닐까. 이러한 움직임은 히로히토의 전쟁책임을 은폐하기 위해 전후에 만들어진 기본 노선과도 일치한다. 기토의 이 보고서에는 또 다른 많은 작위(作為)가 보인다.

황실회의가 '상당히 좋은 결과'였다고 한 것은 황족이 일치단결했기 때문만은 아닐 것이다. 물론 히로히토의 동생 가운데 누군가가 전쟁 계속을 주장했다면 그것은 그것대로 기토에게는 귀찮은 일이다. 그러나 기토는 이 시기에 가장으로서 히로히토의 권위가 절대적이며 누구도 이에 반항하지 않을 것이라고 판단하였을 것이다. 담담한 기록이 이어지는 『기토 고이치 일기』에서 글쓴이의 심정이 드러나는 '상당히 좋은 결과'라는 표현이 나타난 점은 히로히토가 수락노선으로 돌아온 것에 대한 기토의 안도감 표시로 읽힌다. 히로히토는 기노시타 미치오에게 황실회의에서 이러한 논의가 있었다는 것을 다음과 같이 말하고 있다.

> 12일 황족 모임을 요구하여 내 의견을 말하자 대체로 찬성해 주었는데 가장 강경론자인 아사카노미야(朝香宮)가 강화에는 찬성하지만 국체유지가 불가능하다면 전쟁을 계속할 것인지 질문했고 나는 '물론'이라고 답하였다.[109]

---

109 『側近日誌』, p. 228.

히로히토의 이 말을 액면 그대로 받아들인다면 이날 오후 2시 히로히토의 동요, 오후 3시부터 각의에서 스즈키 수상이 말한 '다시 조회해 보자.……만약 확답을 들을 수 없다면 전쟁을 계속하는 것도 어쩔 수 없다'는 발언과 아주 잘 부합한다. 만약 그랬다면 기토 고이치는 '상당히 좋은 결과가 될 것이라 짐작한다'고 적지 않았을 것이다. 그렇다면 히로히토의 '물론'이라는 말은 한 가지 조건을 달아 국체를 지키는 강화가 가능하다는 그의 자신감을 나타낸 말로 읽는 쪽이 타당하다.

6시 이후 마쓰모토 차관은 스즈키 수상을 만나 "총리가 위대한 지도력을 발휘하여 상대방의 회답을 그대로 받아들이겠다고 결심했으면 한다"고 "간절히 원했"지만 스즈키는 "나도 당신의 생각에 동감하지만 아나미, 히라누마 등 강경 의견도 있어서 상당히 곤란하다"고 말하였다.[110] 또한 도고 외무대신은 단독 상주가 히로히토에게 각의 불일치라는 인상을 줄 것을 피하기 위해 6시 반 기토 내대신과 만나 스즈키 수상이 재조회로 기울었음을 알렸다. 그러자 기토가 밤 9시 반에 스즈키를 불러 히로히토의 의지는 수락방침임을 전달했고 스즈키도 겨우 이를 받아들였다.

8월 12일은 동요한 히로히토의 한마디가 4개 조건파의 강한 반격을 낳고 혼란을 재연시켜 포츠담 선언의 수락, 즉 종전을 2일간 늦추게 된 날이었다. 이날 이후의 전쟁 희생자는 히로히토의 동요에 따른 희생자라 해도 좋다.

---

110 『終戦史録』, p. 654, 「松本俊一手記」.

동요를 극복한 히로히토

8월 12일 히로히토는 4개의 조건파=재조회파의 설득에 의해 동요했지만 기토 고이치 내대신의 개입으로 이를 극복했다. 그렇기 때문에 스즈키 수상도 다시 포츠담 선언 수락 노선으로 되돌아올 수 있었다. 8월 13일부터 14일의 이틀간은 재차 결속을 회복한 선언수락파가 히로히토를 선두로 내세워 4개의 조건파=재조회파 중에서도 급진파였던 육군성 군무국을 중심으로 한 쿠데타 그룹을 어떻게 억제할 것인가로 문제의 초점이 이동하였다.

이미 12일에 육군의 소장장교 여러 명이 아나미 육군대신에게 육군성 차원의 쿠데타 결단을 재촉하였다.[111] 그러나 13일 오전 2시 10분 스웨덴의 오카모토 공사에게서 긴급전보가 전달되면서 상황은 선언수락파에게 유리하게 돌아갔다. 긴급전보는 일본의 국체유지 조회에 대하여 특히 영국과 소련의 강력한 반대가 있었음에도 불구하고 "천황의 지위를 인정하지 않으면 일본군부를 유효하게 통제할 수 없어 연합군의 희생을 더욱 더 요하게 된다는 미국 측의 의견이 대세를 이루어 회답문이 결정되었다. 이 회답문은 타협의 결과로 미국의 외교적 승리이다"[112]라는 유럽의 신문 보도를 전달하였다. 마쓰모토 준이치 외무차관은 이 전보 사본을 곧바로 스즈키 수상과 기토 내대신에게 전달하였기에 "폐하도 분명히 보셨다고 생각한다"고 기록하고 있다.[113] 쿠데타의 위기를 감지하고 있던 기토 고이치는 이날 밤부터 궁중에 기거하고 있었다.

---

111 陸軍省軍務課, 「機密終戦日誌」, 参謀本部所蔵『敗戦の記録』, 原書房, 1967年 수록, p. 367.
112 『終戦史録』, p. 672.
113 같은 책, p. 673, 「松本俊一手記」.

전보 내용을 들은 히로히토의 안도감은 대단했을 것이다.

13일 아침에도 발 빠르게 움직인 것은 재조회파 쪽이었다. 오전 4시 전에 아나미 육군대신은 비서인 하야시 사부로(林三郎)를 불러 지시를 내렸다. 당시 히로시마에 있었으며 히로히토의 신임이 두터운 하타 슌로쿠(畑俊六) 원수를 호출하여, 우메쓰 참모총장에게 "육군의 총의를 상주하고" "폐하의 결심을 바꾸기" 위한 행동에 동의를 받게 하라는 지시였다.[114] 그리고 7시 10분에는 그 스스로 궁중에 들어가 기토 고이치에게 회답 제4항 "최종적인 일본국가의 정부 형태는…… 일본국 국민이 자유롭게 표명하는 의사에 따라 결정되어야만 한다"를 인정한다면 국체는 유지할 수 없을 것이라고 말하였다. 기토 고이치는 외무성은 그 조항이 국체유지와 관계없다고 해석하고 있으므로 우리도 그렇게 이해하는 수밖에 없다며 아나미의 주장을 물리치고 이어 반론하였다.

> 지금 우리나라가 명확한 이유로 연합국 측의 요구를 거부한다고 말하기 어렵다. 따라서 연합군 측에서는 어찌하여 우리나라가 태도를 바꾸었는지 이해하기 어려울 것이다. 결국 이것 때문에 폐하는 연합국이나 세계로부터 바보 아니면 미친놈이라고 비판받기에 이를 것이다. 현재 폐하의 결심은 깊이 생각한 후에 이루어진 것이라고 짐작되므로 지금은 수락하는 수밖에 없다.[115]

114 林三郎,「終戦ごろの阿南さん」,『世界』, 1951年 8月号 수록, p. 166.
115 木戸幸一手記「戦争終結への努力」,『木戸幸一関係文書』, p. 90.

기토와의 회견은 결별로 끝났지만 아나미는 그 직후인 7시 30분 히로히토를 만나 하타 원수의 의견을 청취할 것을 상주하였다.[116]

전날 도착해 있던 연합국의 정식 회답이 이날 오전 7시 40분에 도착한 것으로 해서 이것을 검토하기 위하여 오전 9시 전에 최고전쟁지도회의 구성원회의가 열렸다. 논점은 역시 'subordinate'에 대한 해석, 그리고 제4항과 국체의 관계였다. 아나미 육군대신, 우메쓰 총장, 도요다 총장이 재조회를, 도고 외무대신, 요나이 해군대신이 수락을 주장하여 대립구조는 전날과 변하지 않았다. 그러나 그사이에 수락파의 정치공작이 진행되었다. 8시에 시게미쓰 마모루가 기토 내대신을 방문하여 연합국의 회답에 대한 의견을 진술하였다.[117] 히로히토는 8시 50분부터 30분간 기토와 만났으며 그 후 회의 중이던 우메쓰·도요다 양 총장을 불렀다. 10시 전에 나타난 두 사람에게 히로히토는 "연합국에서 정식 회답이 왔는데 외교교섭 중에는 작전을 중지하는 것이 좋을 것이다"[118]라고 명령하였다.

한편 이날 아침 미카사노미야(三笠宮)는 육군성 군무과장 요시모토(吉本) 대좌, 과원 다케시타(竹下) 중좌를 불러 육군을 비판하고 "특히 육군대신의 태도는 성지에 반하며 부적당하다"고 질책하였다.[119] 그 자신의 일기에 따르면, 기토는 10시 미카사노미야를 만나 "시국수습에 대한 담화"를 나누었고, 11시부터 35분간 히로히토를 만났으며, 정오에 마쓰히라(松平) 전 궁내대신과 면담하고, 오후 1시 마치무라 긴고(町村金五) 경시총감에게서 "마을 상황을 듣는" 등 활발하게 움직였다. 마치무라는 쿠데타 움직

116 「終戦ごろの阿南さん」, p. 166.
117 『木戸幸一日記』下巻, p. 1225.
118 『終戦史録』, p. 676.
119 「機密終戦日誌」, p. 369, 高木惣吉, 「連合軍進駐の前夜」, 『世界』, 1951年 8月号 수록, p. 158.

임에 대하여 감시를 계속하였다. 그리고 히로히토는 오후 2시 회의를 중단하고 연합국 회답과 심의 상황에 대하여 보고하러 온 도고 외무대신에게 "(도고의) 주장대로가 좋으니 총리에게도 전달하라"[120]고 지시하였다.

이날 이 시점까지 히로히토의 두 번에 걸친 발언에서 전날의 동요는 느낄 수 없다. 양 총장에 대한 명령에 앞서 확실하게 히로히토의 귀에 들어간 정보는 스웨덴에서 온 오카모토의 전보와 시게미쓰의 견해, 도고 외무대신에게 지시를 내리기 전에 접한 미카사노미야의 보고였다. 국체유지에 대한 확신과 황족의 단결이 히로히토에게 용기를 주었을 것이다.

휴식을 취해 가며 계속된 최고전쟁지도회의 구성원회의는 결론을 내지 못한 채 오후 3시 산회하였으며 4시부터 각의가 열렸다. 스즈키 수상은 여기서 처음으로 강한 지도력을 발휘하였다. 그는 회답 수락인가 재조회인가에 대하여 전 각료에게 결론적 의견만 말하게 하였다.[121] 재조회를 주장한 것은 마쓰자카 히로마사(松阪広政) 법무대신·아베 겐키(安倍源基) 내무대신·아나미 고레치카 육군대신 3명이었다. 7시 전 스즈키 수상은 다음과 같이 회의를 마무리하였다.

> 여러분의 의견을 들었으니 마지막으로 제 의견을 말하겠습니다. 저는 전쟁을 계속한다는 결심으로 지금에 이르렀습니다만 잘 알고 계시는 것처럼 커다란 형세의 변화를 목도하고서는 생각을 바

120 『時代の一面』, p. 366.
121 각 대신의 발언에 대해서는 시모무라 히로시(下村宏)가 『종전기(終戦記)』에 상세하게 기록하고 있다. 여기서는 생략한다.

> 꿀 수밖에 없었습니다.……마지막 문제는 국체유지에 대하여 천황이 위험을 느끼고 있다는 점입니다. 그렇다면 전쟁을 언제까지 계속할 것인지에 대해 말하자면, 송구하게도 천황의 생각은 이쯤에서 평화 정전하자는 것입니다. 만약 이대로 배수의 진을 치고 계속 싸운다 해도 이미 원자폭탄이 만들어진 지금은 너무 늦은 감이 있습니다. 그럴 경우 국체유지는 절대로 불가능합니다.……만민을 위하고 백성을 생각하는 광대한 생각을 헤아리지 않으면 안 됩니다.……따라서 저는 이러한 의미에서 오늘 각의를 있는 그대로 보고드리고 성단을 받들려 합니다.[122]

스즈키 수상의 정치판단과 심경의 변화를 분석하는 일은 종전으로 향하는 정치과정 전체를 묘사하기 위해서는 중요한 과제이다. 그러나 이것은 이 책의 목적이 아니기 때문에 여기서는 깊이 들어가지 않는다. 스즈키의 정치 지도는 기본적으로 히로히토의 전황 판단이나 희망과 일치하고 있다. 그리고 스즈키의 우유부단함은 히로히토의 동요를 그대로 표현한 것이라 할 수 있다. 스즈키가 정치적인 결정을 내리는 데 히로히토의 의향이 너무 강력하게 작용한 것은 아닐까. 다나카 노부마사처럼 스즈키의 이미지를 "원래 의지가 약했던 스즈키는 조금만 위협당하면 무너졌다"라든가 "번거로운 수상이었다"[123]고 묘사해 버리면 히로히토의 정치과정에 대한 영향력을 과소평가하는 것이 된다.

각의 후에 사코미즈 서기관장은 스즈키 수상에게 "매우 이례적이지

---

122 『終戦記』, pp. 142–143.
123 『ドキュメント昭和天皇』第5巻, p. 537, p. 540.

만 천황폐하의 요청으로 어전회의를 개최하는 형식을 취할 수밖에 없다"[124]고 진언하였다. 사코미즈는 지난번 어전회의를 4개의 조건파를 배척하는 형태로 소집한 문제로 이후 항의를 받았기 때문에 동일한 수법을 사용할 수 없었다. 또한 4개의 조건파는 가능한 한 결정을 지연시키려 하였기 때문에 이것 외에 방법이 없었다. 스즈키 수상도 동의하였다.

오전 8시 쿠데타파는 아나미 육군대신을 압박하였다. 그들은 다음과 같이 계획하였다.

1. 일본이 희망하는 조건을 연합국 측이 용인할 때까지 교섭을 계속하도록 재가받는 것을 목적으로 한다.
2. 사용 병력은 근위제1사단 및 동부군 관할의 여러 부대로 예정한다.
3. 도쿄도를 계엄령하에 두고 요인을 확보하며 폐하를 옹립하여 생각을 바꿀 것을 간청한다.
4. 육군대신, 참모총장, 동부군 관할 사령관, 근위제1사단장 전원의 동의를 전제로 한다.[125]

아나미는 밤 12시에 회답한다고 약속했다. 때마침 수상관저에서는 양 총장이 도고 외무대신을 불러 재조회를 집요하게 요구하고 있었다. 도고 외무대신도 양보하지 않았다. 평행선을 달린 지 2시간, 오후 11시경 특공대의 산파였던 오니시 다키지로(大西瀧治郎) 해군군령부차장이

124 『機関銃下の首相官邸』, p. 289.
125 「終戦ごろの阿南さん」, p. 167.

나타나 "다카마쓰노미야가 뭐라고 하시든 생각을 바꾸지 마십시오. 이전에 해군이 폐하의 신용을 잃어버렸기 때문에 반성하라고 질타하셨습니다"[126]라고 보고하였다. 지치부노미야(秩父宮)는 이즈음 폐결핵으로 결정적인 순간에 요양 중이었다. 이로써 군사에 직접 관여하고 있던 히로히토의 형제 두 명 모두가 이 13일에 육군·해군에 대하여 각각 불신감을 표명한 것이다. 아침에 기토 내대신이 아나미 육군대신에게 "군부만이 깊은 방공호에 들어가고 국민은 맨몸이라고 군을 비난한"[127] 것과 겹쳐 보면 이날 황족과 궁정이 일제히 군부에 대한 비판을 분명히 하였다. 히로히토가 12일의 동요를 극복하고 선언 수락파로서의 입장을 명확히 했기에 가능한 일이었다.

아나미 육군대신은 밤 12시에 쿠데타파의 군사과장 아라오(荒尾) 대좌에게 회답하였다. 그러나 분명히 거절한 것은 아니고 하야시 사부로가 기록하고 있듯이 "쿠데타에 의존해서는 국민의 협력을 얻을 수 없기 때문에 본토 작전은 매우 어려울 것이다"라는 "간접적인 부정"[128]이었다. 따라서 쿠데타파는 계획을 계속 진행하였다.

날이 밝고 14일 오전 7시 아나미 육군대신과 아라오 대좌는 우메쓰 참모총장을 방문하여 쿠데타 결행에 대한 동의를 구하였다. 그러나 우메쓰가 명확하게 이를 거절함으로써 육군 전체로서의 쿠데타 계획은 힘들게 되었다.[129]

---

126 『機関銃下の首相官邸』, p. 286.
127 「終戦ごろの阿南さん」, p. 166.
128 같은 책, p. 168.
129 『機密終戦日誌』, p. 370.

제2차 '성단'

오전 8시 스즈키 수상은 기토 내대신을 방문하여 히로히토에게 특별 어전회의를 소집해 줄 것을 상담하였다. 기토의 의견도 같았다. 8시 반 기토가 히로히토를 만났는데 "생각을 여쭈니 '좋다'는 뜻"이 돌아왔다. 8시 42분 재차 둘이서 히로히토에게 가서 어전회의 소집 명령을 받았다.[130]

아나미 육군대신이 획책한 하타 슌로쿠의 상주에 대해서는 히로히토가 원수(元帥)회의를 소집하는 형태로 선수를 쳤다. 이날 아침 도쿄에 도착해 있던 하타 슌로쿠는 나가노 오사미(永野修身)·스기야마(杉山元両) 원수와 함께 10시 20분 히로히토에게 불려가서 "전황이 급변하여 소련이 참전하였고 과학의 힘에는 특공대도 대항하지 못하였다. 따라서 포츠담 선언을 수락할 수밖에 없다고 보는데 원수의 의견은 어떤지"라는 질문을 받았다. 하타의 회상에 의하면 나가노와 스기야마는 본토결전을 주장했지만 하타는 "수락하기로 결정했다면 어쩔 수 없으나 교섭에 따라 적어도 10사단을 친위대로 남겨 두도록 노력해야 한다"는 취지의 발언을 하였다. 세 사람의 의견에 대하여 히로히토는 다음과 같이 훈시하였다.

> 더욱이 이대로 전쟁을 계속하면 형세는 점점 더 악화되어 마침내 국가를 구제할 수 없게 된다. 황실의 안위는 상대방 측이 확약하였다. 무장해제를 위하여 나를 이용한다는 적의 언론은 방송되더라도 믿기 어려우며 황실의 안위는 걱정하지 않아도 된다고 생

130 『鈴木貫太郎伝』, p. 464.

> 각한다. 국체에 관하여 대권 운운하는 것은 치외법권적인 것을 지칭하는 것으로 부전조약의 문구에 의거하여 보더라도 미국과 같은 국체에서는 도저히 승낙할 수 없는 바이다.
>
> 충량한 군대를 무장해제하고 또 이전의 충신을 벌하는 것은 참기 어렵지만 국가를 구하기 위해서는 어쩔 수 없다. 무장해제, 강제점령 등 세세한 것은 휴전조약에서 결정해야만 하는 것으로 지금부터 세세한 조건을 제시하는 것은 오히려 상황을 더욱 불리하게 하고 성사되기 어렵게 할 것이다. 마음은 메이지천황이 3국 간섭으로 요동반도를 반환했을 때와 같다. 실은 참기 어려운 바이나 깊이 생각하여 이미 결정하였으니 원수도 실행에 협력하라.[131]

도고 외무대신을 시작으로 한 외무성의 견해를 히로히토는 이 단계에서 충분히 이해하고 있었다. "무장해제를 위하여 나를 이용한다는 적의 언론은 방송되더라도 믿기 어려우며"라는 발언을 보면 역으로 무장해제만을 위하여 이용하고 이후에 버려지는 것은 아닌가 하는 일말의 불안이 읽히기도 한다. 히로히토는 자기 자신에게 '그렇지 않을 것이다'라고 중얼거렸을지도 모른다. 청일전쟁 시기의 무쓰히토와 동일한 기분이란 것은 미국에 대해서도 러일전쟁과 같은 형태로 보복하겠다는 결의가 포함되어 있다는 뜻으로 읽힌다.

군의 노장들을 억누른 히로히토는 마침내 최후의 큰 무대에 등장한다. 히로히토와 기토가 9시 15분부터 22분간 면담하였고 그 후 기토와 스즈키 수상이 9시 50분부터 50분간 협의하였다. 원수회담 이후

---

131 「侍従武官日記」, 『戦史叢書 大本営陸軍部10』 수록, p. 505.

10시 50분부터 2분간 히로히토와 기토가 무엇인가를 확인하였고 10시 50분이 지나면서부터 전 각료·양 총장·히라누마 추밀원의장과 4명의 간사가 출석하는 마지막 어전회의가 개최되었다.

스즈키 수상은 전날의 최고전쟁지도자회의 구성원회의와 각의의 내용을 보고하고 재조회를 주장하는 3명, 즉 양 총장과 아나미 육군대신을 지명하여 의견을 말하도록 한 다음 히로히토의 '성단'을 구하였다. 제2차 '성단'이다. 여기에 전문을 소개한다.

그 외에 별도의 의견이 없으면 나의 생각을 말하겠다.

반대 의견은 각각 잘 들었지만 내 생각은 앞에 말한 것과 변함이 없다. 나는 세계의 현상과 국내의 사정을 충분히 검토한 결과 이 이상 전쟁을 계속하는 것은 무리라고 생각한다.

국체문제에 대해서 여러 가지 의의(疑義)가 있는데 나는 이 회답문의 문의(文意)를 통해 상대방이 상당히 호의를 가지고 있다고 해석한다. 상대방의 태도에 일말의 불안이 있다고 하는 의견도 나름대로 이해하지만 나는 그렇게 의심하고 싶지 않다. 요점은 나는 이것이 국민 전체의 신념과 각오 문제라고 생각하기 때문에 상대방의 제안을 수락해도 좋다고 생각한다. 아무튼 여러분도 그렇게 생각해 주기를 바란다.

나아가 육해군의 장병에게 있어 무장해제나 강제점령은 정말로 참기 어려운 것이고 그 심정은 나도 잘 알고 있다. 그러나 나는 나 자신이야 어떻게 되든지 만민의 생명을 구하고 싶다. 이 이상 전쟁을 계속해 결국 우리나라가 완전히 초토화되고 만민에게 이 이상 고통을 주는 것도 나로서는 참기 힘들다. 조상들을 뵐 면목이 없다. 평화적인 수단에 의한다고 하더라도 상대방의 처분에 전폭적인 신뢰를 보내기 어려운 것은 당연하다. 그러나 일본이 완전히 없어진다는 결과와 비교해 보면, 적어도 종자가 남아 있기만 한다면 부흥이라는 광명도 생각할 수 있다.

나는 메이지 대제가 눈물을 흘리면서 단념한 3국 간섭 당시의 고뇌를 생각하고 이에 참기 어려운 것을 참고 감내하기 힘든 것을 감내하며 일치협력해서 장래에 회복하여 재기하고 싶다. 지금까지 전장에서 전사하고 혹은 순직하여 비명에 간 이들, 그리고 그 유족을 생각할 때는 슬픔을 금할 수 없다. 또한 전상(戰傷)을 입고 전재(戰災)를 당하여 가업을 잃어버린 자의 생활에 대하여 심히 걱정하는 바가 있다. 이에 대해 내가 할 수 있는 것이 있다면 무엇이든 마다하지 않겠다. 국민에게 호소하는 것이 좋다면 나는 언제라도 마이크 앞에 서겠다. 일반 국민에게는 지금까지 아무 것도 알리지 않고 있었기 때문에 갑자기 이러한 결정을 들을 경우 동요도 매우 심할 것이다. 육해군 장병은 더욱 동요가 클 것이다. 이러한 기분을 달래는 것은 상당히 힘든 일이지만 육해군 대신은 어떻게든 나의 심정을 잘 이해하여 함께 노력해 잘 진정되도록 해 주기를 바란다. 필요하다면 내가 친절하게 설명할 수도 있다. 이에 조서를 발표할 필요도 있을 터이니 정부는 바로 그 초안을 작성해 주기 바란다.

이상은 나의 생각이다.[132]

---

132 下村海南, 『終戦秘史』, 講談社学術文庫, 1985年, p. 140. 이것은 정보국 총재 시모무라 히로시(下村宏)가 어전회의 직후 기록한 메모를 토대로 사콘지 세조(左近司政三) 국무대신, 오타 고조(太田耕造) 문부대신, 요나이 미쓰마사 해군대신의 수기와 대조한 다음 스즈키 수상의 교열을 거친 것으로 실제 발언에 가장 가까운 것이라고 한다. 시모무라 가이난(下村海南)의 『종전기(終戦記)』는 스즈키 내각의 공식적인 기록으로서 미국의 후버 전 대통령에게 발송했는데 『종전비사(終戦秘史)』(講談社, 1950年)는 여기에 가필한 것이다. 『종전기(終戦記)』의 중요 부분은 『종전사록(終戦史録)』에 수록되어 있다.

히로히토가 수락을 주장하는 근거에는 3명의 원수에 대한 훈시와 중복되는 부분이 많기 때문에 그 부분에 대한 논의는 반복하지 않겠다. 단 히로히토가 무엇보다 염려하고 있는 점이 '일반 국민'이 아니라 '육해군 장병'의 '마음'과 '동요'란 것을 놓쳐서는 안 된다. 국체를 지탱하고 있던 것이 강대한 군대였다는 사실을 대원수인 히로히토는 잘 인식하고 있었다. 국체유지에 있어 최대의 위기가 될 평화 협정의 순간에 군이 히로히토에게 등을 돌리는 사태를 히로히토는 어떻게든 피하고 싶었을 것이다. '성단'에는 정치가에 대한 지시는 전혀 포함되어 있지 않다. 한편 '육해군 장병은 더욱 동요가 클 것이다. 이러한 기분을 달래는 것은 상당히 힘든 일이지만 육해군 대신은 어떻게든 나의 심정을 잘 이해하여 함께 노력하여 잘 진정되도록 해주기를 바란다. 필요하다면 내가 친절하게 설명할 수도 있다'고 한 것은 육해군 대신에게 군에 의한 쿠데타 방지를 명하고 있는 것이며 이를 위해서는 친히 움직일 수도 있다는 의사표현이다.

낮 12시 전 어전회의는 끝났다. 히로히토의 의지로 포츠담 선언 수락이 결정되었고 15년에 걸친 침략전쟁은 막을 내렸다. 그 후 히로히토는 기토 내대신을 불러 회의 분위기를 이야기했는데 기토는 "눈물을 흘리며 말씀하시니 정말로 머리를 들지 못하였다"[133]고 적고 있다.

'성단'의 목적은 국민을 지키기 위한 것이 아니라 국체를 지키기 위함이었다. '성단'의 발동은 대립하는 두 세력에게 히로히토가 부여한 심판이 아니라 히로시마의 원폭을 계기로 본토결전파에서 평화파로 전환한 히로히토가 강력하게 행한 정치지도의 최종 상황이었다. 8월 8일

133『木戸幸一日記』下巻, p. 1226.

부터 일주일간 그는 정부와 군부의 지도자들에게 계속해서 지시를 내렸다. 히로히토가 한 번의 오해로 최고전쟁지도자회의 구성원회의의 결정을 번복하려 한 점, 한 번 동요하여 평화파에게 심각한 타격을 준 점 등은 권한을 가진 군주가 주체적으로 움직였기 때문에 일어난 사태라고 할 수 있다. '성단'신화는 묻어 버리지 않으면 안 된다.

제5장

천황제 계승 선언
-'종전조서'와 '인간선언'

조서 작성과 라디오 방송

8월 14일 오후 1시에 개최된 종전에 관한 임시각의는 밤까지 단속적(斷續的)으로 이어졌다. 이 각의의 임무는 히로히토가 명령한 조서 작성, 대전국(對戰國)에 대한 통지, 종전 결정을 국민과 장병에게 철저하게 인식시킬 방법을 정하는 것이었다.

조서 작성에 대해서는 이미 제1차 '성단' 직후 사코미즈 서기관장이 준비를 시작하였다. 사코미즈는 8월 10일부터 히로히토의 지시를 토대로 원안을 만들고 13일 심야에 두 사람의 한학자, 즉 내각의 촉탁을 받은 기와다 미즈호(川田端穗)와 국가주의자 야스오카 마사히로(安岡正篤) 대동아성(大東亞省) 고문에게 수정받았다고 한다.[134] 현재는 자엔 요시오(茶園義男)의 저서『밀실의 종전조칙(密室の終戦詔勅)』에 조서의 성립과정이

134『機関銃下の首相官邸』, p. 295.

상세하게 드러나 있다.[135]

이 책에 의하면 가와다 미즈호는 이미 10일 정부에서 원안 작성을 의뢰받아 11일에 제출하였다. 이를 기초로 한 사코미즈 안(案)에 12일 야스오카 마사히로가 가필하였다. 나아가 야스오카는 14일 제2차 '성단'에 들어갈 히로히토의 발언을 추가하고 교열하여 각의안을 완성하였다. 문안이 각의에 제출된 것은 오후 4시이다. 이 각의와 관련된 많은 사람들은 각의에서 벌어진 격론에 대해 각자의 기억을 토대로 한 회상록을 남기고 있다. 자엔 요시오는 지금까지 발견된 9종류의 조서안에 대한 비교검토와 관계자 면담조사를 통해 가와다 초안 이후의 수정과정 전부와 여러 회상록의 오류를 자료에 근거하여 수정하였다. 따라서 상세한 것은 이 책을 참조하기 바란다. 각의 결정 이후 정서한 조서 4통이 작성되었는데, 각각 천황 서명용, 방송녹음용, 각의용, 관보·신문용이었다. 여기서는 조서의 문맥에 가장 깊이 관여한 야스오카 마사히로가 자엔 요시오에게 "조서는 천황의 말씀을 충실하게는 물론이고 격조 높게 옮긴 것이다"[136]라고 한 내용만을 소개해 둔다.

히로히토는 종전 결정을 국민과 장병에게 철저하게 인식시키기 위하여 제2차 '성단'에서 논한 것처럼 그 자신이 라디오를 통해 종전조서를 방송하게 되었다. 이 안은 8월 8일 시모무라 히로시 정보국 총재가 히로히토를 만나 허가를 받은 것이다.[137] 시모무라 히로시는 돌아오는 길에 눈물을 흘리면서 비서관 가와모토 노부마사(川本信正)에게 떨리는 목소리로 말하였다.

---

135 茶園義男,『密室の終戦詔勅』, 雄松堂出版, 1989年.

136 「安岡正篤氏が語る終戦詔書秘話」,『サンデー毎日』, 1981年 12月 27日号에 수록.

137『終戦秘史』, p. 88.

> 폐하는 승인해 주셨다. 내가 폐하에게 '마이크 앞에 서 주세요'라고 말씀드리자 폐하는 '필요하다면 언제라도 마이크 앞에 서겠다'고 말씀하셨다.[138]

더욱 더 그 근원으로 거슬러 올라가면, 8월 1일 히사토미 다쓰오(久富達夫) 정보국 차장이 시모무라 총재를 방문하여 "드디어 뭔가 하지 않으면 안 될 상황이 되었다"고 운을 떼고 "폐하께서 스스로 마이크 앞에 서서 방송해 주시길 바란다. 즉 폐하가 국민에게 직접 종전을 선언하시는 것이다. 이것이 일본이란 나라의 원칙으로 보더라도 가장 좋은 방법이 아닌가"[139]라고 제안한 것에서 라디오 방송 구상은 시작되었다.

전후에 작성된 기토 고이치의 수기에 의하면, 8월 11일 "이 심각한 사태를 극복하기 위해서는 종전 조칙을 폐하 스스로 라디오를 통해 방송함으로써 직접 국민에게 알리는 것 이외에는 방법이 없다고 생각하고" 이시와타(石渡) 궁내대신의 찬성을 얻어 히로히토에게 "부탁"하여 허가를 얻었다며[140] 마치 기토 자신이 라디오 방송을 제안한 듯이 적고 있지만 사실과는 다르다. 이는『기토 고이치 일기』가 신뢰성 높은 사료인 데 반해 전후 기토의 발언은 신빙성을 결여하고 있음을 보여 주는 하나의 예이기도 하다.

『기토 고이치 일기』의 8월 11일 자에 "12시 반 시모무라 국무대신

---

138 川本信正情報局総裁秘書官の回想, 読売新聞社編,『天皇の終戦』, 読売新聞社, 1988年에 수록, p. 133.

139 같은 책, p. 131.

140「戦争終結への努力」,『木戸幸一関係文書』에 수록, p. 88. 이것은 기토 고이치가 전후 스가모(巣鴨) 형무소에 수감 중이던 당시에 작성한 것으로 1966년『기토 고이치 일기』 간행에 즈음하여 집필된「일기에 관한 각서(日記に関する覚書き)」에도 같은 내용이 있다.『木戸幸一関係文書』, p. 135.

이 내실하여 면담"이라는 기록이 있는 걸로 봐서 아마도 이때 시모무라 총재가 기토에게 제안했을 것이다. 더욱이 기토 자신도 8일에 히로히토·시모무라 회견 상황을 스즈키 수상에게서 보고받고 라디오 방송 건을 알게 되었을 가능성이 크다.

> 3시 반 이시와타 궁내대신의 방을 방문하여 칙어를 라디오로 방송하시는 것은 어떤지에 대한 의견을 나눔.
>
> 3시 55분부터 4시 50분까지 배알, 라디오 건과 그 밖의 사안에 대하여 상신함.
>
> 5시 궁내대신을 방문하여 라디오 방송에 대한 천황의 생각은 언제라도 실행할 수 있다는 입장임을 전달함.

국민에게 천황의 소리를 직접 듣게 하는 전례 없는 일이 발생하여 기토가 곤란해하는 분위기를 엿볼 수 있다. 그러나 히로히토는 기토보다 앞서 이 문제를 시모무라에게 권유받고 고민하고 있었다. 이 몇 줄을 읽어 보면 라디오 방송에 대해 히로히토가 기토보다 적극적이었던 것은 아닌지 추측할 수 있다.

시모무라 히로시는 스즈키 내각에 입각하기 전 2년간 일본방송협회 회장을 역임했다. 같은 시기 가와모토가 일본방송협회의 후생부장-서무부장에, 히사토미가 동 협회의 전무로 재직하면서 같이 업무를 본 사이로 일본방송협회는 "8월 1일부터 준비완료 상태에 들어가 있었다."[141]

그런데 14일 군부는 어떻게 움직이고 있었을까. 쿠데타를 걱정한 기

141 『天皇の終戦』, p. 132.

토 내대신은 일기에 "1시 30분 시종장, 1시 50분 무관장과 면담하여 군에 친절하게 구두나 문서로 알리는 것에 대하여 상담함"이라고 적었다. 그러나 그의 염려와는 달리 육군수뇌는 조서를 인정하고 근신하였다. 육군은 천황이 내린 결정을 거역할 의향이 없었다. 각의에서 조서 문장에 대한 억지스러운 문답이 계속되는 동안 회의장 밖의 상황은 긴박하게 돌아갔다. 각료들도 번갈아 가며 각의를 중단하였다. 오후 2시 40분 "우메쓰 참모총장이 주도하여 육군대신 방에서 육군대신, 참모총장, 교육총감, 제1총군사령관, 제2총군사령관, 공군총사령관의 육군수뇌부가 육군은 어디까지나 성단에 따라 행동한다는 것에 합의하고 여기에 서명"[142]하였다. 이어서 3시 아나미 육군대신이 육군성에서 "성단의 생각을 전하고 여기에 따르도록 훈시"[143]하였다. 이 시점에서 육군 전체로서의 쿠데타는 최종적으로 소멸하였다. 『기토 고이치 일기』의 3시 40분에는 "무관장과 의논. 군에 구두나 문서로 알리는 것에 대해서는 육해군 모두 그럴 필요가 없다는 결론이었다"고 기록되어 있다.

오후 8시 32분 스즈키 수상은 서명용 조서 원본을 히로히토에게 건네주고 40분에 물러났다. 시종 도쿠가와 요시히로(徳川義寛)는 다음과 같이 회상하고 있다.

> 그 후 서류를 취합하여 '제국의 방침에 관한 건'으로 폐하가 도장을 찍고서 '대동아전 종결에 관한 조서'에 서명하신 것은 9시 30분이었다.[144]

---

142 『終戦史録』, p. 728.

143 「終戦ごろの阿南さん」, p. 170.

144 徳川義寛의 증언. 東京12チャンネル報道部編, 『証言 私の昭和史』 5, 学芸書林, 1969年에 수록, p. 174. 본문에서는 언급하지 않았지만, 청서(清書)가 끝난 단계에서 담당자에게 넘어간 조서 원

오전 11시경에는 모든 공식적인 절차가 마무리되었다. 천황 서명 원본에는 전 각료가 부서(副書)하고, 관보 호외도 준비되었다. 8월 14일 자로 '종전조서'가 발포되었다.

11시 외무성에서 도고 외무대신 명의로 스위스의 가세 공사와 스웨덴의 오카모토 공사에게 「미, 영, 소, 중 4개국에 대하여 8월 14일 자 제국정부 통고」가 타전되었다.

> '포츠담' 선언의 조항 수락에 관한 8월 10일 자 제국정부의 신청 및 8월 11일 자 '반즈' 미국 국무장관이 보낸 미, 영, 소, 중 4개국의 회답과 관련하여 제국정부는 위 4개국 정부에 대하여 아래와 같이 통보하는 영광을 얻었다.
>
> 1. 천황폐하께서는 '포츠담' 선언의 조항 수락에 관한 조서를 발포(發布)하셨다.
> 2. 천황폐하께서는 정부 및 대본영에 '포츠담' 선언의 제 규정을 실시하기 위하여 필요한 조항에 서명할 권한을 부여하였으며 나아가 이를 보장할 용의가 있다. 그리고 폐하께서는 모든 일본국 육해공군 관헌 및 위 관헌의 지도하에 있는 모든 군대에 대하여 전투행위를 중지하고 무기를 넘겨주며 앞

고가 실제로 각의에서 결정된 문안과 달랐다는 것이 판명되었다. 시간이 없었기 때문에 히로히토에게 제출된 원본은 행간에 가필하거나 칼로 긁어 수정되었다. 자엔 요시오(茶園義男)가 그 원인을 밝힐 때까지 "잘못된 조서를 폐하에게 보여 준" 책임은 청서 담당자에게 돌아갔으며 그는 오명을 벗지 못한 채로 사망하였다. 그렇게 서둘렀음에도 불구하고 청서된 조서가 왜 1시간이나 히로히토의 손에 있었는가. 각의에서 결정된 것을 수상이 천황에게 건네준 다음 어느 정도의 사무적인 절차가 필요했던 것일까. 히로히토는 이미 청서가 완성되기 이전에 조서안을 보았다. 히로히토 자신이 조서 내용에 자신의 의지와 다른 부분이 없는지 상세하게 검토하고 있었던 것이라면 그만큼 조서에 대한 히로히토의 책임은 무거울 수밖에 없으며 만약 감상에 빠져 있었던 것이라면 그러는 동안 죽어 간 전쟁 희생자를 떠올리지 않을 수 없다. 이 의문에 대하여 독자의 가르침을 바란다.

> 조항 실시를 위하여 연합국 최고사령관이 요구하는 것, 필요한 명령을 발표하는 것을 명령할 용의가 있음.[145]

포츠담 선언 수락통지란 정부의 항복통고가 아니라 천황이 수락조서를 발포하였음을 통보한 것이다. 즉 천황은 정부와 대본영에 평화조항에 서명할 권한을 부여하였다는 것, 일본군에게 정전을 명령할 용의가 있음을 알리는 것이었다. 대일본제국헌법의 천황대권이 순수한 형태로 집행되고 있었던 것이다.

히로히토는 오후 11시 20분 그의 집무실에 준비된 마이크 앞에 섰다. 최초의 조서 낭독은 목소리가 너무 낮았기 때문에 한 번 더 읽었지만 한 곳에서 접속사를 빼먹었다. 히로히토는 다시 읽으려고 했으나 주위에서 만류하여 녹음을 종료하였다. 오후 11시 50분이었다.

이즈음 육군의 하타나카(畑中) 소좌 등 소장장교들이 모리 다케시(森赳) 근위사단장을 움직여 곧바로 황거를 점거하고 나아가 수상관저, 스즈키 수상 사택, 기토 고이치, 히라누마 기이치로 저택, 일본방송협회 등을 습격하였다. 그들은 조서 녹음판을 탈취하여 천황의 라디오 방송을 포기시키려 하였지만 녹음판을 발견하지 못하고 다나카 시즈이치(田中静壱) 동부군사령관에게 제압당하였다. 그사이에 아나미 육군대신은 자결하였다.

쿠데타 부대가 황거를 점령하였을 때 미쓰이 야스야(三井安弥) 시종이 히로히토를 깨워 보고하자 히로히토는 곧바로 "쿠데타인가?"라고 되물었다. 그도 가능성은 생각하고 있었을 것이다. 도다(戸田) 시종의 설

---

145 『終戦史録』, p. 716.

명을 듣고 "내가 나가 보지…… 병사를 마당에 집결시키는 게 좋겠어. 내가 나가서 직접 병사들을 타이르겠다. 병사들에게 나의 심정을 말하지"[146]라며 직접 쿠데타 부대의 설득에 나서려 하였다. 미쓰이 시종이 이를 위해 시종무관장에게 연락을 취하려고 하는 사이에 쿠데타는 종료되었다. 또한 히로히토는 후쿠다 시종장에게 "후쿠다, 도대체 저자들은 어쩌려고 저러지. 나의 안타까운 심정을 왜 저들은 몰라주는 것일까"[147]라고 중얼거리고 있었다. 직접 설득에 나서려고 한 것은 긴급사태에 군의 최고 책임자로서 책무를 다하려고 했다기보다는 '나도 포츠담 선언을 수락하고 싶지 않다. 그러나 국체를 지킬 다른 방법은 없다. 똑같이 국체를 지키려 하는 자네들이 어찌하여 나의 안타까운 심정을 몰라주는지, 직접 이야기하면 반드시 알아 줄 것이다'라고 하는 쿠데타 부대에 대한 공감에서 나온 것이라고 필자는 생각한다.

8월 15일 오전 7시 21분 쿠데타 부대가 퇴각하고, NHK는 이날 오전부터 중대방송이 있다는 취지의 뉴스를 내보내기 시작하였다. 조간은 아직 배달되지 않았다. 물론 '종전조서'에 관한 보도인 만큼 천황이 직접 알리는 종전소식을 국민들이 들은 후에 신문을 배달하도록 정부가 명령하였다.

정오에 전국의 라디오 주변으로 사람들이 모여들었다. '기미가요' 이후 처음으로 듣는 히로히토의 소리가 흘러나왔다.[148]

146 大宅壮一編, 『日本のいちばん長い日』, 角川文庫, 1973年, p. 254.
147 『侍従長の回想』, p. 152.
148 방송의 전모에 대해서는 다케야마 아키코(竹山昭子)가 방송 원고를 바탕으로 복원하고 있다. 『玉音放送』, 晩聲社, 1989年.

'종전조서'가 가진 의미

조서의 전문은 다음과 같다.

짐은 세계의 대세와 우리나라의 현재 상태를 깊이 생각하고 비상한 조치를 써서라도 사태를 수습해야 한다고 결의하였다. 여기서 충실하고 선량한 신민에게 고한다.

짐은 제국정부가 미국·영국·중국·소련 4국이 제안한 공동선언을 수락한다는 취지를 통보하였다.

원래 제국신민의 강녕(康寧)을 꾀하고 세계 공영의 즐거움을 함께 하는 것은 황조황종(皇祖皇宗)의 유범(遺範)으로 짐도 삼가 명심하고 있는 바이다. 이전에 영·미 두 나라에 선전포고한 것 역시 제국의 자존과 동아(東亞)의 안정을 간절히 바라는 바에서 비롯된 것으로 타국의 주권을 훼손하고 영토를 침략하는 것은 원래 짐이 지향하던 바가 아니다. 그런데 전쟁은 이미 4년째로 접어들었고 육해군 장병들이 용전(勇戰)하고, 많은 관리들이 근정(励精)하고, 일억 국민들이 봉공(奉公)하며 각자 최선을 다하고 있었지만, 전황이 반드시 호전된다고 할 수는 없다. 세계의 대세도 우리에게 유리하지 않을 뿐만 아니라 새롭게 잔학(殘虐)한 폭탄을 사용하여 자꾸만 죄도 없는 사람들을 대거 살상하여 전쟁의 참화는 그야말로 헤아릴 수 없는 것이 되고 있다. 이대로 전쟁을 계속하면 결국에는 우리 민족의 멸망을 초래할 뿐 아니라 나아가 인류 문명까지도 파괴할 것이다. 이러한 상황에서 짐은 어떻게 해서든 많은 국민을 지키고 황조황종의 신령에게 사죄해야 한다. 이것이 짐이 제국정부로 하여금 공동선언에 응하게 한 이유이다.

짐은 제국과 함께 시종일관 동아의 해방에 협력한 동맹국들에게 유감의 뜻을 전하지 않을 수 없다. 또 제국 신민으로서 전쟁터에서 숨지고 업무에 전념하다 비명에 횡사한 사람 및 그 유족을 생각하면 슬픔에 오장육부가 찢어진다. 또한 짐은 전쟁에서 다치고, 재해를 입어 가업을 잃은 사람들의 후생에 대해서 깊이 걱정하는 바이다. 생각건대 앞으로 제국이 받을 고통은 보통의 것은 아닐 것이다. 그리고 짐은 신민의 고통도 잘 알고 있다. 그렇다 하더라도 짐은 시운에 따르는바, 견디기 어려운 것도 견디며, 참기 어려운 것도 참으며, 후세를 위하여 평화로운 세상이 열릴 것을 기대한다.

이에 짐은 국체를 지키며 충량한 신민의 마음을 믿고 항상 신민과 함께할 것이다. 그런데 마음이 격해져 함부로 소란을 일으키거나 혹은 동포들끼리 배척하고 서로 시국을 혼란하게 하여 대도(大道)를 거스르고 세계에 대하여 신의를 잃어버리는 것을 짐은 가장 경계한다. 부디 온 나라가 하나 되어 자자손손 서로 이어 가고, 신주(神州)의 불멸을 확신하며, 책임은 무겁고 길은 멀지라도 모든 힘을 미래의 건설에 기울여 도의를 다하고 지조를 강고하게 하여 애써 국체의 정화를 발양함으로써 세계의 흐름에 뒤지지 않도록 할 것을 기대한다. 신민은 내 뜻을 잘 실현하라.

히로히토 天皇御璽

쇼와 20년 8월 14일

내각총리대신 남작 스즈키 간타로

해군대신　　　　　요나이 미쓰마사

(이하, 각 대신 부서)149

---

149 조서, 천황 서명 원본, 『密室の終戦詔勅』, pp. 2-4. 사진판에서 직접 인용했는데, 가타가나를 히

읽기 어렵다. 많은 독자가 어디선가 보았을 '종전조서'의 전문을 애써 모두 인용한 것은 첫째로 이 문서가 이 장의 주제이기 때문이고, 둘째로 조서의 문장이 야스오카 마사히로가 말한 대로 히로히토의 두 번에 걸친 '성단'의 문장에 충실하다는 점을 확인하고 싶었기 때문이며, 마지막으로 이 조서가 의외로 꼼꼼하게 읽히지 않기 때문이다.

우선 여기에는 '전쟁에 졌다'는 단어가 전혀 없다. '성단'에 대해서도 그렇다. 패전 인식이 없는 곳에서는 어떠한 반성도 생겨나지 않는다. 아니면 위와 같은 문장표현은 패배 사실을 인정하지 않은 4개의 조건파에 대한 배려인지도 모른다. 그렇다면 이 문서는 결과적으로 국체의 붕괴와 쿠데타를 우려하여 이를 미연에 방지하려는 성격을 강하게 포함한다고 할 수 있다. 물론 군수뇌부를 포함한 정부 당국자들은 이런 의도를 강하게 의식하였을 것이다.

전후 히로히토는 일관되게 지속적으로 전쟁책임을 부인하였다. 그러나 제3단락의 앞부분에서 "영·미 두 나라에 선전포고한 것 역시 제국의 자존과 동아의 안정을 간절히 바라는 바에서 비롯된 것"이라 하여 적어도 태평양전쟁 개전은 자신의 의사에 의한 것이었음을 인정하고 있다. 당시에는 히로히토가 전쟁책임을 추궁당할 것이라는 공통인식이 있었다. 그럼에도 그는 일본이 아시아를 지배한 것은 당연하다는 듯이 중일전쟁은 어디까지나 '자위' 전쟁이었다며 중국 침략에 대해서는 전혀 언급하고 있지 않다. '교전 이미 4년'이라고 한 것도 중일전쟁을 전쟁으로 인정하고 싶지 않았기 때문이다. 종전의 계기이기도 한 미국의 핵무기는 히로히토에게 본토결전을 포기하도록 했지만 패전의 원

라가나로 한자는 현재 사용하고 있는 한자로 변경하였다.

인은 아니었다. 중국 침략전쟁에서의 실질적인 패배가 남방으로의 침략을 필연화시켰으며 그 때문에 미·영과의 전쟁으로 이어진 것이다. 그럼에도 불구하고 '잔학한 폭탄'에 의해 '적이 죄 없는 수많은 사람을 죽였기' 때문에 정의의 전쟁을 그만둘 수밖에 없다며 상대를 질책하는 데는 너무 놀라 할 말이 없다.

전쟁을 그만두는 이유도 자신의 소유물인 국민이 죽어 없어지면 '황조황종', 즉 히로히토의 선조인 신들에게 황송하기 때문이라고 한다. 국민의 생명보다도 스스로를 포함한 신들, 즉 국체가 더 중요했던 것이다. 그렇기 때문에 '전사자와 이재민을 생각하면 오장육부 즉 몸 전체가 찢어진다'는 언급을 보아도 자신과는 직접 관련이 없는 다른 사람의 고통을 보면서 안타깝다고 말하는 듯한 인상을 받는다.

이 조서 최대의 요점은 마지막 단락에 있다. 세계에서 히틀러나 무솔리니와 동급으로 취급받는 인물이 '평정을 잃고 국제사회 속에서 신의를 잃어버리지 말라'고 훈시한다. 그리고 이 방송을 일본인이 울면서 경청하고 있는 장면은 외국인의 눈에는 기묘한 풍경일 것이다. 또한 그 훈시 속에 "이에 짐은 국체를 지키며" "온 나라가 하나 되어 자자손손 서로 이어 가고, 신주(神州)의 불멸을 확신하"라고 하여 국체를 지킨 것이다. 천황을 가장으로 하는 가족국가인 신주 일본은 영원히 지속될 것이라고 선언하고 "국체의 정화를 발양"함으로써 일본은 세계의 진보에서 뒤처지지 않도록 "신민은 내 뜻을 잘 실현하라", 즉 '신민은 짐이 말하는 대로 하라'고 끝맺고 있다. '종전조서'는 패전 선언이 아니라 '천황제 지속 선언'이었다.

조서의 발포도, 포츠담 선언 수락 통고도 8월 14일이다. 조서에 이어서 실제로 국민을 대상으로 한 내각발표가 작성된 것은 15일 새벽이었지만 작성일자를 14일로 하여 발표되었다. 미국이 수락통고를 받은 것은 시차 관계로 14일 오전이었다. 트루먼 대통령은 7시에 기자회견을 통해 일본의 항복을 발표하였다. 한편 대본영이 일본군에게 「대륙명(大陸命)제1382호」와 「대해령(大海令)제48호」로 '즉시 전투행위를 중지' 하라고 정전명령을 내린 것은 8월 16일이다. 15일에도 명령은 하달되었지만 그것은 "각 군은 별도로 명령할 때까지 각자 현재의 임무를 계속하라. 단 적극적인 진격작전은 중지하라"는 어중간한 내용이었다.[150]

8월 15일이란 날은 기껏해야 스즈키 내각이 총사직을 결정한 날에 불과하며 정치적, 군사적으로는 물론 외교적으로도 전쟁시기와 전후기의 분수령이 될 수 있는 날은 아니다. 그러면 왜 8월 15일이 '패전의 날' 혹은 '종전의 날'로 불리는가. 그것은 바꿔 말해 히로히토가 라디오로 '종전조서', 즉 천황제 계속 선언을 국민에게 알렸기 때문이다. 포츠담 선언에 의거하여 '일본국 국민이 자유롭게 표명한 의사에 따라' 새로운 정부가 만들어지더라도 그 정부를 지금까지 지속된 국체의 틀 안에 묶어 두기 위하여 천황제 옹호 측의 새로운 노력이 개시된 것이다. 히로히토 개인의 입장에서 생각해 보면, 라디오 방송은 전후에도 계속 그 자신이 국가의 중심이란 결의표명이었다. 다른 측면에서 보면, 국체의 변혁을 일으킬 수도 있는 '패전'이라는 표현을 거부하고 '종전'이라는 표현을 씀으로써 국체의 지속 기반을 확보하려고 한 것이다. 여기에는 당연히 침략책임은 고사하고 패전 책임을 지겠다는 의지조차 없다. 사코미즈 서기관장이 기초하고 8월 15일 조서에 이어 방송된 내각발표에서 수상 스즈키 간타로는 다음과 같이 호소하였다.

---

150 服部卓四郎, 『大東亜戦争全史』, 原書房, 1965年, p. 952.

> 오늘 외람되게도 조서를 받들었다. 제국이 대동아전쟁을 수행한 지 실로 4년에 가깝다. 그런데 마침내 성려(聖慮)로 비상한 조치를 통해 이를 종결하는 것 외에는 길이 없음에 이르렀다. 신하된 자로서 황송하여 뭐라 말해야 할지 알 수가 없다.……
>
> 이미 성단은 내려졌다. 적자(赤子)가 따라야 할 길은 자연히 명확하다.
>
> 무엇보다 제국의 앞길은 지금부터 더욱 더 곤란해지며 심지어 국민의 인고를 요구하게 될 것이다. 그렇다 하더라도 제국은 이 인고의 결과에 의하여 미래의 국가 운명을 개척해야 한다. 본 대신은 여기서 눈물을 머금고 애써 이 어려움을 동포에게 요청하고자 한다.
>
> 지금 국민들이 같이 지향해야 하는 바는 국체의 유지이며…….
>
> 정부는 국민과 함께 조서를 승인하고 반드시 근신하고 각고 분투하여 마침내 천황의 마음으로 돌아가 받들며 반드시 국위를 일으켜 조상의 유언에 응할 것을 기대한다. 나아가 이 시기에 특히 난국에 임하는 관리의 처신에 대해 한마디 해 두고 싶다. 외람되게도 천황은 국민의 슬픔을 잘 알고 계시니 관리는 부디 폐하의 신하로서 이 인자한 성지를 받들고 봉행하여 확실한 부흥 정신 환기의 선구가 되어 줄 것을 기대한다.[151]

국민은 모두 천황의 적자로서 '성단'에 따라 국체를 지키지 않으면 안 된다. 특히 관리는 그 선두에 서야만 한다는 것이다. 형식적으로는 히로히토의 조서를 받고서 '신민'을 대표한 스즈키 수상이 국체를 지키자고 '신민' 전체에게 호소하는 형태이다.

---

151 『終戦史録』, pp. 763–764.

8월 15일이란 실제로는 패전을 맞이하여 국체를 지킬 수 있을지 없을지, 천황의 국가 아래에 민중을 지속적으로 통합할 수 있을지 없을지의 기로에 서서 지금까지의 지배세력이 천황제가 지속된다는 것, 국가의 존재형식에 근본적인 변혁은 허용하지 않는다는 것을 선언한 날이다. 기념해 마땅한 날이다.

'인간선언'

전후 일본의 국가와 사회가 형성되는 과정에서 국제적 계기와 국내의 계급대립 외에도 히로히토를 선두로 한 천황제 세력이 스스로의 기반을 유지·확립하려고 엄청난 노력을 지속한 사실을 간과해서는 안 된다. 이들의 노력은 점령정책을 원활하게 진행시키고 싶은 GHQ와의 상호 이용관계 속에서 결실을 맺는데 여기서는 이른바 '인간선언'(히로히토가 1946년 1월 1일 현인신(現人神)으로서의 신격을 부정한 선언— 역자)에 한정하여 언급한다.

이미 히로히토 자신이 언명하고 있듯이 1946년 초의 '인간선언' 조서는 천황의 신격 부정이 제1의 목적은 아니었다. 이 '인간선언' 조서는 '5개조 서문'을 인용하여 전후 '민주주의'도 메이지유신 이래의 '민주주의'로 운영하겠다는 것, 즉 천황제 계속 선언으로 '종전조서'와 동일한 역사적 역할을 하고 있다. 그러나 필자가 주목하고 싶은 것은 발표까지의 과정에 관철되어 있는 히로히토의 의지이다. 최초로 신격 부정 선언을 발표하겠다는 발상을 한 사람은 히로히토 본인이었다. GHQ도 관여시켜 가며 작성된 초안에 '5개조 서문'을 첨가하도록 지시한 이도 히로히토이다. 시간의 흐름에 따라 상세하게 기술하고 싶으니 그 논증은 제7장으로 미룬다. 단 1946년 초의 조서 역시 '종전조서'와 동일하게 히로히토 자신의 명확한 목적의식하에 발포된 것이란 사실만은 적시해 둔다.

천황과 정부는 8월의 사태를 '종전'으로 처리하고 국체를 유지하여 일본국가 및 천황과 국민 간의 관계를 지금까지와 동일하게 유지하려고 시도하였다. 그러나 국제관계에서의 '패전'이란 사실과, 국민이 식량을 확보하고 생명을 이어 가는 과정에서 더 이상 국가를 믿을 수 없게 된 실태는 당연히 일본인의 국가의식에 변용을 가져왔다. 그러한 전후 상황 속에서 천황제가 살아남으려고 한다면, 재편을 강요당하는 것이 당연하다. '인간선언'은 이를 위해 발표된 제2차 천황제 계속 선언이었다.

제6장

천황 무죄, 국민 유죄

-히가시쿠니노미야 내각의 '일억 총 참회'론

황실만이 건재했었다

전쟁을 지도해 온 지배층은 괴멸적인 패배 속에서 패배를 '종전'이라는 말로 바꾸고 히로히토가 라디오 방송을 통해 '종전조서'를 발표하는 형태로 국민들에게 천황제의 계속을 선언하였다. 천황제 아래에 통합되어 있던 국민의 해체, 즉 국체의 붕괴를 막는 것, 어떻게 해서든 '국체유지'를 확보하는 것이 지배층의 지상과제였다. 여기에 이르는 최종국면, 즉 8월 15일 이전의 일주일간 히로히토는 주체적·능동적·적극적으로 행동하였으며 통치의 '대권'을 가진 천황으로서의 역할을 다하였다. 이 단계에서 발휘한 그의 주체성과 능동성이야말로 전쟁시기 정치지도자가 일소된 점령상황하에서 전후 정치의 시작을 알리는 제2차 요시다 시게루 내각이 등장하기 전까지 히로히토가 커다란 역할을 맡게 된 원인이었다.

'종선소서'의 효과는 절대적이었다. 광산 등에서 강제노동에 종사하고 있던 중국인이나 조선인은 일본의 패전을 그들 자신의 해방으로 받아들여 행동에 나섰다. 한편 대부분의 일본인은 허탈상태에 빠졌으며 그중 소수는 곧바로 사회주의 정당이나 노동조합의 재건에 착수하였다. 그러나 이것은 전전(戰前) 상황으로의 복귀를 지향한 것에 지나지 않았다. 전쟁으로 인한 비참한 사태의 원인이 천황제에 있다고 통찰하고 국체의 변혁으로 나아가려 한 사람들은 투옥되어 있던 공산주의자들을 제외하면 전무했다. 또한 일부 군인들은 종전을 거부하고 저항했지만, 8월 15일 오후부터는 황거 앞에 국민들이 모여들어 무릎을 꿇거나 경례를 하며 천황에게 사죄하는 형국이었다.

스즈키 간타로 내각은 8월 15일 오후 2시부터 시작된 각의에서 총사직을 결정하고 히로히토에게 사표를 제출하였다. 메이지유신 이후 국체의 최대 위기였으며 후계 내각의 수반을 담당할 인물은 한정되어 있었다. 지금까지의 전쟁체제를 지지해 온 군인이나 관료는 수상후보 자격을 상실하였고 정당 정치가는 무력하였다. 대내적으로 천황제로의 국민통합을 유지하고 대외적으로 이후 일본을 점령할 연합국에게 천황제의 유지를 인정받기 위해서라도 보다 적극적인 의미의 황족내각 출현은 필연적이었다. 지배체제가 위기에 빠졌을 때 사용할 수 있는 카드가 황족밖에 없었던 것이다.

이미 8월 14일 오후 7시에 기토 고이치 내대신의 밀사로 마쓰다이라 야스마사(松平康昌) 내대신 비서관장이 히가시쿠니노미야 나루히코(東久邇宮稔彦) 왕을 방문하였다. 히로히토의 재가로 포츠담 선언 수락이 결정되고 곧이어 스즈키 내각의 총사직이 예상되었기 때문에 그 후임 의향을 타진한 것이다.[152] 나루히코는 히가시쿠니노미야 가문의 시조인 구니노

152 東久邇宮稔彦, 『一皇族の戦争日記』, 日本週報社, 1957年, p. 198.

미야 아사히코(久邇宮朝彦)의 9번째 왕자였다. 처는 메이지천황 무쓰히토의 9번째 공주인 도시코(聰子)였다. 구니노미야 집안은 황족 가운데서는 가장 역사가 깊은 후시미노미야(伏見宮) 집안의 별가이다. 후시미노미야 집안은 북조 제3대 스코우(崇光) 천황의 황자 요시히토(栄仁)까지 거슬러 올라간다. 히로히토가 보기에 나루히코는 비록 혈연관계는 미약하지만 숙모의 남편이고, 더욱이 처 나가코(良子)의 숙부이자 장녀 데루노미야 시게코(照宮成子)의 남편의 아버지로 인척관계가 깊다. 히가시쿠니노미야는 1887년생으로 황족 남자인 만큼 당연히 군인이었다. 그는 육군대학교를 졸업하고 7년간 프랑스에서 유학하였으며 1938년에 제2군 사령관으로 화북(華北)에서 종군하다 1941년에 방위총사령관이 되었다.

15일 스즈키 수상의 사표를 받은 히로히토는 기토 내대신을 불러 차기 수상 후보 선정을 명령하였다. 히로히토의 명령을 받은 기토는 지금까지와 같이 신중에 신중을 기하여 의견을 듣는 형식을 취하지 않고 바로 히라누마 기이치로 추밀원의장과 협의한 끝에 히가시쿠니노미야 나루히코 왕을 수상으로 추대하고 고노에 후미마로가 이를 보좌하는 것에 합의하여 히로히토의 "허가"를 얻었다.[153] 마쓰다이라 야스마사가 히가시쿠니노미야 나루히코를 다시 만나 기토의 전언을 다음과 같이 전하였다.

> 지금 중신들에게는 군부를 억제할 힘이 없으며 또한 전면에 나설 기력도 의지도 전혀 없다. 지금까지는 중신회의에서 후계내각의 총리를 추천하였지만 지금은 중신회의를 개최하지 못하게 되

153 『木戸幸一日記』下巻, p. 1226.

> 었다. 천황폐하는 시국을 상당히 걱정하시며 폐하의 속마음은 스즈키 내각의 후계를 히가시쿠니노미야에게 맡길 생각이다.[154]

지금까지의 지배체제가 무너지는 가운데 유일하게 건재했던 것이 황실이며 그 정점에 히로히토가 있었다. 따라서 후계내각의 선정 작업도 궁정이 중심이 되었고 히로히토와 가까운 황족이 선택되었다. 기존의 전후사 서술 속에서는 정권을 담당할 만한 정치가가 없는 정치적 공백 상황 속에서 이례적으로 황족내각이 탄생했다는 표현이 일반적이었는데 단순히 그것만은 아니다. 당시의 상황에서 천황-황족-궁정만이 지도력을 유지한 정치집단이었으며 히가시쿠니노미야 내각은 '국체유지'라는 역사적인 사명을 가진 내각이었다. 이에 더하여 국체유지에 있어 위험하기 짝이 없는 군의 폭발을 억제할 수 있는 것도 천황과 직결된 황족밖에 없었다. 이것은 히로히토가 히가시쿠니노미야 나루히코에게 말한 조각명령 내용에도 나타나 있다.

> 경에게 내각 조각을 명한다. 제국헌법을 존중하고 조서를 기초로 하여 군의 통제, 질서 유지에 힘써 시국수습에 노력하라.[155]

천황의 조각명령에 '헌법을 존중하고'가 나오는 것은 일상적이지만 그 외의 문장은 정말로 이례적이다. 이를 한 문장으로 바꿔 읽으면 '국체를 유지하라'는 것과 다름없다.

---

154 『一皇族の戦争日記』, p. 201.
155 같은 책, p. 203.

패전책임은 국민에게 있다

물론 정부는 '종전조서'에 이은 '내각 고유(告諭)' 이후에도 국민을 향해 '국체를 유지하라'는 교시를 반복하였다. 스즈키 수상은 8월 15일 오후 7시 30분부터 라디오 방송으로 다음과 같이 호소하였다.

> 폐하는 만민을 구하고 나아가 세계 인류의 행복과 평화에 공헌할 성단을 내리셨습니다. 폐하의 인자한 빛이야말로 국체유지 그 자체입니다. 우리 국체의 영원함, 성은의 광대무한함에 정말로 황송해 마지않습니다. 마침내 전쟁이 이러한 형태로 종결되기에 이른 것은 말할 것도 없이 전선에 있는 황군 장병은 물론 국민 모두가 분통하기 짝이 없는 바임과 동시에 국민 모두 마음으로부터 폐하에게 죄송하기 그지없는 일입니다.……그러나 신하의 본분은 죽든 살든 어떠한 경우에도 천양무궁(天壤無窮)의 황운을 보필하는 것입니다. 이 절대적인 충성심만이 국체를 잘 유지하고 받들 수 있습니다. 만약 모두가 총을 빼앗기고 칼을 버리더라도 절대로 잃어버리지 말아야 할 것은 이 무한한 충성심입니다. 저는 덕이 높은 천자가 계시며 천황의 자리가 오래 계속되는 한 반드시 국운을 개척할 길은 있다고 믿습니다.……[156]

긴 인용이었지만 여기에는 국체유지의 강제 외에도 두 가지 커다란 문제가 포함되어 있다. '성단'신화의 날조와 '일억 총 참회'의 원형이 보이는 점이다. 지금까지 규명해 온 것처럼 '성단'은 어디까지나 국체유

---

156 『朝日新聞』, 1945年 8月 17日.

지를 위함이지 국민을 구하거나 세계평화에 공헌하기 위한 것이 아니다. 스즈키 연설의 전문을 읽어 보면 더욱 잘 알 수 있지만, '성단'신화에서 국체유지와 세계평화는 불가분의 관계다. 현재에도 '성단'신화를 내세우고 있는 정부·언론·일부 '문화인'이 계속해서 그러한 주장을 이어 간다면 그들은 스스로가 국체유지론자임을 명확히 할 책임이 있다. '전쟁이 이러한 형태로 종결'되었기 때문에 '국민 모두 마음으로부터 폐하에게 사죄'해야 한다는 것은 패전의 책임이 국민에게 있다고 생각하기 때문이다. 이것은 같은 날 문부성 훈령 제5호에 의해 분명하게 적시되었다.

> ……전국(戰局) 및 세계정세의 계속되는 급변과 잔학한 폭탄의 출현은 마침내 미증유의 국난을 결과하여 국가의 미래에 차질을 초래하기에 이르렀다. 이것은 전적으로 우리들에게 군주를 위해 충절을 다하는 성심이 부족하고 보국의 힘이 모자라 황국교학(皇国教学)의 진수를 발양하기에는 아직 부족함이 있다는 것을 반성하고……이후에 신하의 책무 완성을 서약하여야만 하며……각위(各位)는 이 조칙의 성지를 깊이 체현하고 받들어 국체유지의 일념에 투철하고 교육에 종사하는 자로서 학생들을 잘 훈화계도(薰化啓導)하여……이로써 심원한 성지에 답할 것을 기대한다.[157]

157 『官報』, 1945年 8月 10日. 또한 동시에 문부성훈령 제6호는 "관장 및 교단 통리자", 즉 종교계 지도자에게 공포되었으며 훈령 제5호를 지키고 "깊은 염려에 부응할 것을 기대한다"고 요구하였다. 이는 종교계까지 국체유지에 이용하려고 한 것으로, 본문에 언급하지는 않았지만 히가시쿠니노미야 내각은 가가와 도요히코(賀川豊彦, 기독교 사회운동가로 1930년대 말까지는 사회비판적인 시각을 유지하였으나 40년대에 들어서면서 전쟁에 협력하였다—역자)를 내각 참여 사무촉탁에 임명하였다.

이 훈령의 수신처는 지방 총감·홋카이도 장관·부·현 지사·직할 학교장·공사립대학 고등학교 및 전문학교장으로 문장 속의 '우리들'은 교육 관계자이다. 즉 이 훈령은 패전의 원인을 교육관계자의 '성심'과 '힘'의 부족으로 보고 있으며 이후 더욱 천황제 교육을 강화하라고 명령한다. 물론 이러한 교육방침은 점령정책에 의해 제도적으로 부정되지만 '성단'신화는 뿌리내리고 천황제를 둘러싼 통합-피통합의 관계는 교묘하게 재편되어 전개된다.

히가시쿠니노미야 나루히코 수상의 '일억 총 참회'

8월 17일 히가시쿠니노미야 내각이 성립하였다. 각료의 인선을 주로 담당한 이는 부수상 격인 고노에 후미마로와 내각서기관장에 취임한 전 아사히신문사 부사장 오가타 다케토라(緒方竹虎)였다. 17일 오후 7시 새로운 수상 히가시쿠니노미야 나루히코 왕은 「대명을 받들어」라고 명명한 소신을 라디오로 방송하였다. '종전조서' 이후 국민을 설득하기 위하여 라디오가 대유행하였다.

> 나는 어제 황송스럽게도 조각의 대명을 받았습니다. 곧바로 조각에 착수하여 오늘 내각 명부를 봉정(奉呈)하였는데 폐하께서는 이것을 받아들고 친임식을 행하였습니다.……
>
> 성단이 한번 내려오면 우리들 신민은 자신을 버리고 모두가 이곳에 결집하여 받드는 것이야말로 우리 국체의 정화라고 할 수 있습니다.……신민인 자는 이번 조서의 정신을 강화하고 그 가르침을 한 사람도 남김없이 잘 체현하여 적어도 이것에 어긋나는 듯한 언동이 허용되지 않음은 말할 것까지도 없으며……국토가 협소하

> 게 되더라도 질적으로는 세계의 흐름에 뒤지지 않는 최고의 문화 건설을 기대하는 바입니다.……이를 위해서는 특히 활발한 언론과 공정한 여론에 기대하는 바가 큰 만큼 저는 이후 건설적인 언론의 전개를 촉진하고 건전한 결사의 자유를 인정하고 싶습니다.……[158]

지금까지 신임 수상의 소신은 국민 대부분의 관심사가 아니었으며 총리대신이 어떻게 결정되었는지는 알 필요도 없는 일이었다. 그러나 긴 전쟁이 끝나고 허탈과 불안 속에서 새로운 정치 이미지를 가지지 못한 사람들이 천황의 명령으로 정치를 행하게 되었다는 '황족'의 말을 들었을 때 이것이 국민의 정치의식에 미치는 영향은 대단했을 것이다. 그 '황족'이 '성단'과 국체의 감사함을 설파하면서 천황의 의지에 '어긋나는 듯한 언동'을 금지하더라도 국민들은 그것이 그리 잘못되었다고 생각하지 않는다. 더구나 천황의 이름으로 언론과 결사의 자유가 부여되면서, 비록 거기에 천황제를 부정해서는 안 된다는 제한이 있을지언

158 『每日新聞』, 1945年 5月 8日. 더욱이 이날의 『아사히(朝日)신문』과 『마이니치(毎日)신문』에서도 1면 왼쪽 상단의 "히가시쿠니노미야 내각 성립"이란 헤드라인과 함께 새로운 수상의 방송 요지가 절반 정도 차지하였고, 톱뉴스는 히로히토가 군인을 달래며 자신을 따를 것을 명하는 칙어와 육군대신을 겸임하는 히가시쿠니노미야 나루히코의 "군은 질서를 유지하고……조서를 받들고 근신하는 일에 매진해야 한다"는 훈시가 게재되었다. 군 장병이 혼란을 일으키는 것은 국체유지에 있어 커다란 장애가 된다. 따라서 대본영은 히로히토의 특사로 17일 육군 소장 간인노미야 하루히토 왕(閑院宮春仁王)을 사이공과 싱가포르에, 육군 중좌 아사카노미야 다카히코 왕(朝香宮孚彦王)을 남경과 북경에, 육군 중좌 다케다노미야 쓰네요시 왕(竹田宮恒徳王)을 중국 동북부에 파견하여 현지에 있는 육해군 최고사령관에게 히로히토의 "성지 및 정전에 관한 대명"을 전달하였다.(『朝日新聞』, 8月 23日) 그러자 "외지 육해군 부대 장병은 이로 인하여 조서를 받들고 근신하는 마음가짐을 굳건하게 하였다."(『大東亜戦争全史』, p. 948. 이 책에 의하면, 남경과 북경에 파견된 인물은 아사카노미야 야스히코 왕(朝香宮鳩彦王)이다.) 국내의 각 부대에도 다카마쓰노미야(高松宮)가 "성지(聖旨) 전달"을 위하여 파견되었다. 히로히토가 전후에 뭐라고 말하든 전쟁은 히로히토의 명령에 의해서만 끝난 것은 아니다.

정 국민들은 모종의 해방감을 느꼈을 것이다. 이처럼 '성단'신화는 구체적인 '인자함'[159]과 결합하여 천황제의 존속을 위한 커다란 역할을 발휘하기 시작하였다.

그러나 국체유지를 위해서는 어떻게든 히로히토와 천황제에 전쟁책임을 추궁하는 움직임이 일어나지 않도록 할 필요가 있었다. 여기서 히가시쿠니노미야 수상은 '일억 총 참회'를 제창한다. 이것은 '폐하에게 죄송'하다는 스즈키 전 수상의 방송과 '패전책임은 국민에게 있다'는 문부성 훈령의 발상을 운동으로 승화(昇華)시킨 것이다. 히가시쿠니노미야 수상은 8월 28일 수상관저에서 내각기자단과 회견을 가졌다. 여기서 그는 패전의 원인으로 전력의 급속한 괴멸, 원폭의 출현, 소련의 참전, 일본과 맞지 않는 통제체제를 들고 이어서 다음과 같이 말하였다.

> 정부, 관리, 군인들은 스스로 의식하지 못하는 사이에 이 전쟁을 패전으로 끌고 간 것은 아닌가라는 생각이 드는데 이 '의식하지 못하는 사이에'란 의미는 그들 자신은 국가를 위해서 일하고 있다고 생각하지만 실은 우리나라가 동맥경화에 빠져 이러지도 저러지도 못하게 되어 급속하게 뇌출혈로 급사한 것과 같은 상태가 아니었나 생각한다. 나아가 국민도의(道義)의 저하도 패인의 하나라고 생각한다. 즉 군관(軍官)은 공공연히 그리고 국민은 은연중에 분별이 없었던 것이다. 사태가 여기까지 온 것은 물론 정부의 정책이 잘못되었기 때문이지만 또한 국민도의의 쇠퇴도 그 원인의 하

159 예를 들면, 이궁(離宮)을 위한 토지가 '하사'되거나 전재(戰災) 부흥의 재료로 목재 1백만 석을 '하사'한다는 신문 발표가 있기도 하였다.

> 나이다. 이에 나는 군·관·민, 즉 국민 전체가 철저하게 반성하고 참회하지 않으면 안 된다고 생각한다. 일억 총 참회를 하는 것이 우리나라 재건의 첫발이며 국내 단결의 첫발이라 믿는다.[160]

8일 뒤인 9월 5일 히가시쿠니노미야 수상은 전후 첫 의회의 모두발언에서 패전에 이른 경과에 대하여 다양한 자료를 들어 설명하기에 앞서 히로히토가 평화주의자였음을 강조하면서 다음과 같이 말하였다.

> 지존의 성명(聖明)을 가지고서도 오늘날 이 비극을 초래하고 이렇게 깊이 신금(宸襟)을 괴롭히는 것은 신하로서 정말로 죄송하기 그지없습니다. 이와 함께 국민을 이렇게까지 걱정하시는 감사하고 인자한 마음에 대하여 우리들 국민은 인자함의 정도를 마음에 깊이 새겨 자숙·자성하지 않으면 안 됩니다. 패전으로 인해 발생하는 문제는 하나에 한정되지 않습니다. 앞으로 후세 역사가의 진중한 연구와 비판이 있겠지만 지금 우리들은 쓸데없이 과거에 집착하여 누구를 질책하고 무엇을 책망해서는 안 되며 전방도 후방도 군도 관도 민도 모두 조용히 반성하지 않으면 안 됩니다. 우리들은 지금이야말로 총 참회하여 신 앞에서 모든 사심을 깨끗이 정화하고 과거를 거울삼아 미래의 교훈으로…….[161]

'천황에 대하여 황송하기 때문에 국민 모두가 총 참회를'이라고 할 때 참회하는 자 가운데 물론 천황은 포함되지 않는다. 위의 발언은 패

160 『毎日新聞』, 1945年 8月 30日.
161 『官報』 号外, 1945年 9月 6日, 「第八十八回帝国議会貴族院議事速記録第二号」.

전에 대해 전 국민이 천황에게 한 사죄이다. 당연히 침략과 개전에 대한 반성도 없다. 지금까지 이루어진 '일억 총 참회'론에 대한 비판은 전쟁책임을 애매하게 처리했다는 것이었는데 실은 '일억 총 참회'론에서 전쟁책임의 소재는 명확해졌다. '지존'을 패전으로 몰고 간 국민에게 책임이 있다는 것이다.

전시체제하에서 익찬선거(翼賛選挙, 도조 히데키 내각은 1942년 4월 30일에 실시될 중의원 선거에서 의회를 장악하기 위하여 익찬정치협의회를 결성하고 이 협의회에 의한 후보추천제를 실시하였다. 선거 결과 당선자의 약 83%가 협의회 추천 후보였다 — 역자)로 선출된 의회는 국민을 대변하는 기관은 아니었다. 포츠담 선언 수락 이후 이것은 누구의 눈에도 명확했다. 그렇기 때문에 새로운 수상은 의회에서 시정방침 연설을 하기 전에 라디오로 국민에게 호소하였고 기자회견도 한 것이다. 이 의회연설에는 종전 이후 정부가 주장해 온 거의 모든 것이 집약되어 있다. 국체유지의 호소, 군사력·국력 면에서의 패전 원인과 패전 책임은 국민에게 있으며 따라서 천황에게 사죄하지 않으면 안 된다는 것이다. 이 연설에서 더욱 주목해야 할 것은 '5개조 서문'에 대하여 언급한 부분이다.

……황송하옵게도 조칙에서 '세계의 진운에 뒤처지지 않을 것을 기대한다'고 하셨습니다. 우리들은 유신의 대업을 이룰 때 메이지 천황 스스로가 천지신명에게 서약한 5개조 서문의 정신으로 돌아가 이번의 비운에 조금도 굴하지 않고 자숙·자중하고 쓸데없이 과거에 구애되지 않으며 미래에 불안해하지 않으며 모든 앙금을 버리고 허심탄회하게 열국과의 우호선린을 회복하여 높은 지존를 견지하면서 장점을 키우고 단점을 보완하여 평화와 문화의 위대

한 신일본을 건설하여 적극적으로 세계의 흐름에 기여하는 각오를 새롭게 다질 것을 서약해야만 한다고 믿습니다.……

앞에서 본 것처럼 히가시쿠니노미야 수상은 '5개조 서문'에 대해 이미 8월 28일의 기자회견에서도 전문을 인용하며 동일한 취지의 발언을 하고 있다. '인간선언'보다 상당히 빠른 시기인 종전 직후에 메이지 천황의 '신에 대한 서약'에 기초하여 전후 정치의 기본이 확정되고 있었다는 점을 주목하고 싶다.

히로히토와 히가시쿠니노미야

그러면 이 시기에 히로히토는 무엇을 생각하고 있었을까.

『기토 고이치 일기』에서 우선 눈에 띄는 것은 히로히토와 히가시쿠니노미야가 실로 빈번하게 협의하고 있다는 사실이다. 다른 수상에 비해 히가시쿠니노미야는 천황과 만나는 횟수가 몇 배로 많다.[162] 발췌해 보자.

---

162 『기토 고이치 일기』에 기록되어 있는 수상의 천황 배알 빈도를 3명의 다른 수상과 비교해 둔다. 물론 이것은 본문에서도 언급한 것처럼 정확한 것은 아니지만, 히가시쿠니노미야와 대략적으로 비교하기 위한 작업이다.
고노에 후미마로(제3차 내각, 1941년 7월 18일~10월 16일, 약 3개월) 천황 배알 15회, 적어도 궁정에서 기토와 회견한 것이 8회.
도조 히데키(조각 직후, 1941년 10월 18일~연말, 약 2개월 반) 천황 배알 16회, 적어도 궁정에서 기토와 회견한 것이 8회.
스즈키 간타로(재임 중, 1945년 4월 7일~8월 15일, 약 4개월) 천황 배알 21회, 적어도 궁정에서 기토와 회견한 것이 16회. 스즈키의 경우 8월 14일·15일의 이틀간 6회로 계산하였다. 3명 모두 히로히토와 친하며 또한 미·일 개전 직후와 종전 직전의 격동기에 정권을 담당하고 있었다. 히가시쿠니노미야가 조각 후 한 달 만에 천황을 33회나 배알한 것은 압도적으로 많은 수치이다.

8월

16일 9시 40분 히가시쿠니노미야 전하 내방.
10시 10분 전하 조각의 대명을 받음.

17일 11시 히가시쿠니노미야 전하 내방. 내각 명부를 천황에게 전달. 곧바로 수용함.
11시 45분 수상의 친임식을 거행함.

18일 9시 50분 수상전하 내방. 면담.
13시 30분 수상전하 내방. 같이 문고로 감. 오바타 도시로(小畑敏四郎)를 국무대신으로, 이시와라 간지(石原莞爾)를 내각고문으로 삼는 것 등 논의.

19일 10시 30분 수상전하 내방. 대사면 그 외의 건에 대하여 논의.
16시 수상전하 내방. 오바타 국무대신의 보고를 받음.

20일 15시 수상전하 내방. 중국의 현상에 대하여 미국에 조회. 주의를 환기시킬 필요에 대하여 천황이 수상에게 이야기하는 듯함.
22시 15분 수상전하 내방. 중국의 실상에 대하여 맥아더에게 보내는 전보 안을 올림.

21일 13시 15분 수상전하 가와나베(河邉) 중장을 대동하고 내방. 마닐라에서의 회견 상황을 가와나베 중장이 보고함.
21시 수상전하 내방. 면담.

22일 16시 30분 수상 내방. 임시의회 개최, 종선처리외의 그 외 상주함.

23일 13시 30분 수상 내방. 육군대신에 시모무라(下村), 도장관에 히로세(広瀬), 중국총감에 고다마 규이치(児玉九一)를 상주함.
17시 수상 내방. 임시회의를 9월 1일 개최 건에 대하여 상주함.

25일 11시 수상 내방. 배알.

26일 오전 수상 내방. 배알 연락함.

27일 10시 30분 공식 배알 중에 신각료와 차를 함께하며 배석함.
11시 수상 내방, 배알. 상주. 연락.
16시 30분 수상 내방. 배알.

28일 17시 30분 수상 내방. 배알.

29일 17시 수상 내방. 근위사단 개편, 황궁 경위대 설치 건 등을 상주.

30일 15시 30분 수상 내방. 배알.

31일 18시 수상 내방. 배알.

9월

1일 11시 수상 내방. 배알.
19시 30분 수상 내방. 배알.

2일 0시 30분 수상 내방. 문고에서 함께함. 배알. 조서에 관한 허가를 얻음.
13시 15분 수상 내방. 시게미쓰 외무대신, 우메쓰 참모총장 내방. 무사히 조인을 마무리하였음을 보고.

4일 16시 수상 내방. 의회연설을 상주함.

6일 11시 15분 수상 내방. 배알.

8일 10시 수상 내방. 알현 후 선거에 관한 긴급칙령 공포 문제에 대하여 논의.

12일 13시 30분 수상 내방. 전쟁범죄인의 처벌을 일본에서 실시할 것을 연합국에 신청한다는 내용을 각의에서 결정한 이유와 그 취지를 상주하자 폐하는…….
15시 50분 문고에서 수상 배알. 외무대신과 사법대신 배알, ……두 대신은 각의결정에 이르게 된 취지를 상세히 전하고 허가를 얻음.

13일 14시 30분 수상 내방. 배알.

15일 11시 15분 수상 내방. 배알. 담화.

17일 13시 수상 내방(이때의 안건은 내각을 전면적으로 개조하기보다 시게미쓰 외무대신만 경질하겠다는 것이었을 듯하다. 수상이 이 문제를 기토에게 상담하자, 기토는 수상의 의견에 찬성하였고 그 취지를 기토가 히로히토에게 보고하였다. 따라서 수상은 히로히토와는 만나지 않았다—저자).

18일 16시 30분 수상 내방. 연락.

21일 16시 30분 수상 내방. 연락.

22일 17시 수상 내방. 연락.

27일 15시 수상 내방. 이때 정계 상황, 내각 개조 등 극히 신중을 요하는 점 등에 대하여 상신.

28일 17시 수상 내방. 연락.

10월

1일 16시 30분 수상 내방. 배알.

2일 16시 수상 내방. 면담. AP통신 기자 배알의 건.

5일 13시 15분 수상 내방.……수상은 어제 저녁 맥아더 사령부에서 행한 것과 같은 조치를 받아들이면 도저히 임무를 행할 수 없다는 이유로 사표를 제출함.

'수상 내방. 배알'이 가장 많이 사용되고 있는 표현이다. 기토가 일기에서 '배알'이라고 쓴 것은 기토 자신이 입석했기 때문에 자신도 동석했다는 의미로 표현한 듯한데, 여기서는 '수상'이 천황을 만났다는 뜻이라고 봐두자. 그리고 '내방'은 일반적으로 '수상'이 천황을 만났음을 의미하는 표현인데 '수상 내방. 연락함'이 무엇을 의미하는지는 이후에 검토하겠다.

『기토 고이치 일기』에 의하면, 히가시쿠니노미야는 8월 16일 히로히토에게서 조각 명령을 받고 17일 '내각 명부를 천황에게 제출하였다. 그러자 천황은 '곧바로 이것을 받아들이고' 친임식을 거행하였다.

18일의 만남은 2번 모두 인사가 중심이었다. 이하 『기토 고이치 일기』를 중심으로 히가시쿠니노미야가 히로히토와 만나 무엇을 의논하였는지를 검토해 보자.

19일 두 번의 회합 가운데 한 번은 대사면에 관한 것으로 정치범 석방 관련 건이다. 히가시쿠니노미야의 『한 황족의 전쟁일기(一皇族の戦争日記)』(이하 『일기』로 약칭함)에 의하면, 히가시쿠니노미야는 전날의 각의에서 "모든 정치범을 석방하는 것과 언론, 집회, 결사의 자유를 인정하는 것을 관계 대신에게 즉시 실행하도록 요구"하였다.

20일에 히가시쿠니노미야는 히로히토에게서 '중국의 현상에 대하여 미국에 조회하고 주의를 환기시킬 필요'가 있다는 점을 지시받고 바로 맥아더에게 보내는 전보안을 작성하여 밤늦게 히로히토에게 보여 주었다. 이즈음 일본군의 무장해제와 일본인의 귀환은 중국에서 가장 큰 문제가 되었다. 21일도 오후와 밤 두 번에 걸쳐 회합하였다. 오후 회합은 '가와나베 중장을 대동하고 내방하여 마닐라에서의 회견 상황을 보고'한 것이며, 밤 회합은 '정무 상주'(『일기』)였다. 가와나베 도라시로(川邊虎四郎) 육군참모차장은 미국의 명령으로 "일본국 천황, 일본국 정부, 일본국 대본영의 이름으로 항복 조건을 수행하기 위하여 필요한 여러 요구를 수령하는 권한을 가진 대표자"[163]로서 연합군과 의견을 절충하고 이날 귀국하였다.

22일에는 '임시의회 개최, 종전처리회의 그 외'에 대하여 보고하였다. 종전처리회의는 20일에 개최된 최고전쟁지도회의의 명칭을 변경한 것이다. 임시의회에서는 시정방침 연설도 점차 문제가 될 시기였다.

---

163 『終戦史録』, p. 789.

23일은 두 번, 25일과 26일은 한 번, 27일은 두 번, 다음날부터 31일까지는 매일 한 번 '수상이 내방하여 배알'하고 있으며, 29일에는 히가시쿠니노미야가 '근위사단 개편, 황궁 경위대 설치의 건 등을 상주'하고 있다.

9월 1일과 2일은 각각 두 번씩 방문했는데 특히 2일은 미주리호에서 항복 조인이 있었던 날로 새벽 0시 30분에는 조서의 승낙을 받기 위해 방문하였고, 오후에는 시게미쓰 외무대신·우메쓰 참모총장과 함께 보고를 위해 방문하였다. 4일에는 '의회연설을 상주'하였다고 기록되어 있는 만큼 다음날의 시정방침 연설에 대하여 최종적인 조정을 하였을 것이다.

이후로 조금 뜸해지는데 6일과 8일에 한 번씩, 12일은 뒤에서 논할 전범처벌 문제로 두 번 '배알', 13일과 15일은 한 번만 '내방, 배알'하였다. 그리고 기묘한 17일이다.

이즈음에 히가시쿠니노미야 내각은 내부에 다양한 문제를 안고 있었다. 수상과 오가타 서기관장은 점령군과의 연락을 담당했던 종전의 연락사무국을 내각직속으로 하자고 주장하였지만 시게미쓰 외무대신이 반대하여 외무대신 관할에 소속시켰다. 또한 11일부터 전범 체포가 시작되었는데 그 후에 발표된 전범 명부 속에는 내각서기관장 오가타 다케토라의 이름이 있었다. 이것을 계기로 시게미쓰는 수상 이외 전 각료의 사직을 주장하였다. 나아가 수상비서 등 측근과 각료 사이의 마찰이나 고노에 신당(新党) 문제도 노정되었다.

17일 오후 1시 히가시쿠니노미야는 기토 고이치를 방문하여 각료를 전면 교체하기보다는 시게미쓰만 경질하려 한다며 기토의 의견을 물었다. 기토는 히가시쿠니노미야에게 "전적으로 동의를 표하고" 1시

40분 기토가 그 취지를 히로히토에게 보고하였다. 9월 초순까지 히가시쿠니노미야는 매일, 심지어 하루에 두 번이나 히로히토와 만나 이야기했으면서도 외무대신 교체라는 중요한 문제에 대해서는 궁중까지 와 놓고도 왜 히로히토에게 직접 상담하지 않았을까. 그리고 2시 45분에 히가시쿠니노미야는 다시 기토를 방문하여 "외무대신 후임으로 요시다 시게루에 대한 이야기"를 하였다. 이후 3시부터 천황 부부가 도쿄에 있는 황족을 차 모임에 초대하여 히가시쿠니노미야도 여기에 출석하였는데 이때 히로히토와 만나 정치 이야기를 했는지 아닌지는 분명하지 않다. 이날 밤 10시 40분에 요시다 신임 외무대신의 친임식이 거행되었다.

그 후 9월 말까지『기토 고이치 일기』에 있는 '수상 내방' 기사는 겨우 18일, 21일, 22일, 27일, 28일의 각 1회씩뿐이다. 더구나 이 가운데 4번은 '수상 내방. 연락'처럼 '배알'이란 표현 대신 '연락'이란 표현이 들어가 있다. 처음에는 '연락'이 수상이 직접 천황을 만나지 않고 기토가 중개하여 전언하였다는 의미일까 하고 생각했다. 그런데 당시의 천황 배알 관계에 대한 기록이 별로 없는『이리에 스케마사 일기(入江相政日記)』는 21일 히가시쿠니노미야가 히로히토와 1시간 가까이 이야기했다고 전하고 있기 때문에[164] 결국 '연락'의 의미를 잘 알 수 없다. 27일에 '정계의 상황, 내각 개조 등 극히 신중을 요하는 점 등에 대하여 상신'이라는 표현이 있는데 이것은 기토가 히가시쿠니노미야에게 한 진언으로 '이때'의 어투를 보아도 히가시쿠니노미야는 히로히토를 만났다고 생각하는 쪽이 좋을 것이다.

---

164 入江為年監修,『入江相政日記』第二巻, 朝日新聞社, 1990年, p. 9.

어느 쪽이든 9월 후반이 되면, 히가시쿠니노미야 수상과 히로히토는 갑자기 거의 만나지 않는다. 점령문제, 전범 처우, 히로히토의 신문기자 회견, 맥아더 회담을 시작으로 중요한 문제가 산적해 있음에도 불구하고 두 사람은 거의 만나지 않았다. 10월에 들어서서 1일과 2일에 '배알', '면담'이 행해졌지만 다음 5일 '사표를 제출하'게 되었다. 히가시쿠니노미야에게 히로히토와 만나지 못하는 어떤 사정이 발생한 것이다.

히가시쿠니노미야 내각 총사직의 원인은 10월 4일 GHQ가 「정치적·민사(民事)적·종교적 자유에 대한 제한 철폐에 관한 조서」를 정부에 제시하고 자유를 제한하는 모든 법령의 폐지, 모든 정치범의 석방, 사상경찰 폐지, 내무대신·경시총감·특고 관계자의 파면을 명했기 때문이라고 회자된다. 히가시쿠니노미야는 9월 29일 오후 5시에 맥아더를 만나 "나는 봉건적 유물인 황족이기 때문에 내가 내각을 조직하고 있는 것은 민주주의의 입장에서 보면 안 될 일이지 않는가"라고 물었다. 맥아더의 대답은 "당신의 사상, 언행은 비민주적이라고 생각하지 않는다. …… 당신은 계속 총리대신을 수행해야만 합니다"였다. 나아가 히가시쿠니노미야는 "지금 대신들 가운데 부적당하다고 생각하는 사람이 있다면 말해 주세요"라고 묻자 맥아더는 그럴 필요는 없다고 하였다.(『일기』) 따라서 히가시쿠니노미야는 스스로 맥아더에게 신뢰받고 있다고 생각하고 있었다. 이러한 상황에서 내무대신 파면을 강요당한 히가시쿠니노미야는 "맥아더 원수는 이전에 나와의 회견에서 대신을 바꿀 필요는 없다고 했는데 수일 후 이런 지령을 낸 것은 원수가 이 내각을 신용하지 않기 때문일 것이다"(『일기』)라고 하며 4천 명의 내무관료와 운명을 같이하였다.

분명히 야마자키 이와오(山崎巖) 내무대신은 치안유지법이 여전히 유효하다고 발언하였다. 그리고 관료의 태업으로 절차가 지연되고 있었지만, 정치범 석방은 점령정책이 시작되기 전부터 내각이 정한 방침이었다. 특히 29일에는 27일 맥아더·히로히토 회담 때 찍은 유명한 사진이 신문에 게재되어 내무성이 이 신문을 발행금지 처분하였다. 그러나 GHQ가 분노하여 처분해제가 이루어졌다. 또한 그날 석간에서 맥아더가 히가시쿠니노미야 내각에 대한 신임 의사를 표시하였기 때문에 히가시쿠니노미야는 야마자키 내무대신에 대한 파면요구를 내각 불신임으로 받아들일 필요가 없었다. 히가시쿠니노미야 내각은 총사직할 필요 없이 사표를 제출한 야마자키 내무대신의 후임을 보충하고 GHQ의 명령을 실행하면 그만이었다.

실제로 GHQ가 히가시쿠니노미야 내각의 부수상인 고노에 후미마로에게 헌법 개정을 명령한 것도 내무대신의 파면 등을 요구한 10월 4일 저녁이었다. 또한 다음으로 조각된 시데하라 내각에서는 외무·육군·해군·사법·문부의 5대신이 그대로 유임되었다. 무라마쓰 겐조(村松謙三)도 후생성 대신에서 농상무성 대신으로 이동하였고 주요 각료들 중 반 정도가 유임되었다. 즉 히가시쿠니노미야는 총사직인가 내각 개조인가를 검토하다 결국 총사직을 선택한 것이다. 관계자를 취재하여 『천황가의 싸움(天皇家の戦い)』을 저술한 가세 히데아키(加瀬英明)는 히가시쿠니노미야 수상이 사표를 제출하던 당시의 상황을 다음과 같이 묘사하고 있다.

> 히가시쿠니노미야는 사직을 굳게 결심하고 아침에 주머니에서 서류를 꺼냈다. 그리고 천황의 명령으로 종전 시기에 국내 민심이 불안한 가운데 조각을 했는데 최대의 종전 사무였던 육해군인의

복원, 연합군의 진주가 순조롭게 진행되어 일단락된 것을 보고서 조각의 임무가 완료된 만큼 이 기회에 사직을 청한다는 취지를 말하였다.

천황은 매우 수긍하였다. 그리고 소리치듯이 '좋다'고 하였다.[165]

이때 히로히토의 태도가 정확하게 역사적 사실이었는지 어떤지 필자는 아직 확인하지 못했지만 히로히토가 '매우 수긍하여' '소리치듯이 좋다'고 한 부분에서 히로히토는 내각 경질에 적극적이었다고 판단할 수 있다.

히가시쿠니노미야 내각을 무너트린 것은 맥아더가 아니라 히로히토였던 게 아닐까. 맥아더의 입장에서 본다면 내각을 맡는 사람이 누구이든 점령정책을 실행하기만 하면 되기 때문에 필자는 9월 후반에 히로히토와 히가시쿠니노미야가 갑자기 거의 만나지 않게 된 사실에 신경이 쓰인다. 『기토 고이치 일기』가 천황과 수상의 접촉을 모두 반드시 기록해 둔 것은 아니지만 9월의 변화는 너무 극단적이다. 히가시쿠니노미야의 『일기』를 읽어 보더라도 같은 시기에 히로히토에 대한 기술이 거의 사라진다. 아직 가설의 단계이지만, 히가시쿠니노미야 내각이 총사직의 길을 선택할 수밖에 없었던 것은 히로히토의 신임을 잃어버렸기 때문은 아닐까라고 필자는 생각하고 있다. 히가시쿠니노미야가 『일기』에 "내각은 이들 여러 관료를 저버릴 수 없었기 때문에 그들과 운명을 같이하는 것이 좋다"고 기록한 것은 "천황의 신임을 잃어버렸기 때문에 총사직한다"라고 적을 수 없었기 때문이 아닐까. 따라서 10

165 加藤英明,『天皇家の戦い』, 新潮文庫, 1983年, p. 303.

월 4일 GHQ의 지령은 히가시쿠니노미야 수상에게 있어 총사직의 좋은 구실이 된 것은 아닐까. 이미 간행된 히가시쿠니노미야의 일기는 곳곳이 생략되어 있다. 전부가 공개되기를 기대한다.

히로히토의 불안

히로히토와 히가시쿠니노미야의 관계에 균열이 발생했다면 그 원인은 무엇일까. 여기서 히로히토의 전쟁책임-퇴위문제와 전범을 누가 재판할 것인가의 두 가지 문제가 떠오른다. 8월 29일 히로히토는 기토에게 이렇게 말하였다.[166]

> 전쟁책임자를 연합국에 인도하는 것은 진실로 고통스럽고 참기 어려운 일인데 내가 혼자서 짐을 지고 퇴위라도 해서 수습할 수는 없을까.

기토는 '연합국은 그 정도로는 용납하지 않을 것이다. 퇴위를 입에 담으면, 황실의 기초가 흔들리기 시작했다고 인식되어 공화제론이 등장할 우려가 있기 때문에 상대의 반응을 보고 신중하게 생각하지 않으면 안 된다'고 진언하였다.

9월 1일 밤에 히가시쿠니노미야가 돌아간 후 기토가 "정부결정사항에 관한 질문에 대하여 설명"하였다. 내용은 모르겠지만, 이것은 5분 정도로 끝났기 때문에 사소한 것일지도 모른다. 그러나 9월 12일 히로히토와 내각은 정면에서 충돌하였다. 전날 GHQ는 전범 39명의 체포

---

166 『木戸幸一日記』 下巻, p. 1230. 이하 이 장에서 전거를 밝히지 않는 경우는 『기토 고이치 일기』에서 인용한 것이다.

를 명령하였고 도조 히데키는 권총 자살하려 했으나 미수에 그쳐 연행되었다. 12일 1시 30분 히가시쿠니노미야는 히로히토를 방문하여 전쟁범죄인의 처벌을 일본정부의 손에 맡길 것을 연합국에 신청한다는 각의 결정을 전달하였다. 히로히토는 반대하며 이렇게 말하였다.

> 적들이 말하는 소위 전쟁범죄인, 특히 소위 책임자는 모두가 일찍이 충직하게 충성을 다한 사람들이라 이들을 내 이름으로 처분하는 것은 인자하지 못한 바인데 재고의 여지는 없는가.

히가시쿠니노미야는 "아츠시(篤)와 협의한 뒤 대답"하겠다고 답하고 우선 기토에게 상담하였다. 기토는 이 문제는 천황이 이전부터 가장 염려한 것이기 때문에 천황이 납득하도록 정부가 설명하는 수밖에 없다고 답하였다.

추밀원회의 이후 기토 내대신 방에서 히가시쿠니노미야 수상, 고노에 후미마로, 시모무라 사다무(下村定) 육군대신, 요나이 해군대신, 시게미쓰 외무대신, 이와다 주조(岩田宙造) 사법대신이 협의하였다. 이 가운데 수상·외무·사법대신이 3시 30분 히로히토를 면회하였다. 히가시쿠니노미야에게 부탁받은 기토도 동석하였다. "외무·사법 양 대신이 각의결정에 이르게 된 취지를 상세히 설명"하였다. 시게미쓰가 "폐하는 더욱이 여러 가지 측면에서 질문을 하였다"[167]고 기록하고 있는 것처럼 히로히토는 집요하였다. 마침내 4시 30분 "허가를 받았다"는 결말이었다. 반대하는 히로히토를 황족을 수반으로 하는 내각이 억누른 모양새였다.

---

167 『重光葵手記』, p. 552.

다음날 시게미쓰 외무대신은 서덜랜드(Richard Kerens Sutherland) 참모장과 만나 "1) 체포는 일본정부를 통해서 실행할 것, 2) 현재 각료 등 요인의 체포는 상황을 고려해 줄 것, 3) 재판은 미국이 제출하는 이름 및 증거에 기초하여 일본정부가 담당할 것"[168]을 제안하였지만 세 가지 모두 거부당하였다. 결국 11일에 도조 히데키, 12일에 시마다 시게타로(嶋田繁太郎) 해군대장과 다른 두 사람이 미군에게 연행되었으며, 14일부터 17일까지 사흘에 걸쳐 일본정부는 전범들을 미군에 인도하였다.

8월 29일에 히로히토가 전범을 연합국에 인계하고 싶지 않다고 하여 정부가 히로히토의 의견을 연합국에게 전달하려 하였다. 그러자 히로히토가 이번에는 자신의 손으로 처벌하고 싶지 않다는 모순된 발언을 하였다. 자신이 전범으로 지명되지 않을까 하는 불안에 휩싸여 동

---

168 『続重光葵手記』, p. 300. 이 문제는 10일 맥아더의 부관 매시버 대좌가 요코하마 종전연락위원회 위원장인 스즈키 다다카쓰(鈴木九萬) 공사에게 "맥아더가 전범문제에 손을 대지 않으면 미국 신문에게 비판받아 곤란해진다. 만약 이 시기에 일본이 자발적으로 특별한 재판을 시작하고 잔학행위의 책임자를 처벌한다면, 맥아더 원수의 입장도 상당히 용이해진다"는 취지의 이야기를 한 것이 발단이 되어 12일 오전 각의에 제안되었다. 스즈키 다다카쓰 자신이 집필한 『일본외교사(日本外交史)』 제26권 제2장에는 그 경과가 기록되어 있는데 12일 아침 각의 전에 이미 스즈키와 매시버 대좌가 "일본이 어떠한 행동을 취하는 것에 대해 자신도 정부에 급히 검토를 요청하였는데 천황폐하는 충성을 다한 신하를 처벌하는 것을 아주 주저하고 있다는 점을 이해해 주기를 바란다. …… 미군 측에서 전범 용의자 명단을 받으면 일본 측이 신속하게 그 신병을 미군 측에 인도함으로써 성의와 협력의 성과를 보여 주는 방법을 제안하고 싶다", "그 제안을 수락하는 것은 곤란하다고 생각한다. 거듭 말하지만 이즈음에 일본 측이 매우 신속하게 전범 용의자를 조사·처벌할 방침이란 것을 발표하는 것만으로도 맥아더 원수의 입장을 도와주어 문제를 용이하게 할 것이다"란 이야기를 나누고 있는 부분은 주목할 만하다. 『일본외교사』의 서술이 정확하다고 한다면, 양자의 주장은 다음날 13일의 시게미쓰와 서덜랜드의 입장 차이와는 정말로 180도 다르기 때문이다. 매시버가 다음날 서덜랜드에 의해 거부된 일본 측 전범 처벌방식을 강하게 주장하고 있는 『일본외교사』의 서술은 단순한 모략일까. 스즈키 다다카쓰는 12일 오후에 있었던 히로히토의 발언을 오전에 언급하고 있으며, 또한 전범 처리에 대해 그 이후의 추이를 예견한 것처럼 이야기하고 있다. 이를 스즈키 다다카쓰의 통찰력이라고 생각하는 것만으로 충분할까. 더구나 히가시쿠니노미야 수상이 히로히토를 겨우 설득한 오후 4시 30분에는 매시버가 스즈키에게 "오늘 아침 귀하가 말한 용의자를 일본 측에서 구속하여 미군 측에 인계한다는 이야기는 연구 결과 수락하기로 결정했다"고 하여 이미 발표된 체포명령이 철회되었다는 사실을 전하였다. 그렇다면 다음날 시게미쓰와 서덜랜드의 절충 결과는 이미 전날 결론이 난 것이 되어 버린다.

요하고 있었던 것일까. 아니면 히로히토는 전범 처벌 그 자체를 거부하고 싶었다고 볼 수도 있다. 전범문제와는 달리 퇴위문제는 쉽게 결정내릴 수 있는 것이 아니었다. 그런데 히로히토와 가장 가까운 인물에게서 퇴위를 요구하는 소리가 나온 것이다.

히가시쿠니노미야, 히로히토에게 퇴위를 제언

사실 히가시쿠니노미야는 총사직 후 곧바로 히로히토를 만나 그 자신의 황족 이탈과 히로히토의 퇴위를 제안하였으나 거절당하였다. 『기토고이치 일기』의 10월 12일 자를 보자.

> 1시 10분 히가시쿠니노미야 전하 내실. 신적(臣籍) 이탈 의사를 상담함. 이에 대하여 나는 아래와 같은 이유로 이 시기에 곧바로 결행하는 것에는 반대하였다. 즉 전하는 전쟁 중에는 군사령관에 취임하셨지만 직접 폐하를 보필하는 지위에는 있지 않았기 때문에 책임은 없다고 본다. 전쟁 후 내각은 공적은 있어도, 책임을 져야만 하는 실패는 없었다. 그렇기 때문에 지금 책임을 져야 할 어떠한 실질적인 이유도 없다. 뿐만 아니라 지금과 같은 행동을 하는 것은 국가를 혼란에 빠트릴 공산도 적지 않다. 따라서 지금은 우선 생각을 거두고 다른 날 이런 종류의 문제를 전체적으로 고려해야 할 시기에 결행하더라도 늦지 않다.
>
> 2시 10분 배알 후 다시 내방하여 위의 문제를 상세하게 건의함.[169]

169 『木戸幸一日記』 下巻, p. 124.

여기에 히가시쿠니노미야의 발언은 기록되어 있지 않지만, 기토의 설득 내용으로 판단한다면, 1938년 제2군사령관으로 무한(武漢) 공략작전을 지도하였고 대(對)영·미 개전 다음날에는 도조 체제하에서 본토방어총사령관에 취임하였던 히가시쿠니노미야는 전쟁책임을 지는 형태의 하나로 황적 이탈을 생각하고 있었던 듯하다. 기토와 이야기한 이후 히로히토를 만난 히가시쿠니노미야는 자신의 황적 이탈뿐 아니라 히로히토의 퇴위까지 종용하였다. 4개월 뒤 『요미우리호치(読売報知)』는 AP통신의 보도를 소개하는 형태로 그 당시의 상황을 기사화하였다.

> 또한 많은 황족분들도 폐하의 퇴위에 찬성했다고 한다. 히가시쿠니노미야도 그중 한 사람이었다고 한다. 총사직 후 곧바로 전하께서는 폐하와 회견하여 황족 신분의 포기를 신청하고 나아가 퇴위를 제안했는데 당시 '시기가 아직 무르익지 않았다'는 이유로 이 두 가지 제안 모두 채용되지 않았다고 한다.[170]

히로히토에게 퇴위를 제안한 이유는 당연히 전쟁책임과 관련된 것이다. 히로히토가 거절했지만 히가시쿠니노미야는 납득하지 않았다.

---

170 『読売報知』, 1946年 2月 27日, 『요미우리호치(読売報知)』는 전쟁 중의 신문통합으로 『요미우리신문(読売新聞)』과 『호치신문(報知新聞)』이 합병한 것이다. 이날의 1면 톱에 "퇴위를 둘러싸고 궁정의 대립 표면으로–황족은 모두 찬성, 반대파에는 수상과 궁내대신"이란 기사가 게재되었다. AP통신 기자가 25일에 궁내성의 모 고관과 회견하여 얻은 정보라고 되어 있는데 이 모 고관이 히가시쿠니노미야다. 시데하라 내각의 후생대신 아시다 히토시의 일기에 의하면, 3월 4일 시데하라가 히로히토를 만나 요미우리 기사에 대하여 "정말로 곤란한 내용을 적은 것입니다"라고 하자 히로히토는 "저 기사 건은 궁내대신에게 물어보라"고 대답하였다. 마쓰다이라 요시타미(松平慶民) 궁내대신의 이야기에 의하면, 자신이 히가시쿠니노미야에 가자 "전하는 얼굴을 보자마자 '궁내대신은 나를 꾸짖으러 왔네'라고 말씀하셨다. 내가 전하의 언사가 심각한 영향을 미친다는 취지를 말하자 '궁내대신이 그렇게 말한다면 더 이상 말하지 않겠다'"고 말했다고 한다. 『芦田均日記』 第1巻, 岩波書店, 1986年, p. 89.

기토가 히가시쿠니노미야를 한 번 더 만났을 때 '상세하게 건의'한 것도 히가시쿠니노미야가 포기하지 않았기 때문에 설득하려 한 것이리라. 히가시쿠니노미야는 자신의 의견을 언론에 발표하기 시작했다. 『기토 고이치 일기』 11월 3일 자에는 다음과 같이 적혀 있다.

> 오전 9시 이시와타 궁내대신 내방. 히가시쿠니노미야 전하의 신적 포기 의향과 그 외를 동맹(同盟) 기자에게 이야기한 것에 대하여 논의함.

'동맹 기자'란 공동(共同)통신사의 전신인 동맹통신사의 기자를 말한다. 앞서 서술한 『요미우리호치』에 기사가 실린 것도 히가시쿠니노미야의 언론에 대한 일련의 발언일 것이다. 히가시쿠니노미야가 히로히토의 퇴위를 생각하기 시작한 것은 언제쯤일까. 9월 12일 전범을 점령군에게 인도할 것인지 일본 측에서 처벌할 것인지를 두고 내각과 히로히토가 대립하였다. 전범 처우와 관련하여 히가시쿠니노미야 수상이 히로히토에게 퇴위를 제안했는데 거절당하면서 두 사람의 관계가 악화되었고 히로히토의 신임을 잃은 히가시쿠니노미야 수상이 10월 4일 GHQ의 지령을 핑계로 총사직했다고 생각하면 앞뒤가 맞다.

1946년 2월 27일의 『요미우리호치』 기사는 히로히토를 격노시켰을 뿐 아니라 내각과 GHQ까지도 당황하게 하였다. 3월 5일 헌법제정과 관련하여 히로히토가 행한 제3차 '성단'은 그 부산물이다. 이날 저녁 시데하라 수상과 헌법개정 담당인 마쓰모토 조지(松本烝治) 국무대신이 히로히토를 만나 칙어안을 제출하였다. 기노시타 미치오의 『측근일지』를 보자.

> 이것이 헌법 개정에 관한 일임에도 불구하고 이처럼 서두르는 것은 어제 나온 요미우리의 기사, 즉 히가시쿠니노미야가 외국인 기자에게 이야기한 퇴위 문제 때문이다. 즉 천황에게 퇴위의 의사가 있다는 것, 황족 모두가 이에 찬성한다는 것, 이것이 어쨌든 지금까지 노력해 온 M(맥아더—저자)의 양보를 물거품으로 만드는 것인 만큼 M사령관은 천황제를 반대하는 세계적 분위기를 쇄신하기 위해서라도 일본이 조금이라도 더 빨리 민정(民定)의 민주화 헌법을 선언하고 발표해야 한다고 기를 쓰고 압박해 오고 있다.
>
> 처음에는 11일까지 마쓰모토 시안을 제출해도 된다고 했었는데 이렇게 되자 그때까지 기다리지 않았다. 미국 측이 만든 원안을 채용하든지 그렇지 않으면 천황을 보통 사람으로 보장하는 것도 불가능하다는 강압적 요구.……그리고 이러한 민정헌법을 칙어 없이는 도저히 발표할 수 없었기 때문에 칙어를 청하게 된 것이다.[171]

1946년 2월 26일에는 일본점령을 관리하는 최고정책결정기관인 극동위원회(極東委員会, 일본을 점령 관리하기 위하여 1945년 12월에 워싱턴에 설치된 연합국의 최고정책결정기관. 거부권을 갖는 미국, 영국, 소련, 중국을 포함한 11개국으로 구성됨—역자)의 제1회 회의가 열렸다. 참가국은 당시 11개국이었다. 맥아더는 극동위원회가 일본의 신헌법 제정에 관여하기 전에 자신의 손으로 헌법을 완성시키고 싶었다. 그의 명예욕도 있었겠지만 무엇보다도 천황제를 폐지해야만 한다는 세계적 여론이 헌법제정에 미칠 영향을 염려해서였다. 히가시쿠니노미야 담화는 세계의 천황제 폐지론을 더욱

171 『側近日誌』, pp. 163–164.

강화시키는 결과를 낳았다. 이 때문에 GHQ는 시데하라 내각에 GHQ가 제안한 헌법을 수용하라고 압박하였다. 곤란해진 내각은 히로히토의 '성단'을 요구하였다.

3월 6일 히가시쿠니노미야의 발언에 관한 히로히토의 생각을 기토는 다음과 같이 적고 있다.

> 또 퇴위에 대해서, 퇴위한 쪽은 편해지겠지. 오늘과 같은 고초를 맛보지 않아도 되겠지만 지치부노미야는 병중이고 다카마쓰노미야는 개전론자인데다 더욱이 당시 군의 중추부에 있었던 관계로 섭정이 불가능하다. 미카사노미야는 어리고 경험이 부족하다. 히가시쿠니노미야의 이 경솔한 행동을 특히 유감스럽게 생각한다. 히가시쿠니노미야는 이러한 사정을 조금도 생각하지 않는단 말인가.[172]

다카마쓰노미야 개전론자 설에 대해서는 검토의 여지가 있지만 히로히토가 생각하는 퇴위란 어디까지나 황태자 아키히토에게의 양위이며 적당한 섭정이 없기 때문에 퇴위할 수 없다는 것이다. 더구나 이 섭정에게는 상징 천황제하의 천황에게 필요 없는 풍부한 경험이 요구되었다. 여기에서도 히로히토가 지속적으로 천황을 정치주체로 생각해왔다는 것이 명확해진다. 제3차 '성단'의 문구는 "지금에 와서 방법이 없다"였는데 그때 히로히토는 "황실전범 개정 발의권을 유보할 수 없는가. 그리고 화족 폐지에 대해서도 당상화족(堂上華族, 메이지유신 이후 화족이 된 사람들 가운데 원래 천황가의 집안인 사람들— 역자)만은 남길 수 없는가"라고

172 같은 책, p. 165.

발언하였다.[173]

국체를 지키려고 하는 히로히토는 이 단계에서 히가시쿠니노미야가 제언한 천황퇴위를 받아들일 수 없었다. 히가시쿠니노미야 내각 총사직 후에 나온 제언이지만 이 문제가 한 달 빠른 히가시쿠니노미야의 수상 재임 당시부터 제기되었을 가능성도 결코 부정할 수 없다. 전범 체포가 시작되고 히로히토 자신이 퇴위를 생각하고 있던 시기였기 때문이다.

173 『芦田均日記』 第1巻, p. 90.

제7장

공동의 통치자
-맥아더와 히로히토

11회에 걸친 정치회담

맥아더가 최고사령관으로 재직하던 5년 반 동안 히로히토는 11회에 걸쳐 그를 방문하고 회담하였다. 대부분 정치적으로 중요한 시기였다. 여기서 논의한 내용은 비밀에 부쳐졌다.[174] 전모를 밝힐 수 없기 때문에 회의 그 자체를 전후사 속에서 위치 지우는 시도는 일어나지 않았다. 외무성에 보존되어 있다고 회자되는 회담기록이 발표된다면, 전후사는 전면적으로 새롭게 서술되어야 할 것이다. 그러나 현재까지 흘러나온 제1회, 제3회, 제4회 기록의 일부만으로도 회담 성격을 상당히 많이 유추할 수 있다.

174 회담기록을 비밀로 한 것은 히로히토와 맥아더의 의지에 의한 것임. 히로히토는 1977년 8월 23일 궁내성 기자단과의 회견에서 "맥아더 사령관과의 이야기는 맥아더 사령관과 이것은 어디에서도 말하지 않는다고 분명히 약속하였기 때문에 남자가 한 말을(웃음) 지키지 않으면 안 된다고 생각하며 지금 그에 대해 내가 말하게 되면 그 약속을 깨는 것이 된다고 생각합니다. 그러면 세계의 신용을 잃어버리는 것이 되는 만큼 말할 수 없습니다"(『陛下, お尋ね申し上げます』, pp. 257-258)라고 말하였다. 일반적으로 두 사람의 만남은 '회견'이라고 불리지만 의례적인 것이 아니라 매우 정치적인 성격을 가지고 있기 때문에 이 책에서는 '회담'이란 용어를 사용한다.

제1회 1945년 9월 27일. 점령개시 직후.

제2회 1946년 5월 31일. 이달 도쿄재판 개정, 식량 메이데이.

제3회 1946년 10월 16일. 2주 후에 일본국헌법 공포.

제4회 1947년 5월 6일. 11일 전의 총선거에서 사회당이 제1당이 됨, 3일 전에 헌법시행.

제5회 1947년 11월 14일. 한 달 전에 11궁가(宮家)가 황적 이탈.

제6회 1948년 5월 6일. 이즈음 한반도의 분열이 확정적이 됨.

제7회 1949년 1월 10일. 전년도 말에 A급 전범 처형.

제8회 1949년 7월 8일. 이달 4일에 맥아더의 「일본은 공산주의 진출 저지 방벽」 성명. 국철 제1차 인원정리 발표. 6일 시모야마(下山) 사건, 15일 미타카(三鷹)사건, 다음달 17일 마쓰가와(松川)사건.

제9회 1949년 11월 26일. 이달 강화논쟁이 활발해짐.

제10회 1950년 4월 18일. 5월 3일에 맥아더가 공산당의 비합법화를 시사. 6월 일본공산당 중앙위원의 공직추방. 한국전쟁 발발.

제11회 1951년 4월 15일. 맥아더는 파면되고 다음날 일본을 떠남.

전후의 격동기이기 때문에 그중 어느 시점에 회담하든 대사건이 있을 수밖에 없다는 의견도 있을 것이다. 그렇다 하더라도 두 사람의 회담 전후에 일어난 사건이 전후사 속에서 혹은 천황과 천황제에 있어 분기점이었다는 것은 부정할 수 없을 것이다. 이들 회담 가운데 전모가 알려진 것은 제1회와 제3회인데 이것으로 유추해 보면 마지막 회담을 제외하면 모두 극히 정치적이었으리라 생각된다.

더욱이 제2회 회담에 대해서는 미군 신문 『성조기』에 간단한 보도 기사가 게재되었고 이것이 일본 신문에도 소개되었다. 『아사히신문』

(6월 9일)에 의하면, 다음과 같다.

> 1일 자 동 신문에 의하면……식량문제가 언급되어 연합군의 식량원조에 대하여 천황은 맥아더 원수에게 깊은 감사의 뜻을 전했다고 생각된다.……황태자 전하에게 양위하는 것은 아닌가 하는 소문이 있었지만, 회견에서 천황의 퇴위문제는 논의되지 않은 것으로 보인다.
>
> 또한 5일 자 동 신문에 의하면……천황이 맥아더 원수를 방문한 중요한 목적은 맥아더 사령부의 점령정책에 관한 분명한 정보 및 이를 실행에 옮기는 수단·방법을 알기 위함으로 천황과 맥아더 원수의 회견은 이후에도 지속적으로 반복될 것이다. 천황은 점령정책의 전반적인 운영에 특별한 주의를 기울이고 있으며, 점령정책에 관한 여러 정보를 개인적으로 얻고 싶다는 취지를 말하였다고 전해진다.……

히로히토가 '점령정책의 전반적인 운영에 특별한 주의를 기울이고 있'으며 '점령정책에 관한 여러 정보를 개인적으로 얻고 싶다'고 희망하고 있었다는 부분에서 히로히토가 점령하의 정치에 주체적으로 관여하려고 한 자세를 읽을 수 있다.

『맥아더 회상기』의 거짓말

맥아더와 히로히토의 제1회 회담 때 히로히토가 '전쟁책임은 모두 나에게 있다. 나는 어떻게 되든지 상관없지만 일본국민을 구하고 싶다'는 취지의 발언을 했다는 그럴듯한 소문이 전해지면서, 히로히토의 희생정신을 찬양하며 영웅 이상으로 치켜세우는 선전이 전후에 일관되게 이루어져 왔다. 특히 이 소문은 히로히토의 사망 당시 '성단'신화와 결부되어 천황 찬미 캠페인의 호재료로 사용되었다. 일부에서 그 발언의 존재를 의심하는 소리도 있었지만 언론이 무시했기 때문에 대부분의 국민과 세상은 이를 사실로 믿고 있는 듯하다.

분명히 두 사람의 제1회 회담은 이후 점령정책의 방향을 점칠 수 있는 역사적인 사건이었다. 그러나 히로히토는 그러한 발언을 하지 않았다. 전문(傳聞)에 의한 증언을 제외하고 이러한 발언이 있었다는 근거는 당사자인 맥아더의 회상과 회담기록을 보았다고 하는 후지타 히사노리(藤田尚德) 시종장(당시)의 증언 두 가지뿐이다. 우선 『맥아더 회상기』부터 검토해 보자.

> 내가 미국제 담배를 내밀자 천황은 감사를 표하고 받았다. 그 담배에 불을 붙여 주었을 때 나는 천황의 손이 떨리고 있는 것을 보았다.……나는 천황이 전쟁범죄자로 기소되지 않도록 자신의 입장을 호소하기 시작하는 것은 아닐까라는 불안을 느꼈다. 연합국의 일부 특히 소련과 영국에서는 천황을 전쟁범죄자에 포함시키라는 소리가 상당히 강하게 고조되고 있었다. 현실적으로 이들 나라가 제출한 최초의 범죄자 명단에는 천황이 제일 위에 적혀 있었다.……결국 천황의 이름은 명단에서 빠졌지만 이러한 경과를 천황은 조금도 알지 못했다.
>
> 그러나 이런 나의 불안은 근거가 없는 것이었다. 천황의 입에서 나온 것은 다음의 말이었다.
>
> '나는 국민이 전쟁수행에 있어 정치, 군사 양면에서 행한 결정과

행동에 대하여 모든 책임을 지는 자로서 나 자신을 당신이 대표하는 여러 나라의 판결에 맡기기 위하여 방문하였다.'[175]

짧은 문장이지만 몇 가지 의문점이 있다. 우선 가져온 커피에도 입을 대지 않은 히로히토가 즐기지도 않았다고 회자되는 담배를 정말로 피웠을까. 만약 그랬다면 이것은 패전국의 황제가 점령군의 장군에게 취한 굴종적인 태도였을 수도 있다. 그리고 미국 이외의 연합국이 전범 명단을 제출한 것은 훨씬 이후의 일이다. 따라서 아무리 맥아더라 하더라도 '이러한 경과'를 제1회 회담 때에 알 수 없었을 것이다.

『맥아더 회상기』는 자기 찬미와 과장, 나아가 사실의 날조, 사실 관계의 시간적 역전으로 가득 찬 서적으로 평가된다. 예를 들면, 이 책은 1904년 10월 러일전쟁 때 자신이 아버지 아서 맥아더와 함께 관전무관으로 종사하며 "오야마(大山), 구로키(黒木), 노기(乃木), 도고(東郷) 등 일본군의 위대한 사령관들……을 모두 만났다"고 적고 있고 나아가 중국 동북부에서 목격한 전투와 군대생활을 세세하게 서술하고 있다.[176] 그러나 맥아더는 1904년 필리핀에서 말라리아에 걸려 10월에는 샌프란시스코로 돌아가 요양하였으며 다음 해 5월 다시 말라리아 발작을 일으켜 병상에 있었다. 아버지 아서는 분명히 1904년 3월 개전무관으로 봉천(심양)에 도착하였지만 본격적인 전투는 이미 끝난 뒤였다. 맥아더는 러일전쟁 강화 이후인 1905년 10월 요코하마(横浜)에서 아버지와 합류하여 1년간 인도·동남아시아 여행에 나섰다. 따라서 러일전쟁을 경험했을 리는 없다. 미국사 전공자인 모리카와 마사미치(守川正道)가

175 ダグラス·マッカーサー,『マッカーサー回想記』下巻, 朝日新聞社, 1964年, p. 142.
176 같은 책, 上巻, pp. 61-62.

『더글라스 맥아더』[177]에서 『맥아더 회상기』 속 사실 날조를 수없이 지적하고 있으니 독자는 이 책을 참고하기 바란다. 『맥아더 회상기』는 전부가 허구에 가깝다.

히로히토 발언이 존재한다고 하는 또 하나의 증언자인 후지타 히사노리는 다음과 같이 적고 있다.

> 이때의 기념촬영에서 아무리 봐도 느긋하게 손을 허리에 걸친 맥아더 원수와 예복을 입고 예의 바르고 엄숙하게 바른 자세로 있는 폐하가 대조되는 까닭에 승자 맥아더 원수에 비해 폐하가 패배자로서 확실히 압도된 듯이 전달되는 경향도 있지만 결코 그러한 분위기는 없었다는 점을 부언해 두고 싶다. 맥아더 원수는 존경의 마음을 가지고 '폐하(Your majesty)'라고 불렀다.
>
> 폐하와 맥아더 원수 두 사람이 무엇을 이야기하였는지, 이것은 분명하게 알려지지 않았지만 후일 외무성에서 정리한 회견 모습이 나에게 전달되었는데 이것을 폐하에게 보여 드렸다.……궁내성 메모지 5장 정도라고 생각되는데, 폐하는 다음과 같은 의미의 말을 맥아더 원수에게 전했다.
>
> '패한 전쟁에 대하여 여러 가지 책임이 추궁되고 있는데 책임은 모두 나에게 있다. 문무백관은 내가 명령한 바를 따랐기 그들에게 책임은 없다.
>
> 나의 한 몸은 어떻게 되든 상관없다. 나를 당신에게 맡긴다. 그다음은 어떻게 하든 국민의 생활이 곤란하지 않도록 연합국의 원조를 부탁한다.'[178]

---

177 守川正道, 『ダグラス·マッカーサー』, 三和書房, 1978年.

178 『侍従長の回想』, pp. 174–175.

맥아더가 'Your majesty(폐하)'라고 부르게 된 것은 적어도 제2회 회담 이후이다. 제4회 회담도 통역한 오쿠무라 가쓰조(奧村勝蔵)는 "원수는 회담하는 사이에 'Your majesty(폐하)'라는 단어를 몇 번인가 사용하였다. 이것은 제1회 회담에서는 한 번도 들을 수 없었던 단어였다"[179]고 적고 있다. 『시종장의 회상(侍従長の回想)』을 신뢰할 수 없는 까닭은 다음의 서술에도 나타나 있다.

> 니주다리(二重橋) 앞에는 15일 아침부터 국민들이 속속 모여들고 있었다. 이날 아침부터 라디오 뉴스가 오늘 정오에 중대한 방송이 있다고 반복하고 있었다. 마침내 조간신문이 배달되자 '전쟁종결의 대조서를 발표함'이란 헤드라인을 달고 조서의 전문이 발표되었다.……아침 일찍부터 집집마다 남녀노소 팔천만 모두가 이 아침 신문에 심한 충격을 받고 파고들 듯이 응시하고 있다. 울먹이다가 점차 목메어 울고 뺨으로 눈물을 흘리면서 몇 번이고 몇 번이고 중대한 보도를 반복해서 읽고 있었다.
>
> 그리고 각자가 출근 시간에 짬을 내고, 등굣길을 바꾸어 속속 궁성 앞 광장의 자갈밭을 지나왔다.[180]

이미 논한 것처럼 8월 15일의 신문은 정오 방송 전까지 배달을 금지당했다. 따라서 이 감상적인 회상은 모두 거짓이다. 이렇게 되면 회상록 종류는 거의 모두 신뢰할 수 없다는 생각이 드는데 그렇다면 히로히토와 맥아더의 제1회 회담의 실질적인 모습은 어떠했을까.

---

179 奧村勝蔵, 「陛下とマ元帥」, 吉田茂, 『回想十年』 第一巻, 新潮社, 1957年 수록, p. 106.
180 『侍従長の回想』, p. 160.

히로히토, 전쟁책임을 부인

입수 경로는 불명확하지만, 역사가 고지마 노보루(児島襄)가 「천황과 미국과 태평양전쟁(天皇とアメリマと太平洋戦争)」[181]에서 오쿠무라 가쓰조가 기록한 일문일답을 소개하고 있다. 히로히토가 미국 대사관에 도착한 것이 오전 10시, 첫 대면 인사에 이어 카메라맨이 기념사진 3장을 찍고 오쿠무라 통역까지 세 사람만이 준비된 방에 들어가 착석하여 회담이 시작되었다.

> **맥아더** 실제로 사진이란 것은 이상한 것으로 찰칵찰칵 찍지만 한 장이나 두 장밖에 나오지 않습니다.
> **히로히토** 긴 시간 열대의 전선에 계셨는데 건강은 어떠신지요.
> **맥아더** 덕분에 매우 건강합니다.……

오쿠무라에 의하면, 여기서부터 맥아더는 "상당히 강경한 어조로" 약 20분에 걸쳐 연설을 하였다. 그사이 오쿠무라를 향해 "분명하게 'tell the Emperor(천황에게 말해)'라고 했다"고 한다.[182] 히로히토는 "확실히 압도되었다." 지금부터 평화정책이 필요하다는 점, 일본 재건은 가능하다는 점, 히로히토의 종전 결단은 영단이었다는 점, 세계 여론은 여러 형태로 분출하겠지만 "언론의 자유"를 위해 일일이 대응할 수 없다는 점……등이 담담하게 이야기되었다. 그 후 겨우 회담 같은 상황이 되었다. 주고받는 담화를 인용해 두는데 지면 관계상 맥아더의 발

---

181 『文芸秋春』, 1975年 11月号 수록. 『천황제와 전쟁책임(天皇制と戦争責任)』으로 1988년 문예춘추사(文芸秋春社)에서 간행.

182 「陛下とマ元帥」.

언은 괄호 안에 요약한다. 단「 」안은 원문대로이다.

저는 이 전쟁을 극력 피하려는 생각이었지만 전쟁이란 결과로 이어진 것은 저도 매우 유감으로 생각하는 바입니다.

(폐하가 평화적인 방향을 지향하기 위해 걱정하고 있었던 것은 충분히 이해합니다. 일반적인 분위기가 어떤 방향을 향하고 있을 때 이것을 변경하는 것은 어렵습니다. 최후의 판단은 후세의 역사가와 여론이 할 것입니다.)

저도 일본국민도 패전의 현실을 충분히 인식하고 있음은 말할 것도 없습니다. 이후는 평화의 기초 위에서 신일본을 건설하기 위하여 저도 가능한 한 힘을 다하고자 합니다.

(그것은 숭고한 마음입니다. 저도 같은 생각입니다.)

포츠담 선언을 정확하게 이행하려고 생각하고 있다는 점은 전날 시종장을 통해 각하에게 이야기한 대로입니다.

(종전 후 폐하의 정부가 모든 명령을 충실하게 실행하고 관리가 임무를 착착 수행하고 있는 것은 칭찬하기에 충분합니다. 일본의 군대와 국민이 성단에 정연히 따르는 것은 폐하의 위광에 의한 것으로 세계 어느 국가의 원수도 미치지 못하는 바입니다.「말할 것도 없이 폐하만큼 일본을 잘 알고, 일본국민을 잘 아는 사람은 어디에도 없습니다. 따라서 이후에 폐하께서 어떤 의견 혹은 염려하시는 점이 있으시면 시종장이나 그 외 어떤 사람을 통해서라도 전해 주시기 바랍니다. 이러한 전달은 저에게 참고 사항이 되므로 특히 감사한 바입니다. 물론 저 혼자만 알고 있을 것이며 다른 곳에 조금이라도 새 나가는 일은 없을 것인 만큼 언제라도 어떠한 일이라 하더라도 수시로 듣고자 합니다.」)

각하의 사명은 동아의 부흥, 즉 그 안정 및 번영을 통하여 세계평화에 기여하는 것에 있다고 생각하는바 이 중대한 사명을 달성하고 성공하시길 기원합니다.

(이것은 정확하게 제가 염원하는 바입니다. 단 저보다 위의 결정권자가 있으며 저는 그 실행자에 불과합니다. 저 자신이 그 결정권자였으면 하는 생각이 듭니다.)

각하의 지휘하에 있는 부대가 아무런 불상사 없이 일본을 점령하고 있는 것에 만족하고 있습니다. 이러한 점에 대해서 이후에도 각하가 진력해 주실 것을 바라 마지않습니다.

(가혹한 전쟁을 경험한 병사가 많으며 전쟁 직후와 같이 사건을 일으키는 자가 있는데 이것을 최소한으로 줄이기 위한 노력을 기울일 예정입니다.)

이전에도 일본에 오신 적이 있다고 들었는데 언제였던가요.

(처음은 러일전쟁 시기이며, 오야마 원수 아래서 종군한 아버지의 부관으로 왔었기 때문에 오야마 원수, 노기 장군, 구로키 대장 등 일본의 위대한 인물들을 많이 알고 있습니다. 이전에 필리핀의 케손 대통령과 함께 도쿄에 왔었는데 케손이 알현한 것을 기억하고 있으신지요.)

그것은 잘 기억하고 있습니다.

(케손은 결핵을 앓고 있었는데 전쟁 발발 후 호주를 거쳐 미국으로 건너가 약 1년 전 병사하였습니다. 평화의 사도인 그의 죽음은 동양의 커다란 손실이었습니다.)

부인도 최근에 도착한 듯합니다만, 건강하다고 알고 있습니다.

(고맙습니다. 꽃까지 주시고, 감사합니다. 7살인 아들도 와서 일본의 날씨를 즐기고 일본견도 키우기 시작하면서 즐거워하고 있습니다.)

일본의 가을은 좋은 계절이니 부인을 위해서도, 또 오랫동안 가혹한 전장에 계셨던 각하를 위해서도 안락한 곳이라 생각합니다.

(일본 가을의 좋은 점을 잘 알고 있습니다. 단 여기에 있으면 주위가 너무 황폐하여 옛날 도쿄의 분위기는 없습니다. 시골로 가면 옛날의 그리운 풍경을 접할 수 있을지도 모르겠습니다.)

일본에 체재하시는 동안 만날 기회가 자주 있으리라 생각합니다. 매우 바쁘시리라 생각하는 만큼 오늘은 이만 가 보겠습니다.

(앞서 말씀드린 대로 이후 무엇이든 의견이나 생각하는 바가 있으시면 언제라도 사양하지 마시고 말씀해 주십시오. 오늘 행차해 주셔서 매우 영광으로 생각합니다.)

이 기록에서는 맥아더가 최대한의 경어를 사용하고 있는데 이것은 오쿠무라가 기록할 때 가필한 것이리라. 오쿠무라의 말처럼 맥아더의 태도가 '분명한' 것이라 하더라도 대화 자체는 자연스럽게 진행된 듯하다.

그러나 여기에는 『맥아더 회상록』이나 『시종장의 회상』에 나오는 것과 같은 히로히토의 발언은 없다. 오쿠무라가 빠트렸다고도 생각해 봤지만 회담시간은 총 37분으로 맥아더의 직접 연설시간 20분을 빼면 통역에 필요한 시간이 17분이다. 이렇게 생각하면 오쿠무라가 기록한 회담 부분은 거의 요약하지 않고 가능한 한 충실하게 복원되었다고 생각한다. 또한 "일본의 관청에서 연합군을 상대로 통역을 한 경력이 있는" 영문학자 기쿠치 유타카(菊地裕)도 오쿠무라의 기록에 대하여 "집무상 성격 때문에 마음대로 내용을 삭제하거나 첨가하는 등의 기록은 불가능하다"[183]고 말한다.

183 菊地裕, 「マ元帥との会見記録公表を」, 『朝日新聞』, 1989年 1月 26日.

위와 같은 문제 외에도 위에서 예를 든 히로히토의 발언에서는 의연한 자세를 느낄 수 없으며 그는 맥아더에 대한 추종과 영합으로 일관하고 있다. 그뿐 아니라 '나는 피하고 싶었지만 전쟁으로 치달린 것은 유감이다'리는 발언은 전쟁책임을 혼자서 지겠다는 것이 아니라 역으로 책임을 회피하려는 것이다. 맥아더의 "천황이 전쟁범죄자로 기소되지 않도록 자신의 입장을 호소하기 시작하는 것은 아닐까라는 불안"은 적중하였다. 고지마 노보루가 발굴한 회담기록이 진본이라면, 세간에 퍼져 있는 히로히토의 발언은 신화의 영역을 넘어 정말로 역사의 날조이다. 맥아더에 의해 날조된 히로히토의 발언은 일찍부터 널리 퍼져 있었으며 후지타 히사노리의 기술도 여기에 영향을 받은 것이라고 생각할 수 있다.

9월 29일 히로히토는 기토 내대신을 불러 진심을 말하였다. 기토는 다음과 같이 적고 있다.

> 오전 10시 불러서 배알함. 천황에 대한 미국 측의 논조를 매우 유감으로 생각하시고 이를 모른 척하는 것도 하나의 방법이지만 역으로 신문기자를 통해 자신의 진의를 명확하게 말하든가 아니면 맥아더 원수에게 이야기하는 것도 생각할 수 있는데 어떤가 하고 질문하셨다.……그때 자신이 마치 파시즘을 신봉하는 것처럼 생각되는 점이 가장 어려운 부분이며 사실 너무 입헌적으로 대처해 왔기 때문에 이러한 사태가 되었다고도 할 수 있으며……라고 술회하셨다.[184]

184 『木戸幸一日記』 下巻, p. 1238.

어제 자신에게 전쟁책임이 없다고 맥아더에게 말해 두었지만 미국 내에서는 천황을 처단하라는 여론이 강한 만큼, 이대로 전쟁책임은 없다고 모르는 척하는 것도 좋지만 자신의 진의, 즉 자신이 입헌적인 태도를 계속 취하였기 때문에 전쟁으로 확대된 것일 뿐이며 자신에게는 전쟁책임이 없음을 보다 분명히 신문기자에게 발표할지, 아니면 한 번 더 맥아더에게 말해 볼지를 기토 고이치에게 상담한 것이다. 이것으로 맥아더와 후지타 히사노리가 말하는 히로히토의 발언이 없었던 것은 명확해졌다. 히로히토는 대일본제국헌법에 따랐다고 하면서 모든 책임을 보필한 이들에게 떠넘겨 버리고 헌법에서 말하는 '통치권을 총람하고' '육해군을 통수'하고 있던 스스로의 책임에 대해서는 모르는 척하고 있다. 이 발상은 이미 9월 9일 황태자 아키히토에게 보낸 편지에도 나타나 있다.

> 패인에 대하여 한마디하게 해 줘.
> 우리 국민이 황국(皇國)을 너무 과도하게 믿어서 영·미를 무시한 것이다.
> 우리 군인은 정신에 너무 중점을 두어서 과학을 잊어버린 것이다.
> 메이지천황 때는 야마가타, 오야마, 야마모토와 같은 육해군의 명장이 있었지만 이번에는 마치 제1차 세계대전 때의 독일처럼 군인이 발호하여 대국(大局)을 생각하지 않고 진격할 줄만 알았지 물러나는 것은 몰랐기 때문이다.[185]

185 『読売新聞』, 1986年 4月 15日.

황태자에게 한 이 발언은 패전의 책임을 국민과 군인에게 전가하는 것으로 히가시쿠니노미야 수상의 '일억 총 참회'론과 참으로 일치하는 논리로 되어 있다. 히로히토는 한편으로 퇴위에 의한 천황제 유지와 이미지 쇄신을 생각하면서 동시에 그 자신은 어떻게든 전쟁책임에서 벗어나려고 지속적으로 노력하였다. 맥아더와의 제1회 회담에서 '포츠담 선언을 정확하게 수행하고 싶다'는 히로히토의 말에 대하여 맥아더가 천황의 '위광'을 칭찬하고 히로히토만큼 일본과 일본인을 잘 알고 있는 인물은 없기 때문에 의견이 있으면 시종장을 통해서라도 무엇이든 말해 주기를 바란다고 답한 것이 그에게 용기를 주었다. 맥아더는 히로히토를 전범으로 처단하려는 의지가 없었을 뿐 아니라 점령지배에 대한 협력을 요청한 것이다. 그렇다면 점령만 끝나면 히로히토는 지금까지와는 다를지언정 최고의 지위로 돌아가는 것이다. 히로히토의 기쁨은 궁성에 돌아와서 기토에게 한 말 속에 나타나 있다.

> 맥아더 원수는 시종장을 시키라고 말하였지만 이것은 경우에 따라서는 내가 만나도 좋다, 또는 내대신이 심부름을 가도 좋다는 뜻이라고 생각하는 만큼 그럴 예정으로 생각해 두도록.[186]

아무리 처음 겪는 피점령 경험이라고 하더라도 황제가 외국의 군인에게서 심부름꾼을 보내 의견을 들려 달라는 말을 들었다고 해서 이를 '경우에 따라서는 내가 만나도 좋다'고 받아들인 예가 지금까지 있었던가. 히로히토와 맥아더의 제1회 회담의 역사적 의의는 히로히토가 전

186 『木戸幸一日記』 下巻, p. 1237.

쟁책임을 부인하고 맥아더가 이를 승인하여 히로히토를 종속적인 공동의 통치자에 임명한 점에 있다. 그렇기 때문에 국체유지의 마지막 카드로 등장한 히가시쿠니노미야 내각이 히로히토와의 관계에서 발생한 어떤 갈등으로 말미암아 총사직하더라도 히로히토는 아무런 미련이 없었다. 군부·관료·구정치세력의 붕괴 속에서 국내적인 속박으로부터 해방된 히로히토는 맥아더라는 수호자 아래서 자신의 재임기간 중 가장 주체적이고 능동적인 정치적 언동을 시작한다.

'인간선언'의 결과 속

전후 히로히토의 최대 사명은 국체를 유지하는 것이었다. 그가 스스로 퇴위하는 일이 있다면 이는 천황제를 지속시키는 환경을 만들어 내기 위한 것에 지나지 않는다. 히로히토는 국내적으로는 '종전조서' 발포 이후에도 천황제 유지 노력을 지속하였으며, 대외적으로는 맥아더와의 제1회 회담에서 자신에게는 전쟁책임이 없다는 변명이 수용됨에 따라 천황제를 지킬 수 있겠다는 심증을 얻었다. 히로히토에게는 이제부터 새로운 천황제를 어떻게 구상할 것인가가 과제였다.

9월에 있었던 외국인 기자와의 회견을 통해 연합국 사람들이 천황이 신성하다는 것에 관심을 가지고 있다는 사실을 알게 된 히로히토는 공식적으로 신격을 부정할 필요성을 느끼고 있었다. 1946년 연두 교서, 이른바 '인간선언'의 최초의 계기가 무엇인지는 아직 명확하지 않다.[187] 히로히토 본인의 발언에 따르면 1945년 늦가을 시데하라 기주

187 필자가 본 범위에서 가장 상세한 연구는 전 GHQ 민간정보교육국 종교과 조사원이었던 윌리엄 우다드(William P. Woodard)의『천황과 신도-GHQ의 종교정책(天皇と神道－GHQの宗教政策)』(1972年, 阿部美哉訳, サイマル出版会, 1988年)이다. 이 책에서 윌리엄은 1946년의 연두조서가

로 수상이 히로히토를 만났을 때 이전에 천황이 병에 걸려 의사를 불렀더니 신(神)인 천황의 몸에 의사가 손을 대는 것은 있을 수 없다고 한 것을 말하며 "천황의 신격화를 시정(是正)하지 않으면 민주주의 일본의 천황이 될 수 없다는 점을 암시하였다." 시데하라가 "국민이 폐하를 너무 신격화하여 대하기 때문에 군부가 이것을 악용하여 전쟁이 났으며 나라를 망하게 했다. 이제 이것을 고치지 않으면"이라는 취지의 대답을 하자 히로히토는 "쇼와 21년(1946년—역자) 봄에는 그러한 의미의 조칙 하나를 내고 싶다"[188]고 말했다고 한다.

'늦가을'이 정확하게 언제쯤인지는 알 수 없다. 10월 8일 일본의 신문은 미국국무성 극동부장이자 SWNCC(국무·육군·해군 3성 조사위원회) 극동소위원회 위원장을 겸한 존 카터 빈센트(John Carter Vincent)가 워싱턴에서 "국가신도는 철폐되겠죠"[189]라고 방송한 것을 보도하였다. 그 이후 내무성 신기원(神祇院, 1940년에 황기(皇紀) 2600년을 기념하고 경신(敬神)사상을 보급하기 위해 설치한 내무성 외국 소속의 국가기관—역자)·내각·GHQ민간정보교육국(CIE) 사이에 절충이 계속되어 12월 15일의 신도지령으로 완결되었는데 히로히토는 그 경과를 당연히 알고 있었을 것이다.

1946년 연두조서가 발표되는 데 중요한 역할을 담당한 이는 영국인 레지널드 호레이스 블라이스(Reginald Horace Blyth)[190]였다. 그는 선과 하이쿠(俳句, 5·7·5의 17음으로 이루어진 일본의 정형시—역자) 연구자로 경성(京城)대학 등에서 교단에 섰었다. 그는 1941년에 일본국적 취득을

나오게 된 계기였다고 생각되는 몇 가지 움직임을 소개하고 여러 회상의 오류를 지적하였다.

188 幣原平和財団, 『幣原喜重郎』, 1955年, p. 667. 더욱이 우다드는 이것을 "아마도 12월 10일경"(같은 책, p. 295)이라고 판단하고 있는데 근거는 분명하지 않다.

189 『天皇と神道－GHQの宗教政策』, p. 54.

190 川島保良編, 『回想のブライス』, 回想のブライス刊行会, 1984年.

신청하였는데 대(對)영·미 개전으로 말미암아 수속이 채 끝나기 전 고베(神戶)의 억류소에 수용되었다. 그는 1945년 10월 역시 하이쿠를 잘 아는 CIE의 핸더슨 중좌를 방문하여 취직알선을 의뢰했고, 11월에 영문학자 사이토 다케시(斎藤勇)로부터 야마나시 가쓰노신(山梨勝之進) 학습원장을 소개받아 학습원 외국인 교사가 되어 CIE와 황실 사이의 비공식적인 연락 역할을 수행하게 되었다. 또한 그는 이듬해 4월부터는 황태자 아키히토의 개인교사직도 위촉받아 1964년 사망할 때까지 계속하였다.

이미 11월 말부터 블라이스는 핸더슨과 교육칙어의 취급에 관한 의견을 교환하였다. 그는 12월 초 흥분한 상태로 핸더슨을 방문하여 "천황이 가능한 한 빨리 신격을 포기하기로 결심하였다고 궁내대신에게서 통보받았다"[191]고 전했다. 다이크 CIE 국장은 자리에 없었지만 블라이스의 요청으로 핸더슨은 곧바로 개인적이고도 비공식적인 성명 초안을 작성하였는데 여기에 첨삭한 것이 연두조서가 되었다.

영·미인 이상으로 영어에 능통했다고 하는 시데하라 수상은 핸더슨 초고를 바탕으로 조서 초안을 영문으로 작성하고, 마에다 다몬(前田多門) 문부대신, 쓰기타 다이자부로(次田大三郎) 내각서기관장에게 주어 완성하게 하였다. 12월 27일 마에다 문부대신은 감기로 누워 있던 시데하라 수상을 대신하여 이것을 히로히토에게 가지고 갔다. 마에다 다몬의 회상에 의하면, 히로히토는 "매우 평온한 태도로 문안을 받아들고 오히려 기다리고 있었다는 듯한 적극적인 자세로" 점검하고 다음과 같이 말하였다고 한다.

---

191 『天皇と神道－GHQの宗教政策』, p. 304.

> 이것은 잘 되어 있지만 이후 국가의 진로가 이처럼 진보적인 방향으로 나아갈 것임을 나타내는 조서라는 점에서 볼 때 그 내용이 모두 갑자기 튀어나온 것이 아니고, 우리나라는 이미 이러한 경향을 메이지 대제 이후 지향하고 있었으며 결코 임시변통이 아니란 것까지 명확히 하고 싶다. 그 무엇보다 좋은 예는 메이지 초기 메이지천황이 보여 준 5개조 서문인데 민의를 크게 창달한다든가 구래(舊來)의 폐습을 없애고 천지공도(天地公道)에 기초한다든가 하는 사상이 지금부터 매우 보편적인 공론으로 정해질 것이다. 앞으로 만들어 갈 신일본의 복선이 될 것이다. 따라서 조서 속에 그런 의미도 포함시킬 수 없을까.[192]

히로히토가 1946년의 연두조서 발표에 얼마나 적극적이었는지가 보인다. 조서의 최초 기안자는 핸더슨이었지만 조서를 발표하는 것 자체는 히로히토의 발상이며 '5개조 서문'을 첨가하자는 것도 히로히토의 지시였다. 대외적으로는 신도지령에 따라 천황제를 재편함으로써 연합국의 천황제 폐지 요구를 다른 곳으로 돌리고, 대내적으로는 '5개조 서문'까지 채용하여 국체가 유지된 사실을 선언하는 것이 이 조서의 정치적 역할이었다. 필자가 제5장에서 '인간선언'이 제2차 천황제 지속 선언이라고 한 것은 이 때문이다. 나아가 당시 시종차장이었던 기노시타 미치오의 『측근일지』 12월 23일 자에는 "성상에게 배알 …… 2, 조서 발표. 다이크-블라이스-야마나시-이시와타-O-시데하라-스즈키"라고 적혀 있다. 야마나시 학습원장·이시와타 궁내대신과 시데하라 수

---

192 前田多門, 「『人間宣言』のうちそと」, 『文芸秋春』, 1962年 3月号 수록.

상을 연결하는 O는 히로히토일 것이다. 히로히토도 어떠한 경로로 조서가 준비되었는지에 대해 알고 있었던 듯하다. 나아가 29일부터 30일까지 이틀간 마에다 문부대신과 기노시타 시종차장이 문장 수정에 대하여 절충안을 낼 때 히로히토가 하나하나 허가를 내릴 뿐 아니라, 충격적인 것은 최종국면에서 히로히토가 천황이 신의 자식임을 부정하는 것에 반대하며 이를 관철시켰다는 점이다. 기노시타는 다음과 같이 적고 있다.[193]

> 일본인이 신의 후손이란 것이 허구라는 말은 그나마 허용할 수 있지만, Emperor(천황—역자)가 신의 후손이란 것이 허구라는 말은 결단코 허용할 수 없다. 여기서 나는 오히려 천황이 살아 있는 신(現御神)이라는 말이 허구라고 고치려고 생각했다. 폐하도 이 점에는 찬성하였다. 신의 후손이 아니라는 것에는 반대였다.

이러한 경위로 이 부분에 대해서는 기노시타가 만든 문안이 발표된 조서의 원형이 되었다. 즉 "천황이 신이라는 이유로 일본민족이 세계를 지배하는 것은 잘못이다"는 의미가 되었다. 핸더슨에게 전해진 히로히토가 신격을 부정한다는 말의 최초 진의는 알 수 없으나 히로히토는 신화에 기초한 천황의 존재, 지금까지 유지되어 온 국체의 존재형태를 변경할 의지가 전혀 없었다. 조서의 준비가 진행되고 있던 12월 15일 히로히토는 기노시타를 불렀다. 기노시타는 "천황이 작성한 문장을 선전적이지 않은 방법으로 세상에 누설하는 것에 대하여 허가를 얻었

193 『側近日誌』, pp. 89–93.

다"고 하며 히로히토의 '종전 시의 감상'이란 제목의 노래 4편을 적어 두고 있다.

폭격에 무너져 가는 백성을 생각하여 전쟁을 멈추고 몸이 어찌 되든
몸이 어찌 되든 전쟁을 멈추고 단지 무너져 가는 백성을 생각하여
단지 나라를 지키려는 길을 가기 위해 전쟁을 멈추고
외국과 떨어진 작은 섬에 남겨진 국민이 편안하기를 기도할 뿐이다.

4편의 작품 모두 '국민을 위하여 자신이 전쟁을 멈추었다'는 '성단' 신화를 '인간선언'과 세트로 만들어 국민에게 효과적으로 주입시키려 하는 의도가 너무 잘 드러나 있다. 단 3번째 노래에는 '나라'를 지키는, 즉 국체를 지키기 위하여 전쟁을 멈추었다는 진심이 표현되어 버린 점에 주목하자. 이것은 '인간선언' 직후의 가회시(歌会始, 일본 전통시인 와카를 직접 지어 부르는 모임으로 연초에 궁중에서 행하는 연중행사의 하나—역자)에서 히로히토와 그의 사촌동생 다케다노미야 쓰네요시(竹田宮恒德)가 지은 노래에 분명히 표현되었다. 필자가 제2장에서 '소나무'가 국체를 의미한다고 적은 것을 기억해 주기 바란다.

히로히토 쌓여 있는 눈을 지탱하며 색깔을 바꾸지 않는 소나무야말로 남자다운 격이 있네.
쓰네요시 두터운 눈이 쌓여 있는 굽은 소나무 가지에 푸름이 더해져 천년이나 번영하네.

'쌓여 있는 눈'이란 패전이라는 사태와 점령군에 의한 지배를 가리킨

다. 소나무가 이를 견디며 푸른 색깔을 바꾸지 않듯 국체는 영원히 계속된다. 그러니 국민도 영구히 국체를 지키지 않으면 안 된다는 것이다.

맥아더·히로히토 제3회 회담

제3회 회담에 대해서 지금까지 발표된 기록은 두 종류가 존재한다. 산케이신문 전후 30년 특별기획 취재반이 발견하여 자신들의 신문(1975년 8월 15일)에 발표한 것과 나가누마 세쓰오(長沼節夫)가 국립국회도서관의 시데하라 평화문고 속에 포함되어 있던 것을 발견하여 『아사히저널(朝日ジャーナル)』(1989년 3월 3일)에 게재한 것이다. 전자는 "노란 빛을 띤 몇 장의 얇은 종이에 작은 글자로 회견기록"이라고 적혀 있었을 뿐이라고 하며 입수경로는 분명하게 명시되지 않았다. 후자는 새하얀 궁내성의 공용지에 감색의 카본지를 사용하여 복사한 것으로 커다란 해서(楷書)로 적혀 있다고 한다. 양자를 비교하면 개행(改行)의 장소와 독점(讀点)의 첨부 형식이 다른 것 외에 후자에 있는 문구 세 곳이 전자에는 빠져 있다. 따라서 본 서에서는 나가누마 세쓰오가 제공한 후자의 복사본을 텍스트로 이용한다.

회담은 10월 16일 오전 10시 15분부터 12시 5분까지 약 2시간 동안 이루어졌다. 기록자는 회담을 통역한 데라사키 히데나리(寺崎英成) 담당관이었다. 그는 미·일 개전 시기에 워싱턴 일본대사관 주재 제1등 서기관으로 재직하였으며 야나기다 구니오(柳田邦男)의 작품 『마리코(マリコ)』의 주인공이기도 하다. 본 서에서 한 번 더 등장하기 때문에 기억해 주기 바란다. 맥아더와 히로히토는 간단한 날씨 관련 인사를 마치자 곧바로 본 의제에 들어갔다.

히로히토 지난 5월에는 식량사정이 최악의 사태에 있었고 제3자의 선동에 의한 데모도 격심하여 하나의 위기가 도래했지만 다행히도 귀 장군의 이해 깊은 원조로 이를 벗어날 수 있었기에 정말로 감사할 따름입니다.

맥아더는 트루먼을 설득하여 식량을 들여온 것에 대하여 상세하게 수치를 들어 설명하고 이후의 계획을 말하였다.

히로히토 미 본국의 대일감정은 귀 사령부의 대일감정과 비교하면 여전히 나쁜 것 같습니다. 미국정부에 대한 설득은 지금의 이야기로도 미루어 짐작할 수 있겠습니다만 실로 엄청나네요. 귀 장군의 노력에 감사의 뜻을 전합니다.

맥아더 ……미국의 대일여론을 우호적으로 바꾸는 것은 천황에게 달려 있습니다. 천황의 민주적인 태도가 효과적입니다. 나는 미국 방문객에게 천황은 가장 민주적인 분이라고 말하고 있습니다만 (웃으면서) 누구도 나의 말을 믿어 주지 않습니다.……

여기서 말하는 민주적 천황이란 히로히토 자신이 꾸며 낸 '헌법을 지키느라 전쟁을 멈출 수가 없었'던 천황이라는 허상일 것이다. 화제는 신헌법으로 옮겨 간다.

히로히토 이번 헌법이 성립하여 민주적 신일본 건설의 기초가 확립된 것은 매우 기뻐할 일입니다. 이 헌법 성립에 즈음하여 다방면의 지도를 해 주신 귀 장군에게 감사드립니다.

맥아더 헌법은 폐하 덕분에 만들어졌습니다(웃으면서). 폐하가 없었다면 헌법도 없었을 것입니다.

히로히토 전쟁 포기의 큰 이상을 내건 신헌법에 일본은 매우 충실할 것입니다.

분명히 1946년 3월 5일 시데하라 내각이 GHQ의 헌법안을 수용할 것인지 아닌지 결단하지 못할 때 히로히토의 한마디, 이른바 제3차 '성단'으로 정부의 태도를 결정한 적이 있었다. 여기서 맥아더의 발언은 이를 포함하여 천황이 국민통합 기능을 유지하고 있기 때문에, 아니 맥아더가 천황제를 옹호하여 존속시켰기 때문에 신헌법 공포까지 추진해 나갈 수 있었다는 의미로 해석해야만 할 것이다.

'영령'을 배신한 히로히토

히로히토는 반노동자 감정과 반공의식을 드러내면서 맥아더와 의기투합한다.

히로히토 앞서 말씀드린 대로 국민이 허탈상태에서 사기를 회복하고 부흥의 희망으로 올라서려 하는 지금 이 희망에 물을 끼얹는 것은 '데모'입니다.

무엇이든 흉내 내는 경우 권리만 흉내 내고 의무를 등한시하는 것은 자주 있는 일이지만 아직 일본인의 교양이 낮고 더욱이 종교심이 부족한 지금 미국에서 행해지는 '데모'를 보고 이것을 행하면 민주주의 국가가 될 수 있을 것이리고 생각하는 듯한 자도 적지 않습니다. 더불어 여러 가지 악조건을 이용하여 이득을 보려는 제

3자가 있다면 국가 경제 재건의 길은 정말로 심히 우려스럽다고 말씀드리지 않을 수 없습니다.

맥아더 완전히 동감합니다. 일본이 직면한 위기의 하나입니다. 공산주의자는 교육받지 못한 자에게 여러 가지 구두 약속을 하고 세력을 획득하여 군벌이 한 것처럼 일본국민의 '조직화'를 꾀하고 있습니다. 극우·극좌 모두 위험합니다. 일본은 어느 쪽으로도 치우치지 않고 한가운데의 큰길인 민주주의를 실행해야 한다고 생각합니다. 저도 공산주의에 관심을 가지고 감시를 소홀히 하지 않겠습니다만, 지금까지 저쪽은 커다란 성과를 올리지 못했다고 생각합니다.……

"종교심이 부족한"이란 무엇을 의미하는가. 일본 민중은 신(神)인 천황의 적자로서 생활의 모든 면과 삼백수십만 명의 목숨까지 천황제국가에 바쳤고 천황의 이름하에 2천만 명의 아시아인을 살육하는 행위를 강제당했다. 전사한 병사가 야스쿠니 신사(靖国神社)에 안치되었기 때문에 '전사(戰死)는 개죽음이 아니다. 국가를 위하여 폐하를 위하여 목숨을 바친 것이다'라며 스스로를 위로하는 유족은 많다. 그들의 마지막 보루였던 천황이 1년 전까지만 해도 '귀축(鬼畜) 영미'라고 외치던 적장에게 '일본인은 종교심이 부족하다'는 등 비굴한 태도로 대한 것이 국민에게 알려졌더라면 천황제의 성립 기반은 일순간에 무너졌을 것이다. '영령'도 '호국의 혼'도 히로히토에 대한 '복수의 혼'으로 바뀌었을 것이 틀림없다. 국민통합의 지주인 야스쿠니 신사는 실로 위험한 기반 위에 서 있는 것이다. 전범으로 지목되어 1948년 10월 홍콩에서 사형당한 전 교직원 이와사키 요시호(岩崎吉穗, 당시 29세)는 유고에 다음과 같이 적고 있다.

> 더욱 진충보국(盡忠報國)의 염을 불태우며 오로지 조국의 훌륭한 방패가 되고자 하여 상관의 명령에 복종한 자가 사형을 언도받았다. 신으로 받들어 모신 우리의 천황폐하는 결국 우리를 발판으로 목숨을 부지하였다. 목숨을 걸고 지키려 한 조국은 우리를 배신하였다. 지금 천황폐하를 존경하고 조국을 계속 사랑하고 있는 일본인의 피와 자아(自我)의 모순이 교차하게 되었다.[194]

이와사키 요시호는 사형에 직면하여 국가와 천황제의 본질을 통찰하였다. 한편 살아남은 병사와 많은 유족들의 이러한 인식은 자신들이 지불한 희생이 덧없는 것이었음을 인정하는 것과 직결된다. 그들은 이러한 사실을 무의식중에 알고 있었으며 이것이 명확해지는 것을 두려워하여 회피하고 있었다. 이와사키도 '천황폐하를 존경하고 조국을 계속 사랑하'여 죽었지만 만약 그가 맥아더에게 한 히로히토의 발언을 들었다면 어떻게 생각하였을까. 이와사키는 이렇게 적고 있다.

> 지금 자진하여 방패가 되어 전장에 나간 사람들이 자진하여 항복한 국민에게 버림받고 있다. 일본국민은 옥사하는 우리의 고뇌를 알고 있을까. 우리들의 희생 위에서 목숨을 부지한 천황 및 모든 국민은 자신의 가족 이외의 전범자를 잊어버리고 있는 것일까.[195]

'일본인의…… 종교심 부족'이라는 히로히토의 발언은 이와사키의 말처럼 자신이 많은 사람들의 희생 위에 살아남은 것을 자각하고 있지

---

194 現代史資料室編, 『ふるさとヨ聞イテクレ!!ー絞首台に消えた学徒軍人の遺稿』, 東潮社, 1967年, p. 15.
195 같은 책, p. 23.

않기 때문에 생겨났다고 말할 수밖에 없다. 이와사키를 진혼시키기 위해서는 히로히토가 이러한 발언을 했다는 사실을 국민 전체에게 인식시켜야만 한다.

나아가 아무리 승자를 앞에 둔 패전국의 천황이라 하더라도 자국민을 '아직 교양이 낮다'고까지 비하할 필요가 있을까.[196] 필자는 이것 때문에 천황이 우익에게 '민족의 자긍심을 잃어버린 천황'이라고 비판받는 것이 아닐까 생각하기도 한다. 종전 결단은 국민의 생명을 구하기 위해서였다고 위장하고, 죽기 직전까지 국민생활의 안정을 바라고 있다고 전해진 히로히토는 실은 철저하게 국민을 모멸하고 있다. 자국의 국민을 모멸함으로써 일본 최고 권력자인 맥아더에게 조금이라도 더 근접하여 지배받는 측이 아니라 지배하는 측에 서고 싶다는 욕망이 이러한 언사를 내뱉게 했다고 필자는 생각한다.

일반적인 국가원수라면 결코 이러한 발언은 하지 않는다. 자기 나라의 민도가 낮다고 생각하고 있다 해도 자신은 그 국민의 대표이며 당위에 불과할지언정 국가와 국민의 '발전'의 선두에 서 있기 때문이다. 구헌법하에서 히로히토는 국민의 대표가 아니었으며 오히려 국민은 히로히토의 소유물이었다. 사적 소유물이라면 그것이 질이 낮다고 겸손해하는 것이 일반적이기는 하다. 히로히토는 '국체의 정화'를 자랑하고

---

196 이러한 감각은 히로히토만의 것은 아니다. 이리에 스케마사도 다음과 같이 적고 있다. "이 즈음은 궁내성의 사람(원문대로)이 궁성의 외곽에 서 있는 미군병사에게 경례를 하는 습관이 생겼는데 그때 미군병사의 태도는 정말로 훌륭한 것으로 군기가 매우 엄정했다는 것을 잘 알 수 있었다. 애석하게도 종래의 일본병사와는 비교가 되지 않는다고 생각되었다. 즉 일본인의 교양 및 문화를 이 기회에 근본적으로 쇄신하지 않으면 도저히 세계인과 어깨를 나란히 할 수 없다고 생각하였다."(『入江相政日記』 第二巻, p. 10, 1945年 9月 22日)
미국에 대해 종전에 가지고 있던 관념적인 우월감이 종전 후 물량공세에 의해 파괴되면서 한꺼번에 열등감과 숭배심으로 변하는 것은 천황도 궁정의 사람들도 일반서민도 동일한 것일까. 이러한 의미에서 히로히토는 역시 일본인 정체성의 중핵이 될 자격이 있다.

'일본민족은 우수하다'고 생각하고 있던 사람들에게 '민족의 배신자'로 불려 마땅한 인물이다.

정부 측에서 이러한 발언이 포함된 기록을 공표하지 않는 것은 당연하며 『산케이신문』에서 빠진 내용은 의도적이라는 생각도 든다. 덧붙여 말하면 『산케이신문』에 게재된 기록에서 탈락되어 있는 3곳 가운데 두 곳이 앞에서 본 히로히토 발언의 첫 부분인 '데모'와 '아직 일본인의 교양이 낮고 더욱이 종교심이 부족한 지금'이며 또 한 곳은 회담의 끝부분에 맥아더가 히로히토에게 보내는 초콜릿에 대해 "'초콜릿' 중에서도 최고입니다"라고 부언한 문구이다.

맥아더가 히로히토에게 민주주의를 설교

회담내용으로 되돌아가자. 맥아더는 계속해서 말한다.

> **맥아더** 원래 노동운동은 건강한 것입니다만, 정치문제를 염두에 두면 위험해집니다.……저는 일본인의 양식을 믿고 싶습니다. 직업적 선동가도 아직 큰일을 할 정도는 아닙니다. 공산주의자는 아무것도 할 수 없을 것입니다. '데모'가 성공한 것은 실제로 노동조건이 나빴던 홋카이도뿐입니다.……
> 정치적 '데모'는 경계할 필요가 있지만 결국 일본은 여러 가시를 행하면서 민주주의를 공부하고 있다고 생각합니다. 이전에 '링컨'은 '국민을 강하게 신뢰하지 않으면 안 된다'고 이야기했는데 저도 그렇다고 생각하고 있습니다.
> '데모'는 크게 염려할 정도는 아니라고 생각하고 있습니다.
> 만약 위험해지면 곧바로 폐하에게 상의하겠습니다.

그러한 위험은 지금은 없으며 장례에도 없으리라 생각합니다. 이렇게 말씀드리는 것은 일본인의 건전성, 즉 천황에 대한 존경과 애정이 전혀 변하지 않는 형태로 나타나고 있기 때문입니다. 이것이 파괴적인 좌익으로 이행하지 않는 증거입니다.……

히로히토 말씀은 상당히 참고가 되었습니다. 제가 순행(巡幸)을 강하게 희망하고 있음은 알고 계시는 대로입니다. 특히 헌법이 성립될 때까지는 미루고 있었습니다만 당분간은 미루는 게 좋다는 이도 있습니다. 귀 장군은 어떻게 생각하십니까.

맥아더 기회가 있을 때마다 다니시는 게 좋다고 생각합니다. 횟수는 많을수록 좋다고 생각합니다. 일본을 완전히 파괴하려 하는 '러시아'와 호주 순행에는 반대합니다만 미국도 영국도 폐하가 민중 속에 들어가는 것을 환영하고 있습니다. 사령부에 관한 것이라면 폐하는 무엇이든 할 수 있는 자유를 가지고 계십니다. 무슨 일이든 저에게 말씀해 주십시오(Please command me).

히로히토 감사합니다.

재외 장병과 우리 국민의 귀환, 특히 소련 지역에서의 귀환에 많이 배려해 주신 것에 대해 매우 감사드립니다. 이후도 진력해 주시기를 바랍니다.

맥아더 '러시아' 외에는 곧 종료될 것입니다.……'러시아'와의 교섭 진척상황은 나쁘지는 않습니다. 더욱 진력하고 있습니다.……

이후 맥아더는 억류와 귀환 상황을 구체적으로 설명하였다. 노동운동에 대한 대처방법, 국민관에 대한 맥아더의 말투는 국민을 모멸하고 있는 히로히토를 꾸짖고 민주주의에 대한 초보적인 교육을 하는 듯하다. 일부에서는 뛰어난 정치가라는 평가를 받고 있는 히로히토지만 끝내 정치가가 되지 못한 맥아더조차도 그의 정치의식이 편향된 데 놀랐을 것이다. 그러나 식량문제·미국의 대일 여론·헌법·노동공세·천황순행·귀향문제는 모두 당시의 가장 중요한 정치과제였다. 일본정부의 각료조차 거의 만나려 하지 않았던 맥아더가 이러한 문제들을 히로히토에게 상세하게 설명하고 있는 것은 두 사람의 회담이 의례적인 것이 아니었음을 의미한다. 제3회 회담에서도 의례적인 인사는 처음과 끝의 극히 조금밖에 없다.

맥아더 측은 이것이 정치회담이라고 이해하고 있었다. 맥아더가 히로히토를 점령지배에 이용하려 한 것에 비해 히로히토는 스스로를 종속적인 공동 통치자로 위치 지우고 국내에서 자신의 정치행동을 제약하는 자가 없는 것을 기회 삼아 주체적이고 능동적인 정치행동을 적극 전개한 것이다.

제8장

안보체제의 제창자 히로히토
-궁정개혁과 이중외교

궁정의 축소

종전 시의 궁내성(宮內省)은 25부국(部局) 외에도 교토지방사무소에 2,200여 명이 소속되어 있는 거대조직이었는데, 1946년 4월 그 조직과 직원이 정리·축소되었다. 이어서 이듬해 5월 헌법시행과 동시에 궁내부(宮內府)법이 실시되어 궁내성은 내각총리대신 아래서 "황실관계의 국가사무 및 정령(定令)에서 정하는 천황의 국사에 관한 행위와 관련된 사무를 관장하고, 옥새와 국새를 보관하는" 궁내부로 변경되었다. 나아가 1949년 6월 총리부설치법에 따라 궁내부는 궁내청으로 개칭되어 총리부의 외국(外局)이 되었으며 직원 수도 900여 명으로 축소되었다. 원로의 기능이 약해지면서 강력한 권한을 가진 내대신부(內大臣府)도 1945년 11월 24일 폐지되었다.

히로히토는 이 과정에 적극적으로 관여하였으며 아시다 내각의 궁내부 개혁에 저항하였다. 점령지배의 시작과 더불어 궁정 축소는 당연히 예상되었다. 1945년 10월 23일 시종차장에 임명된 기노시타 미치오는 근무 첫날 히로히토에게 받은 명령을 『측근일지』에 다음과 같이 기록하였다.

1. 중대한 시국에 즈음하여 임무를 완수하라는 격려의 말씀.
2. 시종직과 황후궁직(皇后宮職)을 합병하여 내정부(內廷府)를 만들 것.
3. 내대신부는 장래에 당연히 폐지될 것이므로 이것을 내정부에 병합할 것인지, 아니면 정무연락국(政務連絡局)이라는 명칭 혹은 시종직으로 불러도 좋은데, 어쨌든 상주문서 취급을 비롯하여 정변 시에 성상(聖上)과 추밀원의장, 귀족원과 중의원 의장 사이에 연락을 취하는 부국(部局)을 설치할지 연구하라.
   고노에 공(公)의 헌법 개정 여부에 대한 결과는 11월 중순에 보고할 것이므로 그때까지 안을 만들 것.
   이 부국의 장에 중견(대신급) 인물을 앉히는 것도 좋으나 미국 측이 이것을 고압적이라고 보지는 않을지, 그리고 소장급 인물을 앉힐 때는 국내에서 불만스럽게 생각하지는 않을지…….
   마쓰다이라 비서관장(松平康昌—저자)은 재임기간이 길어서 퇴관을 희망하는데, 성격도 좋은 만큼 나는 계속 했으면 한다.

GHQ에서 헌법 개정에 대한 연구를 지시받은 히가시쿠니노미야 내각의 부수상 고노에 후미마로는 동 내각 총사직 후에 내대신부 관계자로서 그 작업을 계속하고 있었다. 위에서 본 히로히토의 지시에서, 헌법 개정 작업을 자신의 주도하에 추진하려는 의지를 엿볼 수 있다. 또한 궁정의 조직 재편과 인사에 대해서도 스스로 방침을 제시하고 있다. 기노시타 시종차장은 다음 날의 『측근일지』에 히로히토의 발언을 다음과 같이 적어 두었다. 그 기록을 보면 히로히토가 아주 세세한 곳까지 살피고 있었음을 알 수 있다.

1. 여관(女官)을 감원할 경우에는 월경이나 상중이어서 근무를 할 수 없는 종래의 관례가 있다는 점에 주의하라. 남자와 같이 단순한 감원은 안 된다. 이 점은 대궁어소(大宮御所, 황태자가 거처하는 곳, 여기서는 황태자 궁직을 지칭함—저자) 및 장전직(掌典職, 황실의 제사를 담당하는 직책 —역자)에도 관계가 있다.
2. 지난번의 방송 및 맥아더 사령부로 갈 때 경비가 없는 차량(교통통제 완화)이 민간에 어떤 영향을 미치는지 조사하라(차량은 천황이 이동할 때의 차량을 말함—저자).
3. 고노에 공에 대한 인물평.
4. 만일 퇴위할 수밖에 없는 상황에 내몰렸을 경우 퇴위 이후 생물학 연구를 도울 조수에 관한 건.
5. 비료(곰팡이와 박테리아) 연구는…….

제2항에 있는 것처럼 천황제 계속 선언이 국민에게 어떻게 수용되었는지를 분석하는 것은 전후 천황제를 구상하는 히로히토에게는 빠트릴 수 없는 작업이었다. 그다음으로 내대신부의 존폐 여부가 커다란 관심사였다. 10월 25일 자 『측근일지』를 보자.

내대신부(어제 말씀이 있었다) 폐지의 건, 어제 인지하시고 다시금 말씀하심. 궁내대신을 경질할 때 내대신이 없을 경우 누가 이것을 추천할 것인지, 내대신의 대리를 생각하라. 그리고 궁내성

> 내의 일을 외부인에게 너무 상담하는 것은 좋지 않다.
> 현재 상황에서 내대신 대리자를 군인 가운데서 채용하는 것은 적당하지 않다. 따라서 그 범위를 축소하라.
> 위의 자를 시종장이라고 칭해도 좋다.

그런데 11월 1일에 기노시타가 조직 통합안을 설명했을 때 히로히토의 의향은 "내대신부를 존치하기로 이미 결정한 듯한 모양"으로 바뀌었다. 그러나 그것이 또 바뀌어 다음 날 아침 기노시타를 불러 다음과 같은 결의를 말하였다.

> 내대신부에 대하여. 미국의 단파방송을 살펴보니 황실에 정치적인 권력이 있는 듯이 보이는 것은 득이 없다. 어젯밤에 여러 가지 생각해 보니 내대신부는 폐지하는 편이 좋겠다.
> 만약 황실전범(皇室典範) 및 공식령(公式令)의 부서(副署) 관계로 존치를 요한다면, 시종장에게 내대신을 겸임시키고, 가능한 한 중견 인물은 기용하고 싶지 않다. 후지타가 좋다. 만약 다른 인물로 대체할 필요가 있다면 너무 중견 인물을 기용하지 말고 현재의 궁내대신 정도가 좋을 듯하다. 정치적 경험은 필요하다. 대신과 잘 상담할 것.

히로히토가 미국의 단파방송까지 듣고 점령정책을 분석하고 있는 점은 놀랍다. 그 후 히로히토는 기토 고이치 내대신을 불러 내대신부 폐지를 명령하였다. 기토는 이시와타 궁내성 대신과 내대신부 폐지에 따른 여러 가지 문제를 협의하여[197] 11월 24일에 내대신부를 폐지하였다. 기토 자신은 12월 6일 전범으로 스가모 형무소에 수감되었다. 궁내성의 정리·통합은 이듬해 4월에 이루어지는데, 궁정 재편에 스스로 손을 댄 히로히토는 조직적 축소는 받아들이면서도 국가기구의 민주화가 진행되는 가운데 정치적 영향력을 유지하기 위하여 궁정인사에 대해 가능한 한 자신의 의향을 반영시키려고 하였다.

히로히토, 새로운 중신 그룹을 구상

기노시타 미치오는 1945년 10월 23일 시종차장에 취임하여 이듬해 5월 31일까지 그 자리에 있었다. 즉 시데하라 내각 조각 2주 뒤부터, 동 내각을 이어 간 제1차 요시다 내각이 성립한 날의 9일 후까지로, 거의 시데하라 내각 시기에 해당한다. 이 시기는 헌법 개정에 대한 검토가 시작되어 신헌법의 내용이 거의 확정되기까지의 기간이기도 하다. 이른바 전후 천황제의 틀이 결정된 중요한 시기였다. 예정되어 있던 천황제가 상징 천황제임에도 불구하고 히로히토의 언동은 그것과는 정반대로 상당히 정치적이었다는 사실이 『측근일지』에 적나라하게 묘사되어 있다. 하나의 예로 궁정 재편을 살펴보았는데, 그의 언동은 정치의 대국면에 관련된 것에서부터 세세한 것까지 여러 방면에 걸쳐 있다. 여기서는 후계 내각 임명에 관련된 것만 논하고자 한다. 1945년 11월 30일 기노시타는 천황에게 "정변이 일어날 경우 후계 내각 결정 방법에 대한 생각을 물었"다. 천황은 다음과 같이 대답하였다.

---

197 『木戸幸一日記』 下巻, p. 1247.

표면적으로는 추밀원의장, 양원 의장에게 자문하는 것이 옳겠지만 속내를 듣고 싶은 이는 (1) 오카다(岡田啓介—저자)(과거의 경험상 가장 정곡을 찌르는 의견을 냄.), (2) 요나이, (3) 기토, (4) 마키노, (5) 아베(阿部信行, 전 수상—저자)(해군만으로 온당하지 않다면 아베도 넣어라. 육군 내에서는 가장 상식적이다.) 등 5명이다. 오카다와 기토는 마쓰다이라 야스마사에게, 요나이는 후지타에게, 아베는 기토에게 물어보면 좋을 것이다. 마키노는 잠시 연락이 어렵다.

전쟁 중에 유일한 원로였던 사이온지 긴모치가 노령으로 인하여 후계 수상 천거가 불가능해졌기 때문에 수상 경험자들의 중신회의가 그 역할을 담당하였다. 여기서 히로히토는 이른바 새로운 중신 집단을 형성하려고 생각한 것이다. 시데하라 수상은 히가시쿠니노미야의 경우와 같이 기토 내대신과 히라누마 추밀원의장에게 자문하였다.

시데하라 내각은 국회를 민의가 반영된 것으로 만들기 위하여 임시의회를 개최하여 12월 17일 여성 참정권을 포함하는 중의원 의원 선거법을 개정 공포하고 다음 날 각의에서 중의원 해산, 1월 중순의 총선거를 결정하였다. 그런데 GHQ는 총선거 무기연기를 지시하고 해가 바뀌어 1월 4일이 되자 공직추방을 지령하였다. 각료 중에도 해당자가 있었으며 내각은 위기에 직면하였다. 1월 5일에는 슈치 요사쿠(須知要塞)가 기노시타를 방문하여 전날 밤 CIE의 다이크 국장과 피셔 대위에게서 히가시쿠니노미야를 후계 수상으로 천거하려는 의향을 들었다고 전했다. 다음 날은 일요일이었지만 기노시타는 "각의의 상황이 심상치 않아 혹시 내각 퇴진이 있는 것은 아닌가" 염려되이 출근하여 후계에 대한 히로히토의 생각을 물었다. 히로히토의 의향은 다음과 같았다.

> 청년 내각을 만들려고 한다면, 시부자와 대장대신(大蔵大臣, 渋沢敬三―저자)도 좋겠다. 기토의 이야기에 따르면 마쓰마에(松前重義, 遍身院 총재, 이후 사회당 참의원 의원―저자)는 선전가이다. 시데하라의 유임이 가장 좋지 않은가.

『측근일지』에는 8일에도 "여러 가지 후계 내각의 수반 인물에 대하여 이야기가 있었다. 시데하라의 유임을 희망하는 것 같았다"고 적혀 있다. 결국 1월 13일 시데하라 개조내각이 성립하였다. GHQ가 히가시쿠니노미야의 재등장을 기대하고 있었음에도 불구하고 히로히토의 의향이 관철되었다. 수상 인선이 히로히토의 의지대로 이루어졌다면 히로히토의 위치는 전전·전중과 변하지 않은 것이 된다.

제1차 요시다(吉田) 내각과 히로히토

1946년 4월 10일 새로운 선거법에 따라 제22회 총선거가 시행되고 의석수는 자유당 141석, 진보당 94석, 사회당 93석, 협동당 14석, 공산당 5석, 기타 38석, 무소속 81석이란 결과로 끝났다. 대일본정치회를 계승한 극우파의 진보당은 구의회에서는 다수파였으나 공직추방에 의해 커다란 타격을 받았다. 과반을 점한 정당이 없었기 때문에 시데하라 수상은 진보당 총재에 취임하여 수상직에 눌러앉으려고 했지만 자유·사회·협동·공산 4당에 의한 시데하라 내각 타도 공동위원회가 성립되어 시데하라 내각은 고립되고 4월 22일 총사직을 결정하였다.

신헌법은 초안이 발표되었을 뿐 국회심의는 아직 이루어지지 않았다. 새로운 의원은 선출되었지만 다수당이 없는 과도적이고 유동적인 상황이었다. 이러한 가운데 고립되어 사직을 결정한 시데하라가 천황에게 후계 수상을 천거하는 기묘한 사태가 전개되었다. 수개월 전에 후계 수상을 '새로운 중신 집단'에 자문하려고 한 히로히토의 구상도 이미 현실성을 잃어버렸다. 각 당의 연립공작 결과 선출된 수상 후보를 시데하라가 히로히토에게 보고하고 GHQ의 승인을 얻는 형태가 되었다. 형식은 과도적이면서도 여기에 더 이상 히로히토의 의지가 들어갈 여지는 없었다.

한번은 자유당 총재인 하토야마 이치로(鳩山一郎)가 후계로 결정되었는데, 그날 밤에 GHQ에서 하토야마에 대한 추방각서가 발표되어 재차 우여곡절을 거친 결과 시데하라 내각의 외무대신이었던 요시다 시게루가 자유당 총재에 취임하여 내각을 조직하게 되었다. 덧붙여 말하면, 요시다 시게루는 히가시쿠니노미야 내각의 총사직 이후 기토 내대신과 히라누마 추밀원의장이 시데하라 다음으로 제2의 수상 후보로 히로히토에게 추천한 인물이다.

제1차 요시다 내각 때는 히로히토와 내각 사이에 갈등은 나타나지 않았으며 양자가 협력하여 정책을 추진하였다. 예를 들면, 요시다 내각이 발족하기 3일 전인 5월 19일에는 식량 메이데이가 개최되어 국민의 불만이 높아져 갔다. 이것을 제압하기 위하여 조각 직후인 24일에 히로히토는 정오, 오후 7시, 오후 9시 등 3회에 걸쳐 식량난 극복을 호소하는 라디오 방송을 진행하였다.

> 조국 재건의 첫발은 국민생활, 그중에서도 먼저 식량생활의 안정이다. 전쟁·전후를 막론하고 지방 농민은 여러 가지 생산 장애와 싸우고 있으며 인고를 견디며 식량증산과 공출에 힘쓰고 있으니 그 노력은 정말로 눈부신 부분이 있다. 그럼에도 불구하고 주로 도

> 시에서의 식량사정은 여전히 그 유례를 찾아볼 수 없을 만큼 궁핍하여 이 상황은 매우 마음을 아프게 하는 바이다. 이에 대하여 정부가 곧바로 적절한 시책을 집행하는 것은 말할 것도 없으나, 전 국민들도 어려움을 이해하고 고통을 분담하는 각오를 새롭게 하여 동포가 서로 도와 이 절박한 상황을 벗어나지 않으면 안 된다.
>
> 전쟁으로 인한 여러 형태의 상처를 회복하지 못한 국민에게 이러한 것을 요구하는 것은 정말로 참기 어려운 일이지만 이것을 이겨 내지 않으면 종전 이후 전 국민이 지속해 온 모든 경영(經營)은 물거품이 되며 평화로운 문화국가를 재건하고 세계의 대세에 기여하고 싶다는 우리 국민의 엄정하고 신성한 염원의 달성도 바랄 수가 없다.
>
> 이러한 시기에 즈음하여 국민이 가족국가의 아름다운 전통을 살리고 개별적인 이해관계를 넘어 현재의 난국을 이겨 내고 조국 재건의 길에 매진할 것을 절실하게 희망하며 나아가 이를 기대한다.[198]

이 방송문에 나타난 천황과 정부와 국민의 관계는 종전 이전과 완전히 동일하다. 따라서 '종전조서'의 문구가 인용되는 것이 당연하겠지만 '가족국가의 아름다운 전통'이란 용어는 히로히토가 종전 이전의 국체관을 지속적으로 지켜 왔다는 것을 보여 준다.

중도내각에 대한 개입

1947년 4월 25일 제23회 총선거에서 사회당이 143석을 얻어 제1당이 되었다. 그 외 정당의 의석수는 자유당 131석, 민주당 124석, 국

198 『朝日新聞』, 1946年 5月 25日.

민협동당 31석이었다. 수정자본주의를 제창하고 '자유당 좌파와 사회당 우파'를 자칭하고 있던 민주당과, 협동조합주의의 국민협동당이 여당이 되어 사회당의 가타야마 데쓰(片山哲)를 수반으로 하는 중도내각이 5월 24일 성립하였다. 여당이었던 자유당은 야당이 되었다. 사회당 좌파는 입각하지 않았다. 전후 일본국헌법 실시 후의 첫 내각이다. 형식적으로는 지금까지의 친임식을 대신하여 인증식이란 형태를 취해 천황이 관여는 하지만, 실질적으로는 히로히토의 의향과 전혀 관계없는 내각이 처음으로 조직되었다.

히로히토는 자신의 마음에 들지 않는 내각에 대하여 강하게 간섭하였다. 아시다 히토시는 부수상으로서 가타야마 내각의 외무대신에 취임하였는데, 7월 22일에 작성한 그의 일기는 매우 흥미롭다.

> 18일에 시종차장이 외무차관의 허가를 얻어, 폐하께서는 외교문제에 대하여 매우 염려하고 계신다.……외무대신이 일견 방문해 주지 않겠는가.……방문한다면 토요일이라도 좋다.……는 이야기가 있었다는 취지를 오카자키 차관에게 들었다.
>
> 신헌법이 시행된 이후 아무래도 폐하께서 내치와 외교에 개입하는 듯한 인상을 주는 것은 황실을 위해서도 일본 전체를 위해서도 좋지 않다. 따라서 나는 방문하지 않을 것이다. 그러나 윗분의 생각이 그러하다면 갈 수밖에 없다고 결심하여 다음 주 월요일에 방문하겠다고 말씀드렸다.
>
> 월요일은 날씨가 더웠지만 정장(morning dress)을 착용하고 오후 3시에 방문하였다. 준비한 문서를 펼쳐서 30분 정도 미국무성의 대일평화예비회담 건, 트루먼 독트린, 마셜 플랜, 중공(中共)과 국

민정부 간의 충돌, 웨더마이어(Albert Coady Wedemeyer)의 중국 파견 등에 대해 설명하였다.

설명이 끝나자 폐하께서는 먼저 미·소 관계가 험악하다고 하는데 결국 어떻게 될 것인지 질문하셨다. '본(Mr. Vaughn)이 맥아더 장군의 견해라고 말한 것은 미·소의 개전은 있을 수 있는(possible) 일이지만 개연성(probable)은 없다'는 것 등을 말씀드렸다.

'일본으로서는 결국 미국과 동조해야만 하며 소련과의 협력은 어렵다고 생각한다'고 말씀하셨다. 나는 완전히 동감한다고 대답했다.

'저쪽에서 불릿(Bullitt)이 와서 공산당을 공격하였는데……공산당이라고 하더라도 우리나라에서는 도쿠다(德田)조차도 신궁(伊勢神宮—저자)에서는 정중하게 예의를 갖추었다고 하니 러시아 공산당과는 완전히 다르다고 생각한다'고 말씀하셨다.(중략)

'그리고 가끔 와 주게'라고 말씀하셨을 때 나는 '예'라고 대답할 수밖에 없었다. 그러나 머릿속에는 다시금 신헌법이 떠올랐다.[199]

아시다가 히로히토를 상징 천황제의 틀 속에 묶어 두려고 한 것에 반해, 히로히토는 적극적이고 구체적으로 정치에 관여하고자 한 것이 대조적이다. 요시다 수상은 종종 내방하였는데……라는 불만인 듯하다. 더욱이 히로히토는 일본공산당의 도쿠다 규이치(德田球一) 의장까지 천황제의 문화구조 속에 포섭되어 있는 점에 자신감을 가지고 있었다.

1948년 2월 10일 사회당 좌파의 이반으로 가타야마 내각이 붕괴하고 3월 10일 동일한 3당을 여당으로 하여 아시다 내각이 성립하였다.

199 『芦田均日記』 第2巻, pp. 13–14.

이번에는 사회당 좌파도 입각하였다. 아시다는 그날 히로히토에게 불려가 "공산당에 대해서는 뭔가 수단을 강구할 필요가 있다고 생각하는데"라는 주문을 받았다. 아시다는 "공산당 박멸은 우선 사상으로 하지 않으면 안 됩니다.…… 공산당이라고 하더라도 합법정당인 만큼 비합법적인 수단을 취하는 경우가 아니면 손을 쓸 수 없습니다"라고 반론하였다. 나아가 "좌파의 입각은 어떠한 영향을 주는가"라는 히로히토의 질문에 대해 아시다는 "용공(容共)좌파가 아닌 한 가토(加藤), 노미조(野溝) 정도라면 커다란 영향은 없을 것이라고 생각합니다. 좌파의 입각은 오히려 좌파를 온건하게 하는 바이겠죠"[200]라고 대답하고 있다.

노동조합은 가타야마 내각이 책정한 기본급 1,800엔 타파 투쟁을 전년부터 실시하고 있었으며 전체신노동조합(全遞信勞働組合)을 중심으로 지역 민중투쟁을 전개하였다. 임금인상과 노동조합의 생활권 옹호를 내건 3월 투쟁이 2월부터 활성화되기 시작했는데, 이것을 지도하고 있던 것은 공산당이었다. 그러나 동시에 공산당이 제기한 민주민족전선은 사회당의 용공순정좌파를 포함하여 구상되었지만 관심도는 낮았다. 또한 2월에는 산별민주화동맹이 결성되어 노동조합운동에 분열이 일어나고 있었다. 중국과 한반도에서 혁명이 진척되고 냉전이 진행되는 가운데 미국에서는 반공정책이 전개되었다. 이 시기에 공산당에 대한 대책을 요구한 것은 국내적·국제적 환경을 히로히토가 정확하게 인식하고 있었다는 사실을 보여 준다. 사실 히로히토는 후술하는 바와 같이 1947년 여름부터 반공의 입장을 일관되게 주장한 원수로서, 정부와는 별도로 이중외교를 전개하고 있었다. 한편 아시다는 사회당이

200 같은 책, p. 72.

여당이었다는 점도 있었겠지만 절차로서의 민주주의를 주장하였다.

궁정인사를 둘러싼 두 가지 대립

히로히토가 아시다 수상을 가장 고뇌하게 한 것은 궁정개혁이었다. 아시다의 의도는 그의 메모를 요약한 다음 문장에 잘 표현되어 있다.

> 소련이 폐하를 매장하려고 여러 가지 시도를 하고 있다. 맥아더가 염려하여 나를 불러 통역 없이 이야기한 결과, 폐하 측근 사람들의 존재 형태를 더욱 민주적으로 하여 소련의 공격 목표를 비켜가자고 결론 내렸다. 이를 위해 시종관계자를 일부 바꾸기로 하였다. 내가 폐하께 그 경위와 시종장 이하 궁내부의 일부 간부를 경질하는 것은 어쩔 수 없는 일이라고 말씀드리자 폐하께서는 패전으로 쓸쓸할 때 주변에서 시중을 든 시종장 등이 바뀌는 것은 마음이 불안하여 싫다고 하면서 강하게 반대하셨다. 나는 난감해하며, 폐하를 지키려는 내 마음을 왜 몰라주시는 것일까 하고 엎드려 흐느끼고 말았다.[201]

3월 10일에 공산당 대책 논의에 이어서 히로히토는 "궁내성(부)에 대해서도 GHQ의 의견은 통일되지 않았다고 생각한다"고 말하였다. 그러자 아시다는 통일되지 않은 것은 사실이지만 민정국과 군부의 대립은 과장되어 전달되었다고 대답하였다. 그리고 아시다는 민정국의 휘트니(Courtney Whitney) 국장이 GHQ는 천황제 유지로 의견일치를 보았지만

---

201 시모코베 산시(下河辺三史)에게 보낸 우루시노 류자부로(漆野隆三郎)의 서간, 『芦田均日記』 第7卷, p. 342.

"최근 다시 외국에서 천황제 문제가 제기되고, 국내에서도 지방순행 시에 GHQ로 투서가 산더미처럼 밀려드는 것을 생각하면 천황제를 위험하게 하는 것은 궁내(宮內)의 관리들이다"라고 한 말을 전하였다.[202] 실제로 민주주의적 경향이 강한 민정국(GS)과 보수적인 군인의 집합소인 참모 제2부(G2)의 대립은 히로히토와 아시다까지 연루시켜 아시다 내각 총사직의 원인이 되기도 하므로 히로히토의 추정은 정확했다.

역시 3월 10일 히로히토는 가타야마 데쓰에게 "장관과 시종장은 내 비서이기 때문에 내가 신뢰하는 자를 임용하고 싶은데, 어떻게 하면 GHQ에 인정받을 수 있을까"[203] 하고 물었다. 히로히토와 아시다는 각자 다른 궁내부 장관 및 시종장 인사구상을 가지고 있었다. 한쪽은 반공의 입장을 관철하고 있었고, 다른 한쪽은 소련의 비판을 피해 가려 했기 때문에 양자의 구상이 접점을 찾기는 어려웠다. 다음은 『아시다 히토시 일기(芦田均日記)』에 따른 것이다.

> 3월 23일 마쓰다이라 요시타미(松平慶民) 궁내부 장관이 나를 방문함. 궁내부 인사 갱신과 행정정리에 대하여 논의함.
> 3월 30일 내가 가나모리 도쿠지로(金森徳次郎) 국회도서관장에게 장관 취임을 의뢰함.
> 3월 31일 가나모리가 나에게 양원이 인정한다면 수락하겠다고 회답함.
> 4월 2일 마쓰다이라 요시타미 장관과 가토 스스무(加藤進) 궁내부 차장이 나를 방문함. 내가 가나모리를 제안함. 마쓰다이라 장관은 고이

---

202 『芦田均日記』 第2巻, pp. 72–73.
203 같은 책, p. 75.

즈미 신조(小泉信三)에게 취임 의사를 타진했으나 가나모리를 승낙함.

나는 GS의 케이즈(Charles Louis Kades)에게 가나모리를 제안함.

4월 5일 케이즈가 나를 방문. '실은 요시다 시게루가 맥아더에게 직접 친서를 보내 마쓰다이라 요시타미를 궁내부 장관에서 물러나게 해서는 안 된다고 전해 왔기 때문에 가나모리 건은 찬성하지만 만약을 위해서 전달해 둔다'고 알림.

4월 7일 아시다는 히로히토를 만나 가나모리 도쿠지로 관장, 스즈키 이치(스즈키 간타로의 장남) 시종장을 제안하였다. 히로히토는 "정부가 바뀔 때마다 궁내부 장관이 바뀌는 것은 바람직하지 않다고 생각한다"며 저항하였다. 아시다는 "결코 궁내부가 정치에 영향을 받지 않도록 염원하여 가나모리와 같이 공평하고 투명한 인물을 추천하였습니다"고 반론하였다. 히로히토는 "현재의 장관, 시종장 모두 마음이 잘 맞다"며 더욱 언짢아하였는데, 아시다가 "내외의 정세로 보건대 이번 개조는 황실을 위한 것이며 또한 일본을 위한 것입니다"라며 버티자 마지못해 받아들였다. 그런데 다음 날인 8일에 아시다가 마쓰오카 고마키치(松岡駒吉) 중의원 의장에게 가나모리 궁내부 장관에 관해 이야기하자 동석하고 있던 마쓰다이라 쓰네오(松平恒雄, 지치부노미야 비의 아버지로, 전 궁내대신) 참의원 의장이 강력하게 반대하였다. 아시다는, 요시다가 맥아더에게 마쓰다이라 요시타미의 유임을 호소한 것도 "아마도 마쓰다이라 (쓰네오) 씨와 상담한 것이리라"고 적고 있다.

13일 아시다는 수상관저에서 난바라 시게루(南原繁) 도쿄대학 총장과 만나 장관 취임을 의뢰하였으나 거절당하였다. 여기에 마쓰다이라 요시타미 장관이 와서 "천황은 당분간 현상을 유지하고 싶다는 생각으로, 경질을 연장할 수는 없는지 물었다"고 전하고, 나아가 마키노 노부아키(전 궁내대신, 내대신, 요시다 시게루의 장인)가 히로히토를 만나 현상유지가 좋다고 전한 사실을 덧붙였다. 아시다는 자신이 나쁜 놈이 되어 인물교체를 단행한 취지를 말하고 호리노우치 겐스케(堀内謙介, 전 미국대사, 아시다와 외무성 동기)의 이름을 비추자 마쓰다이라 요시타미도 찬성하였다. 다음 날 케이즈가, 호리노우치는 마쓰다이라와 별반 다르지 않다는 휘트니의 의견까지도 내비쳤다. 그러나 아시다는 호리노우치가 적격자라고 설명하였고 케이즈는 재고를 약속하였다.

> 4월 22일 호리노우치가 나를 방문. 사퇴하고 다지마 미치지(田島道治, 전 귀족원 의원)를 추천함.
>
> 다지마가 나에게 히로히토의 퇴위를 주장함.
>
> 4월 24일 다지마 사퇴. 나는 재고를 요청함.
>
> 4월 29일 마쓰다이라 장관, 가토 차장과 회담함. 히로히토는 고이즈미 신조를 희망한다는 것.
>
> 5월 6일 나는 다지마에게 재차 재고를 요청함.
>
> 5월 7일 아베 요시시게(安部能成)가 나에게 다지마를 설득해 달라고 요청함.

5월 10일 다지마 미치지가 장관 취임을 겨우 승낙하였다. 이것을 히로히토에게 보고하자 히로히토는 "내일모레 모리토(森戸) 문부대신과 다지마가 올 것인데, 그때 잘 이야기해서 나의 생각을 말하겠다"며 즉답을 피하였다. 그러자 아시다는 "신헌법에 따라 국무의 범위가 한정되어 이전처럼 각 대신이 관장하는 정무를 상주할 수 없도록 되었습니다만 폐하에 대한 각료의 심득 사항에는 조금도 바뀐 것이 없습니다"고 말하였다. 아시다의 이 말은, 천황은 상징이기 때문에 정치에는 의견을 말하지 않기를 바란다는 것이었다. 아마도 히로히토는 아시다에게 상당한 불신을 가졌을 것이다. 여기서는 "그렇다 하더라도 자네는 직접 궁내부를 감독하는 권한을 가지고 있기 때문에 가끔 방문하여 이야기해 주지 않으면……"이란 천황의 요구에 대해 아시다가 "그러겠습니다"로 답하는 정도로 끝났다. 13일 아시다는 가토 차장에게서 전날 히로히토가 다지마를 장관 후보로 받아들였다는 것을 전해 듣고 안심하였다.

다음은 시종장 인사이다. 5월 18일 아시다는 다지마와 만나서 미타니 다카노부(三谷隆信, 전 외교관, 당시 학습원 차장, 기독교인)를 추천하기로 하고, 다음 날 마쓰다이라 장관과 3명이 회담하여 시종장 후보로 미타니를 내정하였다. 21일 아시다는 하야마(葉山)에서 히로히토를 만나 다음과 같은 이야기를 나누었다.

아시다 시종장에 대해서는 현직에 있는 사람을 그대로 두었으면 한다는 의향을 말씀하셨는데, 역시 이 시기에 바꾸는 것이 안팎으로 좋은 인상을 준다고 생각되는 만큼 후임에 미타니 다카노부를 승낙하시기 바랍니다.

히로히토 미타니는 알고 있다. 그러나 오가네(大金益次郎)는 당분간 업무 담당으로 남기고 싶다. 그리고 궁내부 장관과 동시에 변경하지 않기를 희망한다. 조금 늦춰서 발표하고 싶다.

이때 아시다는 황실도 단란한 가족생활이 가능한 형태를 생각해야 한다는 것, 황태자에게 자유분방한 교육을 해야 한다는 것, 그러려면 호즈미 시게토(穗積重遠, 동궁대부 겸 동궁시종장)를 경질해야 한다는 것을 말하였다.

26일 다지마가 아시다를 방문하여 '내알'한 내용을 보고하였다. 아시다는 일기에 "가토 차장이 여러 가지 일을 꾸미는 모양인데, 다지마 군도 나도 의외라고 생각했다. 궁내성 개조는 점점 더 서둘러야 한다고 생각했다"고 적었다.

29일 아시다는 히로히토와 만났다. 아시다는 당시의 기억을 다음과 같이 적고 있다.

> 10시 15분부터 1시간 20분 동안 시종장 경질-궁내성 개혁안에 대하여 주로 폐하께서 여러 가지 불만을 말씀하셨다. 나는 일순간 정부를 그만둘까 생각할 정도였다. 그 상세한 내용은 별지로 넘기겠지만 결과적으로는 폐하께서 양보하셨다.

이 '별지'는 애석하지만 남아 있지 않은 듯하다. '별지'는 이 장의 처음에 인용한 아시다 메모의 원형이 된 것이라고 생각할 수도 있다. 아시다가 히로히토를 상징 천황제의 틀 속에 안정시키려 한 노력은 역사적으로 평가받을 필요가 있다. 히가시구니노미야라면 곧바로 총 사직하지 않았을까. 여기에는, 히가시쿠니노미야는 히로히토에게 임명되었지만 아시다는 국회에서 선출되었다는 차이가 있다.

그러나 필자가 세세하게 사실을 추적해 온 것은 이 때문은 아니다. 히로히토를 둘러싼 두 가지 정치조류가 궁내부 장관과 시종장의 경질 인사 속에 부각되어 있기 때문이다. 즉 한편으로는 상징 천황제를 확립하려는 아시다 중도내각과 아시다의 의향을 존중하는 GS, 다른 한편으로는 정치참여 의욕을 버리지 않는 히로히토와 히로히토를 옹립하려는 보수 가운데서도 가장 우파인 자유당-민주자유당의 총재 요시다 시게루, 그의 장인 마키노 노부아키, 마쓰다이라 요시타미, 마쓰다이라 쓰네오, 그리고 이들과 연결되어 있는 G2가 대립하고 있었다.

다지마 미치지 궁내부 장관과 미타니 다카노부 시종장의 인증식은 1948년 6월 5일 무사히 치러졌다. 이때 벌써 커다란 광풍의 첫 바람이 불기 시작하였다.

쇼와전공(昭和電工) 사건

아시다 내각의 부수상인 사회당의 니시오 스에히로(西尾末広)는 1948년 6월 1일 중의원 부당재산거래조사특별위원회에서, 토건업자에게 현금 50만 엔을 "당의 서기장인 니시오 개인 자격으로 받았다"고 증언하였다. 이것을 시작으로 6월 23일에는 쇼와전공(昭和電工)의 히노하라 세쓰조(日野原節三) 사장이 부흥금융금고 융자를 둘러싼 뇌물 혐의로 구속되었고, 이어서 가타야마 내각의 대장성 장관·아시다 내각의 경제안정본부 총무관장 구루스 다케오(栗栖赳夫), 그리고 10월 6일에는 부수상을 역임한 니시오가 체포되었다. 다음날 아시다 내각은 총사직하였고, 아시다도 12월 7일 체포되었다.

피고 대부분은 이후에 무죄판결을 받았지만, 이 사건은 부당재산거래조사특별위원회 등을 무대로 GS의 지원을 받아서 자유당의 부정을 적발하던 중도파에 대한 자유당의 후신 민주자유당과 그 배경인 G2의 반격이었다. 케이즈의 여성관계도 쇼와전공 사건 적발의 한 가지 계기가 되었다. 이후 케이즈는 귀국하여 다시는 일본에 돌아오지 않았다.

물론 중도파도 대항하였다. 전년도에 가타야마 내각은 탄광국가관리법을 제정하였는데, 탄광업자들이 여기에 반대하여 뇌물을 뿌렸다. 반대운동을 벌인 업자 가운데는 요시다의 사위 아소(麻生)공업 사장 아소 다카키치(麻生太賀吉, 후일 미카사노미야 도모히토 친왕(三笠宮寬仁親王)의 장인)도 포함되어 있었다. 이 법안에 반대하는 민주당의 시데하라파는 탈당해서 자유당과 합류하여 1948년 3월 민주자유당을 결성하였다. 아시다 체포 이후 12월 23일 다나카 가쿠에(田中角栄) 법무정무차관이, 다음 날에는 다나카 만이쓰(田中万逸) 중의원 부의장이 탄광국가관리법을 둘러싼 수뢰 혐의로 체포되었다. 두 사람 모두 민주당을 탈당하고 시데하라파의 일원으로 민자당에 소속되어 있었다.

냉전구도가 강화되는 가운데 GHQ 내부에는 민주주의파와 보수파의 대립이 심화되어 보수파가 점차로 우위를 점하였다. GS를 거점으로 한 민주주의파는 쇼와전공 사건을 계기로 한꺼번에 주도권을 잃어버렸다. 국내정치에서도 민자당이 이누카이 다케루(犬養健) 등 민주당 연립파를 흡수하여 1950년에 자유당으로 개칭하고 1948년 10월부터 1954년 12월까지 장기간에 걸쳐 요시다 시게루가 정권을 잡았다. 히로히토가 쇼와전공 사건에 관계했었다는 것은 아니지만 국제환경이 변화하고 보수파가 재편되면서 추악한 뇌물사건을 서로 폭로하는 가운데, 그는 명확하게 두 파벌 중 한쪽을 지지하였다. 더구나 여기서 히로히토는 중요한 역할을 수행하였다.

맥아더·히로히토 제4회 회담

여기서 1년 선으로 거슬러 올라가자. 제1차 요시다 내각 말기인 1947년 5월 6일. 헌법이 시행된 직후의 일이다. 오전 10시 15분부터 1시간 정도 히로히토와 맥아더는 제4회 회담을 가졌다. 이 회담기록도 제1회와 동일하게 고지마 노보루가 발굴하여 자신의 저서 『일본점령(日本占領)』[204]에 수록하였는데, 출처는 명시하지 않았다. 통역자이자 기록자인 오쿠무라 가쓰조가 후반부를 절취하여 내용은 알 수 없다. 회담은 이전과 같이 통역을 포함하여 3명으로만 진행되었다. 오쿠무라는 회담 후 그 내용을 약간이기는 하지만 신문기자에게 흘려서 13일에 파면되었다.

날씨 인사 이후 히로히토가 헌법 실시에 대하여 감사의 말을 했다. "이후 일본의 민주주의 확립을 위하여 계속 진력해 주시기 바랍니다"라는 문구가 첨부되었다. 지난 회담의 후반부에 민주주의에 대해 배운 것을 기억한 듯하다. 맥아더는 다음과 같이 대답하였다.

> **맥아더** 신헌법이 실시된 것은 무엇보다 우선 폐하의 의지에 힘입은 것입니다.……일본의 민주주의 발달에 대해서 저는 조금의 의심도 갖지 않습니다. 민주주의는 그 건전한 원칙, 즉 다수의 인민에 의한 정치를 통해 반드시 발전할 것입니다.……

히로히토는 당돌하게 안전보장 문제를 거론하였다. 신헌법으로 전쟁을 포기한 것이 마음에 걸렸을 것이다.

> **히로히토** 일본이 군비를 완전하게 철폐한 이상 그 안전보장은 유엔에 기댈 수밖에 없습니다. 우선 원수의 기자회견에서 가능한 한 신속하게 일본에 평화를 가져올 것, 그리고 유엔하에서 일본에 대

204 児島襄,『日本占領』第三巻, 文春文庫, 1978年, pp. 28–31.

한 안전보장기구를 정하지 않으면 안 된다고 말한 부분은 제가 감명받은 바이지만 유엔이 극동위원회와 유사한 기관이 되면 곤란하다고 생각합니다. 이 점에 관해 원수의 의견을 듣고 싶습니다.

맥아더 ……일본이 군비를 전혀 가지지 않는 것 자체는 일본을 위해서는 최대의 안전보장이며 이것이야말로 일본이 살아남는 유일한 길이다.……기술적인 결과만으로 말하면 유엔에 대해서는 비관적일 수밖에 없다. 그러나 유엔의 배후에는 세계의 대중이 있다.……유엔에서는 점차 훌륭한 것이 만들어져 이것이 세계 유일의 희망이 될 것이라 생각한다.

히로히토 일본의 안전보장을 도모하기 위해서는 앵글로색슨의 대표인 미국이 그 주도권을 잡을 필요가 있으며, 이를 위해 원수의 지원을 기대하고 있습니다.

맥아더 미국의 근본적인 생각은 일본의 안전보장을 확보하는 것이다. 이 점에 대해서는 안심해도 된다.

일본의 안전을 위협하려면 전술상으로 가장 곤란한 수륙 양용 작전을 쓰지 않으면 안 된다. 이것은 미국이 현재의 해군력과 공군력을 가지고 있는 한 절대로 불가능하다.(원문은 가타가나, 경어 생략은 오쿠무라가 요점만을 기록했기 때문이다—저자)

히로히토의 주장은 일본의 안전을 보장하는 유엔이 극동위원회처럼 미·소의 대립으로 원만하게 기능하지 않으면 곤란하기 때문에 미국이 주도권을 잡아 일본을 지켜 주었으면 한다는 것이다. 기록은 여기서 끝나 버렸지만 맥아더의 마지막 발언은 히로히토의 요청에 대한 분명한 승낙을 뜻한다. 즉 히로히토는 세계 각국의 협의로 평화를 유지하는 것이 아니라 대립하는 세력의 한쪽에 붙어서 안전을 확보하려고 했던 것이다. 당시 세계 어느 나라도 이러한 노선을 명확하게 하지 않았다. 물론 일본에서도 그 누구도 생각하지 않았던 미·일안보체제의 원형을 히로히토가 이 회담에서 주장하기 시작한 것이다.

히로히토의 '오키나와 메시지'

5월 24일 성립된 가타야마 내각은 헌법을 비롯하여 전후체제가 정비되기 시작한 것을 배경으로 강화(講和) 준비를 시작하였다. 강화를 위한 구체적인 내용은 외교관 출신인 아시다 외무대신에게 일임되었다. 8월 6일에는 강화 준비를 내각의 정식 업무로 정하고 외무대신 직속의 국제위원회를 만들었다. 아시다는 이보다 앞선 7월 26일 '아시다 의견서'를 곧 귀국할 애치슨(Dean Gooderham Acheson) 대사와 휘트니 국장에게 제출하려고 하였지만 받아주지 않았다. 당시 연합국의 전면 강화를 통한 대독(對獨) 강화가 벽에 부딪친 상태였기 때문이다. 강화 체결을 위해서는 안전보장 구상이 확립되어 있지 않으면 안 되었는데, '아시다 의견서'는 비무장과 유엔에 의한 안전보장 정신에 기초해 있었다.

9월 13일에 귀국하는 아이켈버거(Robert Lawrence Eichelberger) 제8군 사령관에게 위탁할 수 있었던 새로운 '아시다 의견서'는 국제정세를 반영하여 평화시기에는 유엔에서 일본의 안전을 보장하지만, 평화에 불안이 있을 때는 미국의 군사력으로 일본을 방위한다는 내용으로 크게 전환되었다. 그러나 이 구상은 이미 앞 절에서 본 것처럼 5월 8일의 맥아더·히로히토 제4회 회담에서 이미 확인된 것이다.

따라서 새로운 '아시다 의견서'가 만들어졌을 때 앞서가고 있던 히로히토는 더욱 구체적인 대책을 생각하고 있었다. 9월 중순 히로히토의 통역을 담당한 궁내부 담당 계원인 데라사키 히데나리가 GHQ 외교고

문인 시볼드(William Joseph Sebald)를 방문하여 히로히토의 의지를 전달하였다. 9월 20일 시볼드가 맥아더에게 제출한 메모에는 다음과 같이 적혀 있었다.

데라사키가 말하기를, 천황은 미국이 오키나와뿐만 아니라 류큐(琉球)의 다른 여러 섬을 계속 군사 점령할 것을 희망한다. 천황의 의견에 따르면 이 점령은 미국에게도 이익이며 일본을 지키는 것이기도 하다. 천황이 생각하는 그러한 정책은 일본국민이 러시아의 위협을 두려워하고 있을 뿐만 아니라 좌우익 집단이 대두하고 러시아가 '사건'을 일으켜 이것을 구실로 일본 내정에 간섭하는 사태까지도 두려워하고 있기 때문에 국민의 광범위한 승인을 얻을 수 있을 것이다.

나아가 천황이 생각하기를, 미국에 의한 오키나와(와 요청이 있다면 점차로 다른 섬까지 확대) 군사 점령은 일본의 주권을 잔존시킨 형태로 장기—25년에서 50년 혹은 그 이상—대여하는 의제(擬制) 위에서 시행되어야 할 것이다. 천황에 따르면, 이러한 점령방식은 미국이 류큐 열도에 항구적인 의도를 가지고 있지 않다는 것을 일본 국민에게 납득시키는 작업이 될 것이며, 다른 여러 나라 특히 소련과 중국이 동일한 권리를 요구할 수 없도록 저지할 것이다.

이 자료는 잡지 『세계(世界)』의 1979년 4월호에 신도 에이치(進藤栄一)가 집필한 「분열된 영토」에서 소개되었으며, 4월 17일 국회에서 '천황의 국정 관여이며 헌법 위배'라며 문제가 되었다. 이리에 스케마사 시종장은 19일의 일기에 이렇게 적고 있다.

> 부르셔서 갔더니 어젯밤 아카사카에서 오던 차 속에서 물어본 '미국이 오키나와를 점령하기 바라'는 건에 대한 추가 말씀을 하셨다. '장개석이 점령에 가담하지 않았기 때문에 소련도 개입하지 않았고 독일이나 조선과 같은 분열국가가 되지 않고 마무리되었다. 동시에 미국이 점령해서 지켜 주지 않으면 오키나와뿐만 아니라 일본 전토가 어떻게 되었을지 알 수 없다'고 말씀하셨다.[205]

『이리에 스케마사 일기』를 통해 '오키나와 메시지'가 히로히토의 주체적인 의지에서 나온 것임은 확인되었다. 그러나 아무에게도 상담하지 않았을까. '오키나와 메시지'가 시볼드에게 전달되기 약 2주 전인 9월 3일, 마쓰다이라 쓰네오 참의원 의장 관사에서 시데하라 기주로, 요시다 시게루, 사토 나오타케 등 4명이 '특별히 모여서' 강화 후의 안전보장 문제를 이야기한 것을 요시다 시게루가 회상하고 있다.[206] 요시다에 따르면, 이 당시 미국은 일본의 안전보장을 국제연합에 맡겨 두어도

---

205 『朝日新聞』, 1989年 2月 22日. 히로히토의 류큐 인식이 어떠했는지는 흥미롭지만 여기에는 오키나와를 희생하여 '큰 것'을 지켰다는 의식이 분명하게 존재한다. 히로히토의 '오키나와 메시지'에 대하여 '천황이 오키나와를 미국에 팔아넘겼다'고 표현하는 것은 위험하다. 이는 분명한 사실이지만, 그것만으로는 '오키나와는 일본의 일부였다'는 잘못된 인식을 강화하는 것이 되어 버린다. 이전에 해양민족으로서 독립된 왕국을 유지하고 홋카이도(北海道)와 함께 근대 일본 최초의 식민지가 된 류큐 사람들은 황민화 정책을 통하여 '일본인'화를 강요받았으며 지금도 언어나 자연 등 고유한 문화를 '야마토'에게 빼앗기고 있다. 적어도 1880년대까지의 '야마토' 신문은 류큐 사람들을 '토인(土人)'이라고 표현하였다. 그러한 의식은 1903년의 제5회 내국권업박람회의 인류관(人類館) 사건에 나타난 것처럼 민중들의 의식 속에는 상당히 최근까지지도 깊이 남아 있었다. 일본 군인에 의한 류큐인 학살 혹은 오키나와전의 존재 그 자체도 '야마토'에 의한 차별의 결과이다. 1880년에 일본과 청국 사이에 '분도·조약'안이 조인 직전까지 진행된 적이 있었다. 즉 야에산(八重山)과 미야코(宮古)를 청국에 할양하는 대신 청일수호조규를 일본에 유리하게 개정하려고 한 것이다. 일본이 침략 도중에 있던 시대였는지, 점령을 완료한 시대였는지의 차이는 있다고 하더라도 국제적인 환경을 일본에 유리하게 만들기 위하여 류큐를 거래에 이용했다는 의미에서는 히로히토의 오키나와 메시지와 '분도·조약'안은 본질적으로 차이가 없다. 여기에 살고 있는 사람들의 의지는 완전히 무시된 것이다. 이러한 의미에서 '팔아넘기기'였다.

206 吉田茂, 『回想十年』 第三巻, 新潮社, 1957年, pp. 112–113.

좋다고 생각하고 있다가 '국제안전의 일환으로 일본의 안전보장'을 중요시하는 방향으로 선회하였다. 일본 측에서도 믿을 수 없는 국제연합보다는 직접 미국에 의뢰하여 국방을 맡기려는 방향으로 움직이고 있었다. 네 사람이 모여서 "이러한 문제에 관한 의견을 교환"하였다. 구체적으로 소개된 내용은 국제연합은 너무 기대할 수 없다는 점, 미국은 어떤 일이 발생하면 도와주러 오겠지만 이것도 국제연합 때문이 아니라 미국 자신의 이해관계에 기초하여 이루어진다고 말한 시데하라의 발언뿐이다. '특별히 모인' 의미는 무엇일까. 더욱이 요시다 시게루는 "이것은 이후에 판명된 것이지만 우연히도 이날 미국에서 미정부 당국은 미·일 안전보장을 단독으로 받아들인다"고 언명하였다고 회상하고 있다. 이러한 사실로 본다면, 요시다는 이날의 날짜를 특별히 기억하고 있었거나 아니면 상당히 중요한 내용이 논의되어 뭔가 기록해 둔 것이다.

물론 정부와는 완전히 별도의 움직임이지만 이 모임은 히로히토의 '오키나와 메시지'와 관련되어 있는 것은 아닐까. 4명 가운데 2명, 즉 마쓰다이라 쓰네오와 요시다 시게루는 6개월 정도 궁정인사 문제로 아시다와 대립하면서 히로히토를 지지하였다. 더구나 사토 나오타케는 마쓰다이라 쓰네오를 형으로 삼고 있었다. 이 모임에 아시다와 같은 민주당 소속의 시데하라가 참가하고 있지만 시데하라와 아시다의 관계는 나빴으며 11월에 시데하라는 탈당하였다. 이 시기에 시데하라가 요시다와 만나고 있던 것이 알려지자 신당공작이라며 큰 문제가 되어 버렸기 때문에 시데하라는 내각 몰래 비밀리에 이 모임에 참석했다고 생각된다. 아시다의 새로운 의견서 내용과 '오키나와 메시지'는 부합하지만 아시다의 정책전환은 세계의 움직임에 맞춘 것에 지나지 않는다. 그렇게 생각하면 '오키나와 메시지'는 중도파 내각 성립으로 공식적인 외교선을 잃어버린 요시다 자유당 세력이 히로히토를 중심으로 결집하여 전개한 비밀외교라고 볼 수 있다.

맥아더와의 제4회 회담에서 미국 측에 일본 방위를 먼저 요구한 히로히토는 중도정권하의 이중외교를 통해 미군이 오키나와를 군사적으로 장기간 이용하는 것을 제안하고 강화 후의 미·일안보체제를 구체적으로 구상한 것이다.

히로히토는 1950년 전후에도 중요한 정치적 역할을 수행하고 있었다. 하타 이쿠히토(秦郁彦)의 조사와 연구에 따르면, 냉전이 진행됨에 따라 미국의 대일정책이 변화하여 맥아더와 워싱턴의 대립이 심해지는 가운데, 천황과 미국의 새로운 일본 로비스트 사이에 연결망이 생겼다. 한국전쟁이 일어난 바로 다음 날인 1950년 6월 26일 마쓰다이라 쓰네오는 미국의 대일협의회 조직위원이자 『뉴스위크』 도쿄지국장인 파켄함(Thomas Compton Pakenham)에게 히로히토가 덜레스(John Foster Dulles) 대일평화문제담당 국무성 고문에게 보내는 메시지를 부탁하였다.

> 이전에 일본은 지금의 미국처럼 악질적인 일본인에게 피해를 입었다. 지금도 점령당국, 그중에서도 중하위 직급의 점령당국자들은 많은 오해를 불러일으키는 종류의 조언에만 귀를 기울이는 것은 아닌지 걱정된다.
>
> 그래서 솔직한 의견을 말한 것 때문에 처벌받는 일이 없도록 보증한 다음 경험이 풍부하고 미·일 쌍방에서 신뢰받는 사람들로 구성된 공식적 혹은 비공식적 협의·조언 집단을 설립하는 것은 어떨까.
>
> 이러한 점에서 나는 탄압을 완화하는 것이 미·일 쌍방의 국익에 매우 유익한 결과를 가져오며 나아가 우호관계를 키워 가는 일이

될 것이라고 생각한다.

지금은 침묵하고 있지만 자신의 의견을 솔직하게 발표해 대중에게 깊은 영향을 미칠 수 있는 인물은 많다. 이러한 사람들이 그 의견을 공언할 수 있는 위치에 선다면, 최근 일어난 미군의 기지 계속 사용 문제도 일본 측의 자발적인 신청으로 해결되고 그와 같은 잘못된 논쟁을 일으키지 않고 끝났을지도 모른다.[207]

이것과 병행하여 히로히토는 GHQ에 대하여 한국전쟁과 관련한 미군의 행동에 감사의 뜻을 전하였다. 7월 6일에 애치슨(Dean Gooderham Acheson) 국무장관이 재외공관에 발표한 전보에는 다음과 같은 내용이 포함되어 있다.

일본 당국자들은 한국에서 미국의 행동을 진심으로 지지하고 있다.……재일 미정치고문(시볼드—하타 이쿠히토 주)의 보고에 따르면, 천황에게서 감사의 뜻을 표하는 다수의 비밀 메시지를 받았다.[208]

히로히토의 제안에 답하듯이 1950년 10월 13일에 GHQ는 약 1만 명의 공직추방을 해제하고 11월부터는 군인에 대한 추방해제를 시작하였다. 덜레스 강화특사는 1951년 1월과 4월에 일본을 방문하였는데, 두 번 다 히로히토와 회견하였다. 대일강화조약과 히로히토가 제안한 미·일안전보장조약이 조인된 1951년 9월 8일은 특별고등경찰 관

207 秦郁彦,『裕仁天皇五つの決断』, 講談社, 1984年, pp. 242-243.
208 같은 책, pp. 246-247.

계자 336명의 공직추방이 해제된 날이다. 샌프란시스코 조인식에서 귀국한 요시다 시게루 수상에게 히로히토가 언급한 말을 영국 외교관이 본국에 타전하고 있다.

> 요시다가 이 조약은 관대한 것이었음을 강조하자 천황은 조약이 예상외로 관대하였음을 인정한 다음, 그러나 '메이지 대제의 손자인 나의 치세에 일본이 모든 해외영토를 잃어버리게 된 것은 나에게는 심각한 타격이었다'고 말하였다.[209]

분명히 히로히토는 모든 해외영토를 잃어버렸다. 그러나 그가 스스로 제안한 미·일안보체제하에서 일본은 가벼운 무장 덕분에 경제력을 우선적으로 강화하고 아시아에 대한 지배의 길을 재차 걷기 시작하였다. 전후 아시아 지역의 제국주의 지배에 안보체제가 어떠한 역할을 했는지를 생각하면, 그 산모라고도 할 수 있는 히로히토의 전후책임은 실로 무겁다.

---

209 佐々木隆爾,「天皇の歷史的責任を問う」,『破防法研究』第六五号, 1989年, 破防法研究会, p. 73. 영국의 주일 외교관이 영국 외무성에 보낸 비밀전보가 동 성(省)에 남아 있다.

결 론

1952년 일본이 독립(샌프란시스코 강화조약 발효로 일본이 GHQ의 지배에서 벗어나 국가 주권을 회복한 사실을 말함—역자)하고 나서도 히로히토 천황은 계속 정치에 관여하였다. 1920년부터 65년간 궁내성-궁내청 기자 회원이었던 마이니치(每日) 신문사의 도가시 준지(藤樫準二)는 히로히토와 요시다 시게루의 관계를 다음과 같이 묘사하고 있다.

> 쇼와 27년(1952년—역자) 가을 황태자의 '서임식'에 즈음하여 당시 요시다 수상이 축사에서 '신(臣) 시게루'라고 전전과 동일한 태도로 말하였다. 국회 개회 중에도 몰래 황거에 가서 은밀히 폐하에게 보고한 일이 몇 번인가 있었다. 그 정도로 '폐하 생각'이 지극한 요시다였다.[210]

1955년 하토야마 이치로 내각의 외무대신 시게미쓰 마모루는 이듬해에 발표된 일소 공동선언의 준비교섭 과정에서 히로히토에게 빈번하

---

210 藤樫準二,『天皇とともに五十年』, 每日新聞社, 1977年, p. 171.

게 보고하고 승낙을 받음과 동시에 지시도 받았다. 그는 자신의 일기에 다음과 같이 적고 있다.

> 5월 10일 2시 30분 내방. 유고슬라비아 공사 신임장 증정. 천황폐하 내주, 외교 제 문제. 중공통상사절단, 일·소 교섭, 한국교섭, 배상문제, 반둥회의 등. 대(對)공산당 문제 염려하심.
> 5월 23일 9시 내방. 폐하 내주. 특별히 시국을 걱정하심. 장래의 국운을 염려하심.
> 6월 14일 오후 2시 30분, 스즈키 다다카쓰(鈴木九万) 대사 인증식. 식전 내알에서 주요 외교문제에 대하여 천황폐하께서 하나하나 질문하심, 1시간 30분에 이름. 격려의 말씀을 하심.
> 8월 20일 1시 지나서 내방. 배알함. 미국 방문의 사명에 대하여 상세하게 내주. 폐하께서는 미일협력 반공의 필요, 주둔군의 철수는 불가함이라 말씀하심.
> 9월 28일 10시 내방. 천황폐하께 귀국 내주. 미국 방문 보고. 샌프란시스코 회담, 맥아더 회견, 외교 일반 문제.
> 11월 26일 오후 2시 45분부터 약 1시간 내주. 외교문제에 대하여 폐하께서 질문하심. 각종 요점에 대하여 언급함. 폐하께서는 '요즘 다리 통증은 없는가', '건강하기를', '건강에 주의하시길'이라고 반복하여 말씀하심. '폐하께서도 건강하시길 기원합니다'라고 말씀드리고 퇴석함. 군신부자의 정의(情義)임.[211]

'군신부자의 정의'란 말은, 패전했음에도 시게미쓰의 천황관이 바뀌지 않았음을 나타낸다. 위의 내용으로 보아 히로히토가 외교에 대하

---

211 『續重光葵手記』, pp. 703–757.

여 상세하게 알고 있으며 여러 가지 일에 개입했던 것이 분명하다. 특히 '미일협력 반공의 필요, 주둔군의 철수는 불가함'이란 소련과의 국교 회복에 따라 일본공산당이 세력을 확장할 것을 히로히토가 염려하고 있었음을 뜻한다. 이러한 우려를 막기 위해서 히로히토는 소련이 어떠한 방해를 하더라도 스스로가 마련한 노선인 미·일안보체제를 지키도록 요구하고 있다.

발언자 마스하라 게이키치(增原惠吉) 방위청 장관 본인이 사임하게 된 제2차 다나카 가쿠에 내각의 '마스하라(增原) 발언'을 기억하는 독자가 많을 것이다. 마스하라 장관은 1973년 5월 26일 히로히토에게 방위문제를 '진언'한 이후 기자회견에서 그 상황을 말하였다.

> 장관이 "제4차 방위력증비계획과 근린 제국(諸國)의 군사력 등에 대하여 설명하자 폐하께서는 '근린 제국에 비하여 자위력이 그렇게 크다고는 생각되지 않는다. 국회에서 왜 문제가 되고 있는가'라고 물었다." "말씀하신 대로입니다. 우리나라는 전수방위(專守防衛)로 야당에게 비판받을 만한 것은 아닙니다라고 하자 폐하께서는 '방위문제는 어려운 것이겠지만, 나라를 지키는 것은 중요한 일이니 옛 군대의 나쁜 점은 흉내 내지 말고 좋은 점을 받아들여 확실히 하기 바란다'고 하셨다." 그러자 동 장관은 "국회에서 방위관련 두 가지 법에 대한 심의를 앞두고 용기를 얻었다"고 감상을 말하였다.[212]

212 『朝日新聞』, 1973年 5月 28日 석간. 정책에 대한 노골적인 개입은 아니지만 천황의 말이 특정한 이데올로기를 가진 일부 정치가에게 용기를 준다는 점에서도 문제가 있다. 예를 들면, 후쿠다 다케오(福田赳夫) 내각의 이나무라 사콘시로(稲村佐近四郎) 총리부 총무장관은 다음과 같이 말하였다. "헌법에서도 천황은 상징으로 인정되고 있기 때문에 이 일본의 기둥을 상징으로 세운다. 이를 위해 목숨을 걸고서라도 이 원호(元号)문제에 대처해야만 한다는 것은 특히 내주 당시 폐하를 만났을 때부터 그렇게 생각하였습니다."(잡지 『이상세계(理想世界)』에서의 대담. 필자 미독. 제87차

'자위력이 그렇게 크다고는 생각되지 않는다.……나라를 지키는 것은 중요한 일이니……확실히 하기 바란다'고 한 것은 군비 증강을 직접 요구한 것에 다름 아니다. 그리고 '옛 군대의 나쁜 점은 흉내 내지 말고 좋은 점을 받아들여'라고 말했지만 좋고 나쁨의 기준에 침략에 대한 반성은 포함되어 있지 않기 때문에 이 말은 별로 의미가 없다.

그런데 왜 언론은 히로히토의 군사력 증강 발언을 '천황 발언문제'가 아니라 '마스하라 발언문제'라고 부르는가. 발언을 한 히로히토가 책임을 추궁당하는 것이 아니라 발언을 소개했을 뿐인 방위청 장관이 사임하지 않으면 안 되는 이유가 무엇일까.

히로히토는 죽기 직전까지 정치에 관여하였다. 1988년 3월 1일, 즉 오키나와 방문 중지의 원인이 된 그전 해 9월 첫 수술 이후의 일이다. 이날 다케시타 노보루 수상은 궁내청의 요청으로 '방문, 배알'하여 내정·외교 전반에 대하여 '내주'하였다. 이때 히로히토는 적극적으로 발언하였다고 한다. 이 점에 대하여 참의원에서 추궁당했을 때 다케시타 수상은 '천황은 정치에 관여하지 않기 때문에 국회에서 이러한 질문에 대답하는 것은 피하고 싶다'는 의미의 답변을 하였다. 이 답변은 히로히토가 정치적 발언을 한 사실을 부정하지 않는다. 이러한 답변보다 다케시타 수상은 '천황은 정치에 관여하지 않는 것으로 되어 있기 때문에 천황이 무엇을 이야기했는지 말하지 않겠다'고 답하는 쪽이 훨씬 사실에 부합했을 것이다.

일본국 헌법은 천황의 정치 관여를 10항의 국사행위로 제한하고 있

국회 중의원내각위원회의 이와타레 스키오(岩垂寿喜男) 위원의 발언에서 인용. 井上清, 『元号制批判』, 明石書店, 1989年 수록, p. 199)

다.[213] 천황이 국사행위를 하기 위해서는 그 나름의 지식이 필요하기 때문에 현재도 각료의 '내주'가 이루어지고 있으며 내정과 외교는 실질적으로 천황에게 상담하면서 진행되고 있다. 천황의 정치관여가 헌법에 의해 보장되어 있는 것이다. 상징 천황제가 확립되어 가는 과정에서 천황은 정치에 관여하지 않는다는 전제가 만들어졌다. 따라서 천황이 어떠한 정치발언을 하더라도 그 결과에 대한 책임을 지지 않게 하기 위하여 천황의 발언 내용을 정부·자민당의 외부로 유출하지 않으며 국민에게도 결코 알리지 않는 관습이 만들어졌다. 이 관습은 천황에게 정치대권이 있으면서도 '책임을 지지 않아도 되는' 대일본제국헌법에 구현된 천황의 존재형식을 상징 천황제에 맞게 수정했을 뿐이다. 천황 입장에서도 그러는 편이 분명 정치에 관여하기 쉽다. 마스하라 장관은 그 관습을 깨어 버렸기 때문에 사임하지 않을 수 없었던 것이다.

'내주'를 가능한 한 하지 않으려 한 아시다 수상의 노력을 요시다 수상이 짓밟았다. 전후 보수 본류를 만들어 낸 요시다 학교의 생도들도 요시다 시게루의 수법을 고치려 하지 않았다. 히로히토와 맥아더의 회

213 국사행위에는 '외국의 대사 및 공사를 접견하는 것'이 포함되며 일본 측 대사·공사의 신임장 서식은 천황에 의해 발급되기 때문에 타국 대사·공사의 신임장도 천황에게 보내고 궁내청이 이것을 보관한다. 따라서 여러 외국이 천황을 일본의 원수로 인식하고 있는 것은 당연하다고 할 수 있다. 그리고 국사행위에는 헌법개정·법률 등의 공포 외에도 국회 소집·중의원 해산, 총선거 시행의 공시가 있는데, 이것이 비록 '내각의 조언과 승인'에 의해 이루어진다고는 하지만 어떤 사고 때문에 천황이 이러한 행위를 할 수 없거나 나아가 '국사행위의 임시대행'을 둘 절차를 밟을 여유가 없는 경우 정부나 국회는 제약을 받게 된다. 현재의 정치 관행으로는 수상이 미묘한 타이밍을 이용하여 중의원을 해산하기 때문에 입법이나 행정이 지장을 겪기도 한다. 국회해산 시 '만세'를 부르는데 그 이유에 대하여 조사하지는 않았지만 천황의 이름으로 행해지기 때문은 아닐까. 나아가 일본국헌법과 동시에 시행된 청원법은 제3조에 "천황에 대한 청원서는 내각에 제출하지 않으면 안 된다"고 정하고 있다. 천황이 어떠한 청원서를 접수하여 어떻게 처리할 것인가. 청원법안의 심의과정에서 천황에 대한 청원은 거의 없을 것이라고 모두가 인식하고 있지만, 청원서의 수리(受理)기관이 천황·관공서·국회로 되어 있는 부분에 천황이 단순한 상징이 아니라는 사실이 나타나 있다. 이와 같이 국사행위 혹은 일본국헌법하의 법률이라 하더라도 천황이 상징이란 전제와 모순되는 문제들이 많다.

담기록이 공표되면 1951년까지 히로히토의 정치관여 실태는 상당히 명확해질 것이다. 어쨌든 11회의 회담 가운데 제1회, 제5회, 제6회를 제외하고 모두 요시다 내각 시기에 이루어졌다. 히로히토 천황과 요시다 수상의 관계를 생각하면 이것을 이중외교라고 부르지는 못하겠지만 아마도 GHQ에 대해 긴밀한 연계 플레이가 전개되었음에 틀림없다. 특히 한국전쟁 전후 일본이 미국에게 어떻게 협력해야 하는가를 논의하지 않았을 리 없다.[214]

일본의 전후사회는 신화의 사회이다. '성단'신화. '나는 어떻게 되든지 괜찮으니 국민을 도와줘'라고 히로히토가 이야기했다는 신화. 전후의 히로히토는 정치에서 멀어졌다는 신화. 이것들이 전후 일본사회의 질서를 유지하고 있다. 이것들은 역사적 사실로서는 모두 허구이며, 히로히토의 침략책임과 전후책임에 대해서는 이 책에서 사실에 기초하여 명확히 논증하였다. 그러나 신화 가운데 단 한 가지, 천황 덕분에 일본이 '부흥'했다는 것만은 사실이다. 패전 이후 미·일안보체제를 구상하

214 하타 이쿠히코(秦郁彦)는『히로히토 천황의 5가지 결단(裕仁天皇五つの決断)』에서 "천황이 실질적으로는 피점령국 일본의 최고 정치지도자로 지도력을 발휘한 사실은 부정할 수 없을 것이다"라고 했다. 하타는 이것이 "점령기라는 특수한 상황하에 일어난 것"이며 초헌법적 존재인 연합국 최고사령관이 어떠한 명령이라도 발휘할 수 있는 상황에 대응하기 위하여 "패전국 일본은 히로히토 천황을 내세워 점령기에 대항한" 것이라고 평가한다.(pp. 256-257) 따라서 그는 일본 독립 후에 히로히토 천황이 상징으로 복귀하였다고 한다.(p. 258) 히로히토는 지금까지 상징이었던 적이 없었기 때문에 '복귀'라는 표현은 이상하지만 분명히 1950년대에 들어서면 히로히토의 정치언동이 눈에 띄지 않고 정치 현장의 제1선에서 물러난 듯이 보인다. 단 하타 이쿠히코가 단언한 "천황이 실질적으로 피점령국 일본의 최고 정치지도자로서 지도력을 발휘한 사실"이나 필자가 이 책에서 묘사한 것이 당시 국민의 눈에는 숨겨져 있었기 때문에 국민은 히로히토가 상징 천황이 되어 정치에서 물러났다고 속고 있었다.
전후 5년 사이에 이루어진 정치활동과 그 후 내주를 통한 히로히토의 정치 관여는 본질적으로 다른 것일까. 혹은 본질은 동일하지만 형태가 변한 것뿐일까. 히로히토 역시 상징 천황제란 무엇일까라고 생각했을 것이다. 그리고 당시 정부가 만든 전쟁책임 회피용 논리, 즉 천황은 '전전부터 일관되게 입헌군주였다'는 논리적 일관성을 견지하기 위해서도 천황의 정치적 역할을 제한하는 현재 헌법의 틀 속에 묶어 둘 필요가 있었다. 어느 쪽이든 보다 본질적인 변화 원인은 정치와 사회 구조가 점차로 바뀌었다는 데 있다. 그러나 이에 대한 해명은 이후의 과제로 삼고 싶다.

고 천황제를 유지함으로써 국가에 대한 국민통합을 무너트리지 않았기 때문에 일본인들은 어떠한 정치체제와 사회 구조를 재구축해야 하는지에 대해서는 그다지 고뇌하지 않고 경제활동에 모든 에너지를 투입하여 아시아를 재침략할 수 있었다. 이러한 침략은 미군의 군사력을 배경으로 하고 있기 때문에 처음에는 마치 일본의 침략이 아닌 듯이 위장할 수 있었다. 따라서 히로히토의 전쟁책임과 전후책임은 일본인보다도 아시아 사람들에게 더 무거운 것이다.

전후 역사학은 일본국헌법을 옳다고 전제하고 헌법의 여러 조항 가운데 기본적 인권이나 전쟁포기 조항을 지키기 위해 이른바 수동적인 역사학으로서의 성격을 강하게 지니고 있었다. 헌법학은 그러한 경향을 보다 강하게 가지고 있는 듯하다. 대부분의 사람들이 강대한 권력 구조의 정점에서 상징으로 법적 지위를 크게 변경한 천황과 상징 천황제의 국가 통합기능에 무관심했던 탓에 마치 상징 천황제가 훌륭한 제도인 듯한 착각마저 일어나고 있다. 전후 민주주의의 틀을 해체하려는 움직임이 기본적인 인권이나 전쟁포기 조항에 집중되었기 때문에 '건국 기념일'이나 야스쿠니(靖国)법안이 등장할 때까지 많은 사람들은 상징 천황제의 실태를 거의 되돌아보지 않았다.

국민의 눈에 보이는 히로히토의 움직임은 전국순행과 국민체육대회 출석이었다. 이것이 비정치적인 형태인 만큼 헌법을 지키는 요소로서 천황제를 인정하는 측면은 있어도 반대하는 논리는 없었다. 상징 천황제의 표면적인 비정치성에 의거하여 히로히토는 상징 천황으로서의 위치를 확고히 하고 이를 통한 국가로의 민중 재통합을 실현하였으며, 뒤로는 보수 정치에 대한 적극적인 관여를 통해 안보체제 확립의 설계자 역할을 하였다.

전후사에 있어 히로히토의 역할은 전면적으로 재조명되어야 한다. 이것은 필연적으로 상징 천황제에 대한 재검토와 전후사의 수정을 요구하는 작업이 될 것이다.

천황제의 전쟁책임에는 협의의 정치책임 외에도 천황이 국가의 상징, 국민통합의 상징으로 존재함으로써 일본인 한 사람 한 사람이 타민족을 포함한 타자와의 자유로운 결합으로 새로운 일본문화를 형성하는 것을 방해하고 있다는 광의의 전후책임도 존재한다.

민주주의란 지배와 억압으로부터의 해방을 요구하는 사상이며 운동이다. 개인과 개인, 개인과 집단, 집단과 집단 사이에 발생하는 모순과 대립을 발전적으로 해소할 수 있는 사회가 민주주의적인 사회이다. 자립하려는 인간이나 집단이 타자와의 연대 속에서 보다 풍부한 존재가 됨으로써 그 사회문화는 넓이와 깊이를 획득한다. 일본열도의 민중문화란 그렇게 형성되어야만 하는 것이다.[215]

그런데 상징 천황제가 민중을 국가에 통합하고 천황이 일본인 정체성의 중심에 위치한다면 그것은 개인의 자립이나 자유로운 연대를 저해한다. 상징 천황제라고 하더라도 천황제는 민주주의의 발전을 방해하는 기능을 가지고 있다. 히로히토의 비정치적인 공식행위, 즉 전후의 전국순행, 국민체육대회, 식수제(植樹祭)를 통해 상징 천황제의 통합기능이 발휘된 것도 그런 의미에서는 전후책임의 일부를 구성한다. 일본열도에 살고 있는 한 사람 한 사람이 자기 자신과 천황제의 관계, 민주주의와 천황제의 관계를 재고함으로써 상징 천황제의 본질은 명확해질 것이다.

---

215 村田稔, 「天皇制·民主主義·社会主義」, 労働運動研究所, 『労働運動研究』, 1988年 8月号, 1989年 6月号 수록.

후 기

상징 천황제는 무엇인가라는 질문에 답하기 위해서는 새로운 시각과 방대한 역사학 작업, 사상적인 준비가 필요하다. 이것은 시시각각 변모하는 현대 자본주의의 존재형식이나 민중이 만들어 내는 생활 사상과 떨어져서는 불가능하다. 상징 천황제의 성립을 명확히 하기 위해서는 통합기능이 재편되던 시점에서 노동자를 비롯한 여러 계급·계층이 어떠한 운동을 지속했는지 묘사하지 않으면 안 된다. 그러나 이 책은 지금까지 무시되어 온 상징 천황제의 출발 시기 히로히토 천황 개인의 행동 실태를 명확히 하는 것에 그치고 있다. 필자의 연구가 부족한 탓도 있지만, 지금까지의 역사학이 이 부분을 지속적으로 무시해 왔기 때문에 이것만으로도 발표의 의의가 있다고 생각하여 이 책을 세상에 내놓는다. 시스템으로서의 천황제와 전쟁책임의 관계를 해명하지 못하는 이상 『천황제의……』이란 서명은 책제목으로서 부적절하다는 점을 인식하고 있다. 적절한 서명을 생각하지 못한 것은 필자의 부족함의 소치이다. 그리고 독립 이후 히로히토 천황의 정치행동이 눈에 띄지 않게 되는 시기의 상징 천황제에 대한 필자 나름의 분석은 후일을 기하고 싶다.

'전후책임'이란 단어가 최근에야 겨우 거대 언론에서도 보이기 시작했다. 그러나 그 대부분은 이 표현을 '전후 처리책임'의 의미로 사용되고 있는 듯하다. 그런데 아시아에 대한 일본의 전후책임은 법적으로나 외교적으로 '처리'해 버릴 수 있는 것이 아니다. '전쟁책임'의 현재적인 형태가 '전후책임'이며 일본은 날마다 이를 재생산하고 있다. 일본과 아시아와의 관계, 그 과거와 현재, 미래가 함께 지속적으로 논의되고 있는 것이다.

이 책의 원형은 원래 1988년 가을 '총 자숙' 속에서 문제제기를 위해 짧게 작성한 것을 1989년 1월 이후 정세가 드라마틱하게 변화하는 가운데 수정하여 월간지 『신지평(新地平)』(주식회사 신지평사 간행)의 1989년 3월호부터 11·12월 합병호(종간호)까지 「천황제의 전쟁책임과 전후책임」이란 제목하에 필명으로 연재한 것이다. 보론은 연재 직전 호에 게재한 것이다. 연재한 형태이기 때문에 장의 구성을 대폭 변경하였으며 내용상으로는 게재 직후부터 염두에 두고 있던 부분을 수정하고 『중앙공론(中央公論)』에 발표된 마키노 노부아키와 나라 다케지의 일기, 그사이 새로 간행된 『측근일기』를 통해 알 수 있었던 것을 가필하였다. 연재 종료 후 와타나베 오사무(渡辺治)의 『전후 정치사 속의 천황제(戦後政治史の中の天皇制)』(青木書店, 1990年 1月), 도요시타 나라히코(豊下楢彦)의 「『천황·맥아더 회견』의 역사적 위치」(『世界』, 1990年 2·3月号) 마쓰오 다카요시(松尾尊兊)의 「상징 천황제의 성립에 대한 각서(象徴天皇制の成立についての覚書)」(『思想』, 1990年 4月号)와 「고증 쇼와천황·맥아더 원수 제1회 회견(考証 昭和天皇· マッカーサー元帥第一回会見)」(『京都大学文学部研究紀要』第二九号, 1990年 2月) 등

이 발표되었다. 이 가운데서도 야마다 아키라(山田朗)의 「쇼와천황의 전쟁지도-태평양전쟁 중의 통수부에 의한 상주와 천황의 『어하문』에 대한 검토(「昭和天皇の戦争指導ー太平洋戦争中の統帥部による上奏と天皇の『御下問』の検討」, 東京都立大学人文学部, 『人文学報』 第二一六号, 1990年 3月)는 뛰어난 노작(勞作)으로 이들 제 연구에 의한 성과를 포함하여 가필하면 보다 충실한 것이 될 수 있다고 생각했지만 지면 관계도 있어 단념하였다. 관심이 있는 독자는 참고하기 바란다. 연재 중에 이케다 이쓰노리(池田五律)를 시작으로 당시 『신지평』 편집부 여러분, 그리고 쓰쿠바 대학의 경애하는 세 선배 오하마 데쓰야(大濱徹也), 이케다 하지메(池田元), 하타노 노보루(波多野澄)에게, 그리고 간행에 즈음하여 아오키(青木) 서점의 후루카와 기요시(古川清), 시마다 이즈미(島田泉), 사쿠라이 가오리(桜井香) 씨에게 많은 은혜를 입었다. 깊은 감사를 드리는 바이다.

옮긴이의 말

이 책은 1990년에 출판된 『천황제의 전쟁책임과 전후책임(天皇制の侵略責任と戦後責任)』(青木書店)을 완역한 것이다. 저자 치모토 히데키(千本秀樹)는 역자의 박사학위 논문 지도교수이기도 하다. 출간되고 27년이나 지난 지금 굳이 왜 이 책을 번역하느냐고 반문할 사람들도 있을 것이다. 역자가 이 책을 번역하겠다고 생각한 이유는 크게 2가지이다. 하나는 지도교수에 대한 보답이었다. 역자가 일본에서 유학하면서 한 명의 연구자로 성장하는 동안 학문을 대하는 성실하고 진지한 태도와 이러한 태도의 바탕이 되는 가치관과 인격적인 부분까지 물려준 지도교수의 모든 것이 이 책 속에 녹아 있다. 이 책에서 저자는 천황의 침략책임을 일관되고 철저하게 추적한다. 나아가 일본에서 민중들의 삶을 억압하고 국가에 통합시키는 기능을 수행하는 천황제를 반대한다. 이를 통해 저자는 근대 일본이 자행한 동아시아에 대한 침략과 만행을 비판하면서 타자와의 새로운 연대를 지향한다. 이러한 새로운 관계 형성이 그동

안 일본과 일본인을 옥죄어 온 천황제적 시스템과 천황제의 신화로부터의 자립으로 이어질 것이라고 저자는 판단한다. 타자와의 연대를 통해 사회적 질곡에서 자립한 인간의 삶을 지향하는 지도교수의 가치의식을 한국에 소개하는 것이 첫 번째 번역 이유였다.

두 번째 이유는 이 책에서 다루고 있는 내용이 한국사회에서 가지는 의미 때문이다. 일본에서 천황의 전쟁책임에 대하여 논한 책은 상당히 많이 출간되었다. 그러고 한국의 일본 연구자들도 이러한 내용을 다양한 방법을 통해 국내에 소개하고 동일한 내용을 주장하기도 했다. 그러나 국내 일본사 분야에서 일본이나 천황의 전쟁책임, 나아가 이들의 식민지 지배책임에 대하여 심도 깊게 실증적으로 논한 출판물은 번역서와 저서를 막론하고 거의 없다고 해도 과언이 아니다. 특히 최근 몇 년간의 한일 관계를 되돌아보면 역자는 과거의 양국 간 역사적 경험을 새로운 시각에서 논할 필요가 있다고 생각한다. 최근 문제가 되고 있는 '위안부' 문제를 예로 들면, 한국은 일본에 대한 과거사 책임을 추궁하고 일본은 이 문제에 대한 자신들의 책임은 1965년에 체결한 일명 '한일협정'(정식명칭은 「대한민국과 일본국 간의 기본관계에 관한 조약」이다.)으로 마무리되었다고 주장하며 평행선을 유지하고 있다. 좋든 싫든 한일 양국은 1965년의 프레임에 갇혀 있는 것이다. 한편 일본의 진보적 지식인들이 주장하는 전쟁책임론은 대체로 1931년부터 1945년까지의 시기에 한정되어 있다. 이제 한국은 1965년 프레임을 파괴하고, 일본은 '전쟁책임론'에서 벗어나 '식민지 지배책임론'으로 확대 전환할 필요가 있다. 제국주의 국가들은 여전히 부정하지만, 식민지 지배 그 자체가 인류의 보편적 가치의식에서 벗어난 만행임을 밝히고 만행에 대한 제국주의 국가의 자기 책임은 피해가 실재하는 한 어떠한 형태로도 마무리될 수 없음을 주장해야 한다. 이 책이 이러한 논의에 조금이나마 도움이 되기를 바란다.

마지막으로 이 책이 나오기까지 많이 수고해 주신 경북대학교출판부의 여러 분들께 짧은 말로는 다하지 못할 깊은 감사의 마음을 전한다.

2017년 10월

최종길